迈向高质量的幼小衔接丛书　｜　黄　瑾　总主编

区域推进 幼小科学衔接的 机制创新

孙　忠◎主编

华东师范大学出版社

·上海·

图书在版编目（CIP）数据

区域推进幼小科学衔接的机制创新 / 孙忠主编.
上海 : 华东师范大学出版社, 2024. -- (迈向高质量的
幼小衔接). -- ISBN 978-7-5760-5549-8

Ⅰ. G612

中国国家版本馆CIP数据核字第20241CV690号

区域推进幼小科学衔接的机制创新

主　　编　孙　忠
责任编辑　蒋　将
特约审读　陈成江
责任校对　王丽平
装帧设计　卢晓红

出版发行　华东师范大学出版社
社　　址　上海市中山北路3663号　邮编 200062
网　　址　www.ecnupress.com.cn
电　　话　021-60821666　行政传真 021-62572105
客服电话　021-62865537　门市（邮购）电话 021-62869887
地　　址　上海市中山北路3663号华东师范大学校内先锋路口
网　　店　http://hdsdcbs.tmall.com

印 刷 者　上海市崇明县裕安印刷厂
开　　本　787毫米×1092毫米　1/16
印　　张　14.75
字　　数　287千字
版　　次　2025年3月第1版
印　　次　2025年3月第1次
书　　号　ISBN 978-7-5760-5549-8
定　　价　68.00元

出 版 人　王　焰

目 录

前言 / 1

第一章／ 区域推进幼小科学衔接的背景与现状 / 1

  第一节 区域推进幼小科学衔接经验梳理：基于国内外政策文献 / 3
    一、区域支撑幼小衔接协同发展的管理架构 / 4
    二、区域保障幼小衔接协同治理的政策与制度 / 6
    三、区域推动幼小衔接协调共进的典型机制 / 10
    四、结论与启示 / 12
  第二节 区域推进幼小科学衔接实践探析：基于区域现状调查 / 14
    一、调研设计 / 15
    二、调研结果 / 15
    三、区域推进幼小科学衔接的行动建议 / 21

第二章／ 区域推进幼小科学衔接的行动思考 / 25

  第一节 区域推进幼小科学衔接的总体思路 / 27
    一、强化多主体协同 / 28
    二、坚持儿童发展为本 / 28
    三、聚焦区域机制创新 / 29
  第二节 区域推进幼小科学衔接的顶层设计 / 30
    一、1.0 版幼小科学衔接的循证实践：基于协同治理理念的
      顶层设计 / 30
    二、2.0 版幼小科学衔接的循证实践：冲破实践困顿的顶层
      设计优化 / 33
  第三节 区域推进幼小科学衔接的组织架构 / 38
    一、跨学段整体推进 / 38

二、多模态结对样态 / 39

第四节　区域推进幼小科学衔接的制度设计 / 43

　　一、制度设计的原则 / 44

　　二、制度设计的内容 / 45

第三章／　幼小主题式联合教研机制　/ 47

第一节　幼小主题式联合教研的内涵与现状　/ 50

　　一、有利条件　/ 50

　　二、面临挑战　/ 51

第二节　幼小主题式联合教研的内容　/ 52

　　一、儿童发展主题　/ 53

　　案例1：多主体伙伴式教研，催生儿童"预约活动"的迭代
优化　/ 57

　　二、课程教学主题　/ 64

　　案例2：基于入学适应期儿童情绪表达与调节的"阅读+"
研修行动——以绘本《你感觉怎么样》阅读活动研修为
例　/ 67

　　三、入学准备／适应主题　/ 73

　　案例3：基于幼小课程教学衔接的交互式联合教研机制探
索——以"C立方"主题教研为例　/ 75

　　案例4：指向儿童关键能力连续性发展的贯通式研修机
制——以"课间十分钟"联合教研为例　/ 81

第三节　幼小主题式联合教研的形式　/ 90

　　一、跨学段同课异构教研　/ 91

　　二、观摩互访共记录式教研　/ 91

　　三、多主体伙伴式教研　/ 92

　　四、沙龙式联合教研　/ 92

第四节　幼小主题式联合教研的反思行动　/ 93

　　一、架构主题式联合教研团队　/ 93

　　二、建立联合教研保障制度　/ 94

　　三、开展联合教研效果评价　/ 95

第四章 / 幼小教师跟岗交流机制 / 97

第一节 幼小教师跟岗交流的内涵与现状 / 99
一、幼小教师跟岗交流的内涵 / 99
二、幼小教师跟岗交流的现状 / 100
第二节 幼小教师跟岗交流的基本内容 / 101
一、空间环境 / 101
二、课堂活动 / 103
三、教研活动 / 103
四、融合授课 / 104
五、反思提升 / 105
第三节 幼小教师跟岗交流的基本模式 / 106
一、"P–E–A–C–E"跟岗交流模式 / 106
案例5:"P–E–A–C–E"跟岗交流模式——"一校三园"的
实践与探索 / 107
二、浸润式跟岗观摩模式 / 114
案例6:浸润式跟岗交流模式的实践和探索 / 115
三、"3C"体验式跟岗模式 / 120
案例7:"3C"跟岗模式初体验 / 121
四、打造区域幼小衔接教师跟岗联盟体平台 / 128
案例8:创新联盟体跟岗交流模式的实践与探索 / 129
第四节 幼小教师跟岗交流的保障措施 / 133
一、政策引领与扶持 / 134
二、时间保障与支持 / 134
三、人员培训与指导 / 134
四、科学评价与激励 / 134
五、资源配备与共享 / 135

第五章 / 指向儿童连续性发展的幼小课程一体化机制 / 137

第一节 指向儿童连续性发展的幼小课程一体化的内涵与现状 / 139
一、幼小课程一体化内涵 / 139
二、幼儿园和小学课程差异的现状 / 140

第二节　幼小衔接背景下支持儿童连续性发展评价指标体系的构建　/141

一、聚焦儿童连续性发展——《指标》的基本原则　/142

二、建立科学评价体系——《指标》的构建过程　/142

三、持续评估儿童发展——《指标》的使用价值　/143

第三节　指向儿童连续性发展的幼小课程一体化机制的实施路径　/144

一、研讨交流——聚焦幼小衔接中的真实问题　/144

二、研读分析——研读评价体系的针对性指标　/145

三、思考贯通——根据行为表现确定课程目标　/145

四、尝试链接——结合指导文件设计课程内容　/153

五、实践研究——优化创新幼小课程教学实施　/153

六、科学评价——使用指标进行教学效果评价　/154

案例9：桥梁共建支持儿童连续性发展——以"天气每天在变化"一课为例　/154

案例10：拉"索"架"桥"　以"评"联贯——指向儿童连续性发展的劳动课程一体化实践研究　/162

案例11：课程咬合运作　课堂交融共生——以"不一样的校园"与"我们的校园"为例　/167

案例12：指向交往合作水平提升的课程一体化的实践研究——以语文口语交际课《我们做朋友》设计为例　/173

第四节　指向儿童连续性发展的幼小课程一体化机制的保障措施　/178

一、"指向儿童连续性发展的幼小课程一体化机制"的组织保障　/178

二、"指向儿童连续性发展的幼小课程一体化机制"的制度保障　/178

三、"指向儿童连续性发展的幼小课程一体化机制"的资源保障　/179

第六章／　教师幼小衔接水平提升的培训资源开发　/181

第一节　培训资源开发的背景与意义　/183

一、培训资源开发的背景　/183

二、培训资源开发的意义　/183

第二节　培训资源开发的目标与原则　/184

一、培训资源开发的目标 /184

二、培训资源开发的原则 /184

第三节 培训资源的主题与内容 /185

一、培训资源的主题 /185

二、培训资源的内容 /186

第四节 培训资源的特色与说明 /186

一、培训资源的特色 /186

二、培训资源的说明 /187

附 件／ 附件一 区域层面的政策引领 /188

附件二 区域层面的制度保障 /189

制度1：幼小衔接共同体结对制度 /189

制度2：幼小主题式联合教研制度 /190

制度3：幼小教师跟岗交流制度 /191

制度4：幼小衔接一体化课程研究制度 /193

制度5：幼小衔接能力提升下教师专项培训制度 /194

附件三 培训资源设计 /196

培训资源1：五彩小健将 /196

培训资源2：小情绪，大问题 /199

培训资源3：小书包我会理 /203

培训资源4：感知时间 /206

培训资源5：幸福五彩环 /210

培训资源6：学会交往 /214

培训资源7：天气每天在变化 /217

培训资源8：快乐"1+N"活动 /218

后记 /223

前　言

　　党的二十大报告强调，要"在幼有所育、学有所教、劳有所得、病有所医、老有所养、住有所居、弱有所扶上持续用力"。建设高质量教育体系，既要实现各个学段教育的高质量发展，又要实现各学段间的有机衔接。而幼小衔接既是学段衔接的首要环节，也是高质量教育体系建设的关键。科学有效地解决幼小衔接所面临的现实问题，促进儿童从幼儿向小学生的身份转变，对其在小学期间的学习生活及身心发展具有重要意义。

　　自 2021 年 3 月教育部《关于大力推进幼儿园与小学科学衔接的指导意见》颁布后，幼儿园和小学都在不断探索幼小衔接的高质量发展之路，但仅有政策的引导是不够的，还需要在实践中深度探索幼小衔接制度保障机制。在诸多因素的综合制约下，当下幼小衔接还不能完全满足儿童成长发展的现实需要，存在着一些亟待破解的现实问题。如幼小衔接缺乏制度保障，致使合作与互通流于表面，缺乏一体化的顶层设计，在育人理念、培养方案、课程实施和制度保障等方面也缺乏呼应与贯通，从而无法有效解决幼小衔接面临的深层次问题。站在儿童持续发展的角度，要使两个学段的连接稳固、通畅，不仅需要在更大范围、更深层次上建立内在关联与前后承续的关系，更需要相关制度的保障，从而使多方合作形成教育合力。

　　2021 年，由华东师范大学黄瑾教授主持的全国教育科学规划国家课题"多主体协同的幼小衔接支持系统及运行机制研究"（BHA210122）立项，该课题研究旨在从建立基于儿童立场的双向衔接共识、实现课程与教学的纵向连续、搭建互动平台、形成支持性保障体系等方面提出促进幼小教师主体协同支持儿童顺利过渡的对策建议。上海市静安区很荣幸成为这一国家课题的三个实验区之一。加入课题研究后，我们立足区域实际，结合课题任务分工，开展了持续三年的行动研究。静安区在充分调研的基础上，从关注儿童发展的连续性与整体性出发，以"多主体协同"推进为突破口，开展了以机制创新促进高质量幼小衔接的"静安行动"，形成了"1+N+4"的多主体协同推进幼小衔接实践范式，即 1 个理想模型、N 个多模结对样式、4 种协同推进机制。

凝聚共识：达成"为儿童准备"的衔接愿景

幼小衔接事关儿童学习与终身发展，是教育领域的热门话题，也是掣肘教育实践的多年难题。中国的寓言故事《拔苗助长》告诉我们，教育要尊重孩子的实际水平，在孩子还没做好成熟的准备时，要耐心等待，不能违背孩子发展的自然规律。人为地通过训练加速孩子的发展会违背孩子发展的内在"时间表"。美国心理学家格塞尔曾经做过的"双生子爬梯实验"也印证了这个道理。

高质量教育的本质不是片面追求知识、技能的高效传递，而是相信每一位儿童都是可造之才，关照每一位儿童的全面发展。儿童视角下的幼小双向衔接真正关注了幼儿的需要，关注儿童的主体性地位，试图将衔接的主动权交还给幼儿，让幼儿在不断的冲突、调适中去发展适应小学的能力和品质。化解幼小教师对幼小衔接观念和认识上的冲突，应将利益相关者的成人视角转换成儿童视角，坚持将儿童的成长看成一个具有阶段性、整体性、可持续性的发展连续体，建立以儿童为中心、为儿童准备的双向衔接共识。

首先，明确儿童的立场，赋予和尊重儿童在幼小衔接中的主体性，明晰儿童发展的需求。幼小教师应采用多种方式倾听和判别儿童真实的声音，进一步描述与明晰衔接过程中的儿童发展实况，合作研讨并分享过渡期儿童身心发展特点和需求。只有尊重儿童在衔接过程中获得的一切经历和经验，才能准确把握儿童素质和能力的动态变化过程，用发展的眼光看待成长中的儿童。

其次，关注儿童发展的连续性，合力支持儿童做好身心全面准备和入学适应。一方面，幼小教师应在国家政策文件的指导下，从"身心准备""生活准备""社会准备""学习准备"方面达成儿童可持续发展的共同框架，弱化学段差异导致的不同观念和期待落差，消除过度"注重学业发展"的典型倾向。另一方面，需要幼小教师基于专业能力来实现对学习准备的辨别和澄清，建立对学习准备的共识。

因此，幼小科学衔接需从区域层面整体架构、系统推进，打破学段壁垒，支持幼小教师共同关注每一个真实儿童，尤其是关注儿童发展的连续性和整体性，从"为了儿童发展"，走向"基于儿童发展"。

统筹规划：催生"多主体协同"的视角转向

幼小衔接是两个学段不同学习、生活的转换，也是儿童角色的转变，包含多个参与主体和多维环境因素的复杂互动过程。幼小衔接中的多主体协同体现在家庭、幼儿园、小学和教育管理部门等多元利益主体在多维情境下的共存与博弈之中，良好的协同育人模式需要多方行动者的相互配合与互动协作。强化多主体协同是幼小双向衔接的核心，再次审视区域推进幼小衔接实践，我们形成了视角的"三个转向"：

一是从实用主义转向系统思维。在实践中，研究共同体发现协同过程是最难的。为解决这一问题，课题组从最初的收集、分享共同体中的实用经验，转向以SFIC协同治理理论为指导，建立并不断优化协同"五环节"理想模型，制定出台了《多主体协同支持每一个活力儿童的连续性发展——静安区关于深入推进幼小科学衔接的指导意见》，为深入推进幼小科学衔接研究提供依据与实践方向，为共同体组织架构提供必要的保障，同时使幼小研究共同体在多主体协同治理方面的经验以政策的形式得到固化与推广。

二是从以点破面转向多模态结对。针对区域调研中呈现的幼小共同体结对互动合作浮于浅表、活动内容与形式各自为政等问题，静安区组建了三个幼小衔接研究共同体，开展前期试点研究。随着研究的深入，在总结试点工作经验的基础上，出台《上海市静安区教育局关于深入推进幼小科学衔接工作的实施方案》，政策引领区域内幼儿园与小学打破简单地根据地理位置结对的定式思维，以"双向选择、自由结对、自主发展"为原则，形成集团化结对、主题式结对、近邻式结对、交错式结对、公民办跨体制结对等结对样态，全区共组建了50余个幼小衔接研究共同体，覆盖全区每一所幼儿园与小学。

三是从零散支持转向合作共赢。有必要验证研究共同体在协同过程中经验做法的有效性。有效经验如何在全区推广？经过"问题——设计——实施——改进"的循证实践路径，我们剔除无效措施，留下有效做法，并通过出台制度的形式加以固化，提升整体教育水平。静安区幼小科学衔接的制度包括了一系列紧密联系的内容，包括幼小教师结对制度、课程一体化制度、教师能力提升制度、幼小主题式联合教研制度、教师跟岗观摩制度等。制度关照到了幼小科学衔接各层面、各方面需要，旨在保障幼小衔接顺利开展。

生态营建：共建"协同治理"的专项支持

幼小衔接是儿童适应社会和未来教育的关键环节，幼儿园教师和小学教师是确保双向有效衔接、支持儿童顺利过渡的重要参与主体。我们以政策为驱动，以制度为保障，以资源为牵引，搭建协同治理机制，以此重塑各方主体的权力格局，明确各方共同目标与理念，提高协作意愿，最终形成具有多方权力均衡、完善的协同治理及协同文化的多主体协同幼小衔接教育生态。

推出幼小主题式联合教研机制。围绕儿童连续性发展中的关键能力，以促进

3

儿童顺利过渡为核心，整合小学与幼儿园不同学科领域的教师资源，针对衔接问题，开展理念、方法、资源的共享、共研与共建。

施行幼小教师跟岗交流机制。为了丰富不同学段教师和儿童的直观感受，深化教师跟岗交流机制，打破学段间的壁垒，促进跨学段、不同学科的教师相互学习、增进了解，为儿童持续性发展提供真正的支持。

探索指向儿童连续性发展的幼小课程一体化机制。设计《静安区幼小衔接背景下支持儿童连续性发展评价指标》，引领幼小两个学段优化课程目标、调整课程内容、协同课程实施、双向课程评价，打通幼小课程一体化衔接通道。

研发推进教师幼小衔接能力提升的培训机制。鉴于基层学校既希望增强对儿童发展行为解读的理论与技术培训，更希望有一些主题鲜明、便于借鉴的衔接案例学习，区教研部门开发了一套提升教师幼小衔接能力的通识类和实操类培训课程，形成七大培训主题的微课资源，将其纳入教师研训平台，成为每位幼儿园教师、小学教师的必修课。

诚然，"区域推进幼小科学衔接的机制创新"研究是一个常研常新的重要命题。衔接得宜，成长有章！从教育高质量发展的现实要求出发，立足于儿童身心和谐发展的实现，我们将在"幼有所育、学有所教"上持续用力，并科学有效地推进幼小科学衔接。本书旨在抛砖引玉，引发同仁们对这一命题的进一步思考和探索，我们将永不懈怠，执着追求，期待取得更加丰硕而有价值的成效！

孙忠

2024 年 12 月

第一章 /

区域推进幼小科学衔接的
背景与现状

幼儿园到小学是儿童经历的第一个学校教育转折点，这一时期的衔接质量对儿童的连续性发展起到至关重要的作用。科学的幼小衔接能够帮助孩子更好地适应小学生活，也能够为儿童长远的认知、个性、社会性发展奠定基础，因此，家长对这一阶段的教育质量有着高期待和高要求，也存在着高焦虑。在实际的教育实践中，不少幼儿园和小学在衔接上存在问题，如课程内容与教学方式、教育方法或生活作息的差异较大等，这不仅是因为幼儿园和小学本身系统职能特征差异，衔接经验不足、开展衔接教育能力有限等，很大程度上也与区域针对幼小科学衔接的教育治理散点化、刻板化关系较大，区域教育治理还存在着问题聚焦不明确、工作路径不清晰、配套机制不完善、治理成效不均衡等突出问题。可见，研究区域治理有利于推进幼小衔接协同发展，这不仅是解决现实中存在的教育资源分配不均、家长需求增加等问题的重要手段，也是促进教育公平与质量提升、支持儿童身心健康发展的关键举措。因此，本章将从国内外幼小科学衔接经验梳理和区域推进实践调研分析两个维度进行梳理与思考，以期为区域推进幼小衔接的行动提供参考与建议。

第一节　区域推进幼小科学衔接经验梳理：基于国内外政策文献

通过政策文献梳理与分析发现，国内外幼小衔接质量已经被提升到了国家教育质量重点关切的高度。从教育管理与治理的角度上看，区域行政效能的提升能够确保国家和地方的教育政策在区域内得到统一和有效的执行。通过行政手段，能够推动相关政策落地，确保幼小衔接工作有序开展；通过制定幼小衔接的标准和规范，对教育内容、教学方法、教师培训等方面进行系统管理和监管，确保教育质量；通过行政力量建立质量监控和评估机制，对幼小衔接过程进行持续跟踪和改进，及时发现和解决问题，保障教育效果。最重要的是，区域行政能够协调教育、卫生、社会服务等多部门合作，共同推进幼小衔接，提供综合性的支持和服务，促进区域内、区域间不同幼儿园和小学之间的交流与合作，分享经验和资源，提高整体教育水平。故此，研究区域治理推进幼小衔接协同发展，通过系统性的方法和措施，保障儿童在过渡阶段的身心健康和全面发展，有利于让幼小衔接在政策指导下，通过各地的具体实践经验总结，形成更为科学和可操作的幼小衔接模式，进而提升整体教育水平。本节将通过梳理国内外政策文献，发掘现阶段的可行方案与问题挑战，从而为区域切实推进幼小衔接协同治理提供建议与参考。

一、区域支撑幼小衔接协同发展的管理架构

（一）环环相扣的层级结构

层级结构有着明显的上传下达秩序，呈现分工明确、行动高效的组织特征。这种管理架构为国家教育理念的贯彻落实和教育目的的逐步践行提供了坚实的基础。在法国，主要分为三级管理架构：市级—区级—校级。以巴黎市为例，市级（City Level）教育部门负责总体规划和政策制定、资源分配和管理以及提供教师培训和支持。区级（District Level）教育管理部门根据市级政策，具体落实和执行幼小衔接的教育政策和计划，确保每个区内的学校能够统一步调，其中不同学区内的学区办公室，通过学区主任、教育协调员、家长联络员等多样化的岗位设置为幼小衔接的政策落实和协同评估提供明确的职责分工和工作保证。具体教学管理、教师培训以及家校沟通合作则由一线学校具体落实，幼儿园和小学负责具体的教育教学工作，实施区级和市级政策，确保幼小衔接的顺利进行。[①] 层级结构是世界教育管理中普遍使用的一种管理架构，在我国也同样有着类似的科层结构。[②]这种区域性幼小衔接管理的三级结构，通过市级、区级和校级的协同合作，实现了教育政策的制定、落实与执行，然而，这种模式在强调执行效率的同时，往往忽略了同层级之间的横向交流与互动。此外，很少有国家在幼小衔接领域设立专门的科层分工，即使在各区域内部，幼小衔接工作通常也依附于整体学前教育管理或小学教育管理中，二者之间存在较多交叉，这种情况导致管理框架不够清晰、管理内容相互混淆、从而降低了整体管理效率。可见，没有专门的机构负责、没有专门的政策监督治理，也没有长期合作的横向组织，幼小衔接便难以真正迈向系统化、协同化的成熟教育样态。

（二）多元构成的团队结构

相比于科层制的逐级运行，也有不少国家倾向于放权幼小衔接工作给各地的教育管理部门以及一线的教育机构。经济合作与发展组织（以下简称 OECD）的调研发现，在一些西方国家，如德国、新西兰，学前机构和小学对何时以及如何规划幼小衔接工作拥有完全的自主权。在新西兰，小学和幼儿园制定并实施最适合各个社区需求的过渡政策，这一举措旨在将学校和幼儿园的教师联系起来，分

---

① 法国教育部官方网站，https://www.education.gouv.fr.

② 中华人民共和国教育部官方网站，http://www.moe.gov.cn.

享教学实践，并为正在教育系统中过渡的儿童建立连贯的教育途径。通过这些社区进行的合作可以为过渡政策的制定和实施提供参考。[①]

在治理团队中，除了有来自一线的幼儿园、小学的管理人员，还可能有来自专业教育机构的人员参与。在爱尔兰，教育和技能部（DES）最近成立的早期教育督导机构开展以早期教育为重点的检查，以补充已有的监测和监管检查流程，包括检查儿童的教育和日常过渡。儿童从幼儿园进入小学的过渡就是该机构监管和研究的项目之一，目的是确保儿童所经历的过渡环节能够得到妥善管理和规划。[②]

在我国，也多见自发形成的幼小衔接合作团队，例如幼儿园与小学[③]、社区与幼儿园和小学及家长[④⑤]共同组织的活动项目等。这些团队能够完成初步的自运行、自治理、自完善工作，根据不同地域特色、不同社会环境、不同儿童特点，为儿童提供独具个性的幼小衔接教育过程，这对于幼小衔接适应各地的特色发展起到重要作用，具有灵活性、丰富性、自发性等特点。然而，少有团队容纳了幼小衔接的重要参与者家长和儿童的声音，因此，有必要在区域治理时关切亲历者的需求，使幼小衔接治理不仅具有社会层面的推动意义，也具有儿童个体发展的教育价值。

（三）多向共进的矩阵结构

美国既有纵向的层级结构，又有鲜明的横向合作。在多层级的治理体系中，美国的区域治理中既有统领整体教育的规划制定机构，也有分支部门负责执行、监管与评估。与此同时，美国社会还存在大量的公私合作项目，尤其在幼小衔接阶段。公立学校由政府资助，提供免费的基础教育，尽可能保障贫困儿童接受教育的需求；私立学校和幼儿园提供收费教育，通常具有较高的教育质量和资源，能够为儿童提供更具个性化的衔接教育内容；另有部分非营利组织，如开端计划（Head Start）项目，为有特殊需要的儿童提供早期教育，这些学校和组织在日常

① OECD. Starting Strong V: Transitions from Early Childhood Education and Care to Primary Education[R]. Paris: OECD Publishing, 2017: 56-57.

② OECD. Starting Strong V: Transitions from Early Childhood Education and Care to Primary Education[R]. Paris: OECD Publishing, 2017: 57-58.

③ 丁乐祺. 幼小双向衔接，聚力共筑成长——崇明区西门小学教师团队走进西门幼儿园开展联合教研活动[EB/OL].（2024-03-26）[2024-08-16]. https://mp.weixin.qq.com/s?__biz=MzA5MjQyODk2MQ==&mid=2651167179&idx=1&sn=3265514c351592723f58f94ba3f1c811&chksm=8b9c7605bcebff131d2cd5e6f9663215ec33752acb552c49668cc7918b074e0b347ffe379814&scene=27.

④ 童家桥街道. 童家桥街道文苑社区联合西政幼儿园开展"幼小衔接"实践活动[EB/OL].（2024-03-12）[2024-08-16]. http://www.cqspb.gov.cn/zj/tjqjd_64716/sy_64717/jddt_64719/202403/t20240312_13029872.html.

⑤ 狄鑫，邵晶. 新年上"新年"课，家、园、校、社区四方联动共话幼小衔接[EB/OL].（2023-12-30）[2024-08-16]. https://baijiahao.baidu.com/s?id=1786672605761323078&wfr=spider&for=pc.

教学中并不是孤立的，而是经验互通、彼此合作，同时每个州都具有各自的教育特色，在区域内因地制宜地开展幼小衔接工作。[①]事实上，幼小衔接治理工作不仅需要多主体参与，还需要多学科密切协作。在以教育学为核心的基础上，心理学、神经科学、社会工作等领域相辅相成，通过健康检查、心理咨询和社会服务等手段，全面支持儿童的健康成长与发展。美国的点阵治理结构是各个点（即各级治理机构、教育机构、社区组织等）之间的紧密联系和互动，通过多层次、多维度的合作，共同推动幼小衔接教育的发展，有助于形成一个全面、系统的教育生态体系，促进儿童的健康成长和全面发展。

北欧国家非常重视幼小衔接阶段的教育，重视幼小衔接教育在不同地区因地制宜自主发展，其实行的区域散点管理（Scattered Management）模式是指在多个不同层级和区域分散管理、协作和决策的治理方式，这种模式在幼小衔接发展领域，具有独特的特点和优势。[②]地方政府在教育决策中一般负责管理和资助本地区的学校，有权制定具体的教育政策和计划，各个地方可以根据自身的实际情况和需求，灵活调整和实施教育政策。同时，不少北欧国家强调各级政府、教育机构和社区之间的高度横向合作，鼓励公立和私立教育机构之间协作交流、资源共享，共同提升教育质量。在课程上，北欧国家注重提供内容广泛的课程，包括语言、数学、艺术、体育、科学等多个领域，也注重学生的个体差异和兴趣，提供个性化的学习计划和支持，特别重视倡导与监管幼儿园与小学课程一致性问题。芬兰的教育体系还着重强调了平等教育机会，所有儿童无论背景如何，都能获得优质的教育资源。[③]北欧的散点管理模式通过分权、合作和全面发展的方式，有效促进了幼小衔接教育的发展，但散点化的治理模式仍然需要与国家社会的发展方向相契合，符合国家的教育培养目的，并且如果缺乏宏观上的统一管理和质量监督，则很难守住教育公平的底线。

二、区域保障幼小衔接协同治理的政策与制度

（一）规划：明确多元主体职责的政策保障

区域保障离不开关键制度的制定与执行，完善的政策制度有利于区域治理的顺

① Early Childhood Learning and Knowledge Center, Head Start Program Facts: Fiscal Year [EB/OL].（2024-11-18）［2024-12-01］. https://eclkc.ohs.acf.hhs.gov/about-us/article/head-start-program-facts-fiscal-year-2021.

② González-Moreira A, Ferreira C, Vidal J. Comparative Analysis of the Transition from Early Childhood Education to Primary Education: Factors Affecting Continuity between Stages[J]. European Journal of Educational Research, 2021, 10(1): 441-454.

③ 芬兰教育部官方网站，https://www.oph.fi.

利开展，也便于幼小衔接各主体在合作中有据可行，不至于陷入混乱。在英国，计划性与前瞻性是政策制定的重要内涵，在幼小衔接宏观治理上的政策文件既有统领性的教育纲领和课程标准，也有专项衔接教育举措，旨在确保幼儿从学前教育顺利过渡到小学阶段。《早期基础阶段框架》(Early Years Foundation Stage Framework, EYFS)① 规定了从出生到 5 岁儿童的教育、发展和护理的标准，框架包括学习与发展、评估以及健康安全等要求，该文件为儿童家长、从业者和教师既提供了孩子知识、理解和能力的全面情况，同时也从纲领上要求教育者们为儿童的一年级入学做好准备。英国《教师标准》(Teachers' Standards)② 由教育标准办公室（Ofsted）颁布，明确了教师在各个阶段的行为标准，这一文件不仅要求教师"为学生建立一个安全且激励的环境"，"了解学生的能力和先前知识，并在此基础上规划教学"，还要求教师与同事、家长、教育专家能够有良好的沟通与合作，这些标准的制定对处于幼小衔接期儿童的过渡无疑是有利的。就针对幼小衔接专项工作来看，英国公共卫生局（Public Health England）颁布的《促进入学准备：为伦敦创造更好的开始》(Improving School Readiness: Creating a Better Start for London)③ 则介绍了不同主体在从幼儿园到小学过渡时期应该扮演的角色，该文件提到一项成功的幼小衔接并非只有准备好入学的儿童，还应该有准备好的家庭、准备好的社区环境以及准备好的教育服务，只有儿童、家庭与整个教育系统通过完善化准备才能够真正支持儿童的连续性发展。日本政策制度对幼小衔接有着重要指引作用。日本文部科学省颁布的《幼小衔接指南》（幼保小接続ガイドライン）④ 详细介绍了在日本教育中，幼儿园与小学作为两大关键主体在开展合作时的重要实践策略，例如，为了在幼儿教师和小学教师之间建立顺畅的联系，幼儿园和小学应当共享教育信息，连接教育内容，同时丰富双方的教育。该文件强调，幼小衔接不只是一年级班主任的工作，所有老师都应该讨论如何为每个孩子提供量身定制的支持。

可见当前的幼小衔接规划政策制度既有统筹性的纲领文件，也有专门指向幼小衔接的指导方针，这为幼小衔接工作的具体实施提供了方向性指导，也提供了

① Department for Education. Early years foundation stage statutory framework [EB/OL].（2024-10-11）[2024-12-01]. https://assets.publishing.service.gov.uk/media/65aa5e42ed27ca001327b2c7/EYFS_statutory_framework_for_group_and_school_based_providers.pdf.

② Department for Education. Teachers' Standards[EB/OL].（2021-12-01）[2024-12-01]. https://assets.publishing.service.gov.uk/media/61b73d6c8fa8f50384489c9a/Teachers_Standards_Dec_2021.

③ Public Health England. Improving school readiness Creating a better start for London[EB/OL].（2015-08-01）[2024-12-01]. https://assets.publishing.service.gov.uk/media/5a80a5bb40f0b62305b8c59e/School_readiness_10_Sep_15.pdf.

④ 日本文部科学省官方网站，https://www.mext.go.jp.

实践性指南，令一线衔接工作更具有操作性。

（二）共享：打通各方信息壁垒的联动沟通制度

幼小衔接既是连续性的，又是阶段性的，但当下的幼儿园和小学少有系统化、连续性的长期协同合作，不利于达成衔接所期望的教育一致性目标。因此，唯有加强学前与小学教师、教师与家长以及其他教育辅助机构的联系，推动两个阶段的包括家长在内不同主体交流合作，才可能迈向教育一体化进程。基于这一教育目标，不同国家都相继出台了一系列打破壁垒加强信息传递的教育制度。

美国《2000 年教育目标法》强调对家长进行培训，要求学校和家长积极地沟通、交流，参与学校制度制定过程，共同解决儿童在教育中出现的问题。[①]2002年《良好的开端，聪明的成长》要求政府为家长、保育员、教师提供教育指南手册，加强相互之间的了解和联系，共同促进儿童幼小衔接成功过渡。[②]挪威在幼小衔接管理上的政策文件强调了幼儿园与小学合作的重要性，挪威教育与研究部出台的《从幼儿园到小学的过渡指南》(Overgang fra barnehage til skole)[③]鼓励幼儿园和小学之间的合作与沟通，通过定期的会议和交流有助于确保幼儿园和小学教师能够分享有关孩子的信息，从而更好地支持他们的过渡。澳大利亚则构建了幼小衔接各利益相关者的动态合作关系网，其教育部通过《过渡到学校的实践指南》(Transition to School: Position Statement)[④]提供了关于如何有效管理幼儿园到小学过渡的建议，强调家庭、社区和教育机构的合作，并介绍了家庭、幼儿园、小学和社区之间的沟通与协作的策略方式。

OECD 的《强势开端》(Starting Strong) 报告[⑤]详细探讨了幼儿教育和保育（ECEC）领域的各种政策和实践，并强调了在幼小衔接过程中不同主体（包括家庭、教育机构和社区）之间合作对儿童连续性发展的重要意义。在家庭与教育机

① 侯瑞君.《美国 2000 年教育目标法》综述 [J].牡丹江师范学院学报（哲学社会科学版），2006（4）：88-89.

② Executive Office of the President, Washington, DC. Good Start, Grow Smart: The Bush Administration's Early Childhood Initiative [EB/OL].（2002-04-01）[2024-12-01]. https://eric.ed.gov/?id=ED465461.

③ Norkyn A, Andersen H I M, Hanssen N B. Overgangen fra barnehage til skole [EB/OL].（2021-12-03）[2024-12-01]. https://utdanningsforskning.no/artikler/2021/overgangen-fra-barnehage-til-skole.

④ Educational Transitions and Change (ETC) Research Group. Transition to school: Position statement[EB/OL].（2011-01-01）[2024-12-01]. Albury-Wodonga: Research Institute for Professional Practice, Learning and Education, Charles Sturt University. https://arts-ed.csu.edu.au/education/transitions/resources/Position-Statement.pdf.

⑤ OECD. Starting Strong V: Transitions from Early Childhood Education and Care to Primary Education[R]. Paris: OECD Publishing, 2017.

构的合作中，建议家庭和教育机构之间保持持续的沟通。这可以通过定期的家长会议、开放日和家庭访问等方式实现，鼓励家长积极参与孩子的学习和发展过程。在幼儿园与小学的合作方面，OECD认为幼儿园和小学应在教育目标和教学方法上进行协调，确保儿童在过渡过程中有连续性和一致性。在教育机构与社区的合作方面，教育机构应充分利用社区资源，如图书馆、社区中心和体育设施，为孩子提供多样化的学习和发展机会。社区组织和成员可以通过志愿服务、捐赠和参与教育活动，支持儿童幼儿园至小学的过渡过程。

充分的交流是合作的前提与基础，信息的互通有无能够最大程度地缩小两个学段不同主体之间的差异，从而为儿童平稳过渡提供重要保障。

（三）监测：线上线下双向进路的评估反馈制度

对幼小衔接工作的常态化监测有利于确保儿童的衔接过程质量。首先，通过持续的监测，可以评估幼小衔接政策和项目的实施效果，这种评估帮助管理者和教育工作者识别哪些策略是有效的，哪些需要改进，从而确保资源努力集中在最有成效的领域。通过收集和分析反馈，教育管理者最快速地识别并纠正问题，减少对儿童的不利影响。这种即时调整能力确保了教育策略的灵活性和响应性，能够更好地满足儿童的需求。

在数字化赋能教育的当下，不同国家都有着线上线下的复合型评估反馈方式。加拿大安大略省要求教师通过观察和记录儿童的学习过程，在教育现场使用《幼儿观察和记录指南》进行评估[1]，重点关注儿童的社会、情感、认知和身体发展。教师与家长定期分享评估结果，通过家长会和个别沟通，确保家长了解孩子的发展情况。在线上，加拿大的幼小衔接评估和反馈工具（Early Development Instrument，简称EDI）是一个广泛使用的评估工具[2]，用于评估5岁儿童在五个关键发展领域的准备情况，包括身体健康与福祉、社会能力、情感成熟度、语言与认知发展、沟通能力与一般知识。在新加坡，幼儿教育网（ECDA）[3]是其政府管理和监督幼儿教育的主要机构，该网站通过提供一个综合的在线平台，供教师和家长使用，其内容包括评估工具和资源，教师可以在平台上记录和分析儿童的学习和发展情况，生成评估报告；家长可以访问平台查看孩子的学习进展，与教师进行在线沟通。在线下评估和反馈方面，新加坡通过《新加坡学前教育认证框架》（Singapore Pre-school

---

① Queen's Printer for Ontario. Growing success: assessment, evaluation, and reporting in Ontario's schools, kindergarten to Grade 12[EB/OL]. (2010-01-01) [2024-12-01]. https://www.ontario.ca/page/growing-success-assessment-evaluation-and-reporting-ontario-schools-kindergarten-grade-12#section-0.

② EDI 网站，https://edi.offordcentre.com.

③ 新加坡早期儿童发展署官方网站，https://www.ecda.gov.sg.

Accreditation Framework,简称 SPARK）评估幼儿园与小学合作情况[1]，旨在让儿童更熟悉小学环境，让幼儿教师和家长熟悉小学教育，最终令幼儿园与小学建立伙伴关系，以促进儿童整体更顺利地过渡。通过这些线上线下的评估推动着教育工作者、家长和社区的协同合作，使得整个衔接工作更加顺利。

三、区域推动幼小衔接协调共进的典型机制

（一）支持课程一体化的运作机制

课程一体化是幼小衔接高质量发展的重要路径之一。要实现课程一体化，则需首先确定儿童发展"共同目标"，以此作为路径方向的指引。其次，共享跨学段的课程指南是一体化的关键指针，在此基础上，通过设立针对性的幼小衔接课程以达到联幼小的目的，而其中设置较统一的作息时间则起到课程一体化的保障性作用。

在目标设置上，丹麦列出了儿童发展的六个目标：全面的个人发展、社会能力、语言发展、身体和运动、自然和自然现象、文化价值和艺术表达[2]，这六大共同目标指引着幼儿园和小学面向相同的教育方向，避免出现反向影响。在课程指南上，苏格兰的卓越课程（Curriculum for Excellence，简称 CfE）[3] 适用于 3 岁至 18 岁的学生，强调保育和教育的紧密结合，旨在为所有儿童和年轻人提供一个连贯且灵活的教育框架，这一广泛的年龄段确保了从早期教育到高中教育的连续性和一致性，帮助儿童成为成功的学习者、自信的个体、负责任的公民和有效的贡献者，课程内容包括学科领域的学习、跨学科学习、学校生活的氛围以及个人成就的机会，这种全面的操作性课程导向帮助教育工作者适应并在现代社会中茁壮成长。在加拿大新不伦瑞克省，初等教育课程[4] 面向幼儿园大班至小学二年级，针对性地覆盖了接近整个衔接教育阶段，这一整合的课程框架从系统上减少了幼儿园和小学教师在课程上磨合的成本，为儿童创造了知能学习上平稳过渡的机会，使儿童在进入小学时能够有与学前期一致的学习体验。事实上，设置较统一的作息时间是容易被忽略却又相当关键的衔接工作。芬兰的学前教育和开学第一年的

① Quek L. Transition of Preschool Children to Primary 1[EB/OL].（2019-09-25）[2024-12-01]. https://singteach.nie.edu.sg/2019/09/25/issue70-contribution.

② 丹麦儿童和教育部官方网站，https://eng.uvm.dk.

③ 苏格兰教育官方网站，https://education.gov.scot.

④ Elizabeth A. Shuey et al. Curriculum Alignment and Progression Between Early Childhood Education and Care and Primary School [EB/OL].（2019-01-09）[2024-12-01]. https://docslib. org/doc/8689073/curriculum-alignment-and-progression-between-early-childhood-education-and-care-and-primary-school.

上课时间没有很大的差异，学前教育每天免费提供约 4 小时；然而，大多数接受学前教育的儿童（约 70%）在学前教育前后也使用课后服务，小学教育也是类似的，孩子们参加上午和下午的小组，在官方上课时间之外（每天 3—5 小时）组织，这意味着他们的出勤时间相似。[①] 这种看似无足轻重的作息时间上的协同，其实是对儿童生理适应的重视与尊重，而如果没有统一的上位治理要求，仅靠一线教育机构很难完全实现时间作息上的一致性。

（二）支持幼小联席教研的运作机制

幼儿园和小学的合作教研是让课程教学真正落实的关键方式。唯有从区域层面推进高度的园校合作、持续的教职工学习、经常性的跨学科学段研修培训，辅之以网络支持平台的建立，才有可能使整体幼小衔接教研工作有效、稳定地进行。

首先，合作教研应当以有目的、有主题的探讨（如儿童语言发展、教育经验与实践）为核心，使教研落地。通过制定指导方针、制定课程、组织会议、分享知识、交换关于个别儿童发展的信息、开发支持材料和组织联合活动，将研讨主题嵌入衔接过程中的观察、诊断、技术和能力、教学、一日生活规划、儿童发展连续性里，确保主题符合日常教育教学实践的需要。英国威尔士儿童保育员的专业发展策略[②]中就大量包括涵盖幼小衔接难以避免的话题，如在书籍和其他资源的支持下与儿童讨论过渡；参观学校，让孩子熟悉环境；将校服和包引入"家庭角落"，建立熟悉和支持学校主题的角色扮演机会；引入打包午餐作为介绍新常规的机会；与教师合作，提高他们对孩子个人的理解等。幼-小教师一起讨论孩子的发展情况，完成对儿童的基本了解，并制定差异化的行动方案，使所有获得这项服务的儿童和家庭受益。芬兰的教师在幼小衔接方面的培训和策略则有较为广泛的覆盖，如系统的职业发展、个性化教学计划、不可缺少的环境设计等，为儿童创建安全和支持性的学习环境，促进儿童在过渡期的适应和发展。爱尔兰幼儿园和小学教师之间进行定期的合作会议，讨论儿童的需求和最佳的教学策略，这种合作帮助教师在过渡期间保持一致的教育方法。在此基础上为教师创建支持性网络，通过在平台上分享资源、最佳实践和经验以促进教师之间的专业交流，提升整体教育质量[③]。

（三）支持常态化家园校合作的机制

家庭是幼小衔接的核心主体之一，通过鼓励常见的家园校联动活动、支持多主体的互惠访问与学习项目，有利于使家园校合作从短暂的、随机的简单配合阶段进入长期的、着重计划的精准推动阶段。"学前儿童家庭教育计划"（Home Instruction for Parents of Preschool Youngstes，简称 HIPPY）（在澳大利亚、奥地利、

---

① 芬兰教育官方网站，https://www.educationfinland.fi.

② 英国威尔士政府官方网站，https://www.gov.wales.

③ 爱尔兰早期儿童教育网，https://www.earlychildhoodireland.ie.

荷兰和美国实施，对学龄前儿童父母进行家庭指导）[1]便是一项比较成功的常态化家园校合作机制。该计划最初在以色列由利亚·沃尔夫（Lia Wolf）博士于1969年创立，现已推广到多个国家，包括美国、加拿大、澳大利亚等，该计划的核心理念是通过家长的积极参与和家庭教育，增强学龄前儿童的学业能力和社会技能。HIPPY计划的目标是提高学龄前儿童的认知能力、语言能力和社交技能，确保他们为进入小学做好准备。同时，非常重视为家长提供所需的教育工具和知识，使他们能够积极参与孩子的教育过程。通过家庭和社区的共同努力，创建一个支持性的教育环境。家庭教育、导师支持、双向互动、社区参与是HIPPY计划的主要核心要素。通过家庭教育和社区支持，帮助家长为孩子的学前准备提供重要的支持和资源。这种以家庭为中心的教育模式在多个国家取得了显著的成功，有效提高了儿童的学业准备水平和家庭的教育水平。此外，支持多主体的互惠访问与学习项目，也是一个重要的合作启发。2016年，澳大利亚维多利亚州教育和培训部委托了一个项目来支持库里市贫困儿童的入学教育。通过将儿童在学前和入学后的表现与他们的文化背景相联系，并进行针对性的教育探索，从而加强教师、教育工作者、儿童、家庭和社区之间的关系。该项目所实施的专业学习方案惠及维多利亚州的大量贫困儿童和家庭，并且通过开展访问和专业学习会议，使许多处于衔接期的儿童缓解了焦虑，拥有更理想的过渡情况。

四、结论与启示

（一）着重顶层设计，创设区域适宜的动态架构

为了确保儿童在从幼儿园到小学的过渡期间获得全面支持，区域幼小衔接治理应着重顶层设计，并创设一个横纵向结合的立体矩阵组织管理架构。在横向上建立跨部门协调制度，推动教育、卫生、社会服务等部门协同合作，确保资源的有效配置与使用。同时，相关部门应签署合作协议，明确各自的职责和义务，确保各项工作有章可循。合作协议中应详细规定资源共享、信息交流、问题解决机制等内容，以确保合作的有效性和持续性。纵向组织架构则通过设立幼小衔接工作小组来实现有效运作。该工作小组应由区域教育局领导，成员包括幼儿园和小学的管理人员、教师代表等。工作小组的主要职责是协调和监督幼小衔接工作的具体实施，通过定期会议和专题研讨，工作小组可以实时了解过渡过程中出现的问题，制定相应的解决方案，并确保各项措施得到有效执行。此外，工作小组还应负责促进幼儿园与小学之间的信息交流，分享最佳实践和成功经验，确保教学

---

[1] 学前儿童家庭教育计划（HIPPY）官方网站，https://hippy-international.org.

方法和教育理念的一致性。这种立体矩阵结构应既有明确分工，又兼顾动态化运作，即能够根据不同的教育情景进行工作协调与人员调动，这将有助于构建一个灵活且高效的幼小衔接治理体系，从而支持幼小衔接协同治理工作的高效开展。

（二）健全制度保障，确保协同工作的有效开展

健全幼小衔接协同治理制度保障，确保协同工作的有效开展是幼小衔接的基础性工作。首先，应制定统一的政策和标准，涵盖课程设置、教学方法和评估标准，确保各教育机构的统一行动和方向。其次，完善信息共享平台使用制度。该平台不仅提供国家和区域层面的幼小衔接政策、指导文件和标准，确保各机构和相关人员了解并遵循统一的政策方向，还应包括课程设置、教学计划、教学方法、教材和教学工具等教育资源，帮助教师在教学过程中实现一致性和连贯性。同时，成功的幼小衔接案例和实践经验也是不可或缺的，这能够帮助教育工作者借鉴和应用有效的策略和方法。有条件的区域还可以提供评估工具和方法以及在线教育质量跟踪系统，帮助教育机构定期评估幼小衔接工作的实施效果，并根据反馈进行调整和改进。平台应对全体幼小衔接教育参与者开放，其使用者包括但不限于幼儿园和小学的教师、管理人员、教育政策制定者以及家长，从而真正支持科学教育信息的广泛传播。最后，强化教师的专业培训，定期组织跨机构的专业培训和研讨会，增强幼儿园和小学教师的专业能力和协作意识，并建立科学的评估和反馈制度，定期评估协同治理的效果，及时调整和优化策略。通过以上措施，构建健全的幼小衔接协同治理制度，保障各项协同工作有效开展，助力儿童健康成长和全面发展。

（三）完善机制运作，推动协同成效的螺旋式上升

为了确保儿童在从幼儿园到小学的过渡期间获得全面支持，建议从课程一体化机制、教师联合研修机制以及支持家园合作机制三方面完善区域幼小衔接治理，推动协同成效的螺旋上升。在课程一体化方面，制定涵盖幼儿园和小学低年级的统一课程标准尤为重要。这不仅能满足教学内容的连续性和一致性要求，还能为教师在不同教育阶段之间提供明确的指导方针。为此，建立一个跨学段的课程协调委员会，负责课程内容的设计和调整，可以有效促进学前教育与小学教育的无缝对接。此外，开发和推广适用于幼儿园和小学的综合教材和教学资源，设立资源共享平台，能够让教师和教育工作者共享和交流教学资源和方法，从而提升整体教学质量。在教师联合研修机制上，定期组织幼儿园和小学教师的联合培训，增强他们对衔接教育的理解和实践能力是必要路径。通过参与跨学段的教学研究项目，教师可以共同探索有效的教学策略和方法。在此基础上，举办跨学段的研讨会和经验交流会，分享幼小衔接的成功案例和实践经验，能够促进教师之间的互相学习和进步。在支持家园合作机制方面，建立和完善家校沟通平台，让家长

能够随时了解孩子的学习和发展情况，并与教师保持密切联系，有利于家园校的密切合作。在合作中为家长提供必要的家庭教育指导，帮助家长在家庭环境中为孩子提供良好的学习支持，有利于教育对儿童全方位的持续影响。通过完善课程一体化机制、教师联合研修机制和支持家园合作机制，可以有效增强区域幼小衔接的治理效果，推动协同质量的螺旋式上升。

第二节 区域推进幼小科学衔接实践探析：基于区域^①现状调查

高质量幼小衔接是高质量学前教育延续的关键，确保良好的幼小衔接成为我国当前教育事业发展的重要议题。^②随着教育改革的深入，社会各界逐渐达成共识，幼小衔接不单是儿童从幼儿园到小学的生活学习经历转变，而是一个包含多个参与主体和多维环境因素的复杂互动过程。在这个过程中，教师、家长、政府管理者等多方利益主体共同参与，共同影响着儿童的成长和发展。^③可见，幼小衔接问题是一个复杂的系统工程，涉及多方利益主体的协同与合作。在这个系统中，每个主体都扮演着重要的角色，每个主体的行动和决策都会影响到幼小衔接的最终效果。其中，如何实现幼儿园与小学的有效衔接，成为了当前幼小衔接改革中亟待解决的重要议题和关键突破。因此，要实现高质量的幼小科学衔接，就需要教育行政管理部门牵头来构建一个多方参与、协同合作的机制，让每个主体都能够积极地参与进来，共同为儿童的全面发展贡献力量。

S市J区作为我国教育改革和幼小衔接探索的先行区，一直高度重视幼小衔接问题，积极探索从区域治理支持层面推动多主体协同的幼小科学衔接机制创新。事实上，由于幼儿园与小学在教育理念、教学内容、教学方式等方面存在差异，加之家长、教师、教育管理者等多方利益主体的期望与需求不尽相同，幼小衔接过程中出现了诸多问题和挑战。明晰多方主体之间的冲突与矛盾，通过行政管理的手段

---

① 本章及以下章节中的区域特指上海市J区。
② 黄瑾，田方，乔慧，等.教师主体在幼小双向衔接中的实践特征、现实困境与协同路向[J].华东师范大学学报（教育科学版），2023，41（11）：1-12.
③ 黄瑾，田方.论幼小衔接研究理论视域的转换——从生态系统理论到社会文化理论的研究展望[J].中国教育学刊，2022（4）：7-12.

来协调，不仅可以提升幼小衔接的质量，也能为儿童的全面发展创设一个有良好准备的环境。为更好地把握区域内幼小衔接中关键主体的衔接实践，该区通过问卷调查的方式，对幼儿园教师、小学教师、幼儿园家长、小学家长，以及教育管理者等多方利益主体，在幼小衔接过程中的实践举措进行深入的调研和分析，旨在揭示各主体在幼小衔接过程中存在的问题和挑战，并进一步分析问题产生的原因。通过调研，该区希望能够为教育行政部门制定相关政策提供参考和依据，帮助幼儿园和小学改进和优化幼小衔接工作，构建起多方参与、协同合作的幼小衔接机制，提高幼小衔接的质量和水平，为儿童的全面发展创造更加有利的条件和环境。

一、调研设计

（一）调研对象

在 S 市 J 区教育行政管理部门的统筹下，本次调研面向区域内的幼儿园教师、小学教师、幼儿园家长、小学家长、教育管理者（幼儿园园长、小学校长与政府部门教育管理者）发放了在线调查问卷。本次调研共回收 1827 份调查问卷，有效问卷 1805 份，问卷回收有效率为 98.8%。在有效样本中，幼儿园教师 99 人，小学教师 126 人，幼儿园大班家长 570 人，小学家长 986 人，教育管理者 24 人。

（二）调研工具

本次调研工具是由华东师范大学"多主体协同幼小衔接"研究项目团队所开发的。该团队集中关注了包括幼儿园教师、小学教师、幼儿园家长、小学家长，以及教育管理者在内的多个利益相关方在幼儿园到小学过渡过程中的认知和实践情况，并为此专门设计了五份调查问卷，统称为"幼小衔接多主体协同现状调查问卷"，问卷内容涵盖了各个利益相关方对于幼儿园到小学过渡的看法及他们在实践中所采取的行动。根据区域推进幼儿园和小学衔接的实践调研定位，本次调研将主要分析以下三个维度，具体包括对幼小衔接理念和政策的认识、幼儿园和小学合作的真实情况、幼小衔接的协同困境与所需支持。

二、调研结果

本次调研结果发现，尽管各方对幼小衔接的重要性有着普遍的认同，但在具体的教育观念、合作方式等方面存在明显的差异和分歧，并在协作实践中面临着不少的困难与挑战。

（一）各主体教育观念存在差异

2018 年，教育部办公厅发布的《关于开展幼儿园"小学化"专项治理工作的通知》中，明确禁止了幼儿园教授小学阶段的课程内容，并强调小学应从零起点开始教学。可见，"禁止小学化"和"零起点教学"分别是幼儿园和小学两个学段应遵守和坚守的教育理念，是学段配套的政策要求和指导方向。然而，调研结果显示，超过80%的家长非常同意或比较同意幼儿园教师提前教授大班儿童拼音、识字、算术等内容，超过60%的小学教师对此持相似观点，但仅有20%左右的幼儿园教师认可此观点（见图1-1）。对于"一年级教师有必要坚持零起点教学"问题的回答，75%以上的小学家长和80%以上的幼儿园家长表示非常同意或比较同意，60%以上的教师对此持相似观点，但不足20%的小学教师认可此观点（见图1-2）。

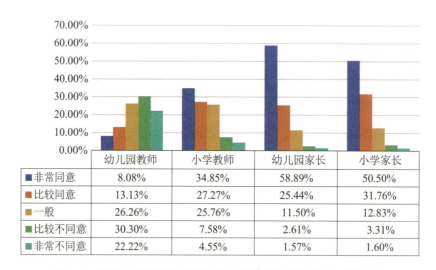

	幼儿园教师	小学教师	幼儿园家长	小学家长
非常同意	8.08%	34.85%	58.89%	50.50%
比较同意	13.13%	27.27%	25.44%	31.76%
一般	26.26%	25.76%	11.50%	12.83%
比较不同意	30.30%	7.58%	2.61%	3.31%
非常不同意	22.22%	4.55%	1.57%	1.60%

图1-1　四类主体认为幼儿园教师应该提前教授小学知识的人数比

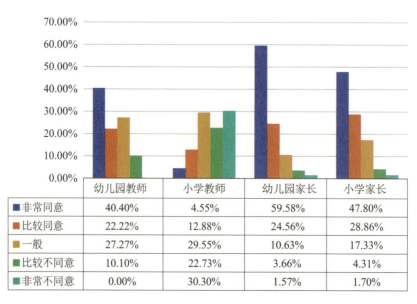

	幼儿园教师	小学教师	幼儿园家长	小学家长
非常同意	40.40%	4.55%	59.58%	47.80%
比较同意	22.22%	12.88%	24.56%	28.86%
一般	27.27%	29.55%	10.63%	17.33%
比较不同意	10.10%	22.73%	3.66%	4.31%
非常不同意	0.00%	30.30%	1.57%	1.70%

图1-2　四类主体认为小学教师应该坚持"零起点教学"的人数比

进一步对调研数据进行分析发现，幼儿园家长和小学家长普遍坚持认为应提前教授小学知识，但同时支持"零起点教学"。由此可见，大部分家长尚不能接受和认同幼儿园"去小学化"的教育观念，且在孩子一年级阶段普遍遭遇着幼小衔接困境，因而支持小学教师的"零起点教学"。此外，幼儿园教师和小学教师群体在这两个观念上存在较大分歧。幼儿园教师群体普遍认可"去小学化"和"零起点教学"；然而，小学教师群体中存在较大比例的教师认为幼儿园教师应提前教授大班儿童小学知识，且并不认可"零起点教学"。

以上差异反映了四类主体对于教育政策、教育目标，以及教育内容的不同理解和期望。幼儿园家长和小学家长可能出于对孩子学业成绩的期望，更倾向于支持提前教授小学知识。幼儿园教师可能更关注儿童的全面发展和适宜性教学，而小学教师可能更注重知识的衔接和学习准备。正是由于家长、小学教师和幼儿园教师之间在教育观念上的如此差异，使得在实施幼小衔接教育时出现分歧，难以形成统一的教育策略和实践。因此，有必要借助教育行政管理部门的统筹与引领作用，通过区域规划、政策宣讲、园校互动等方式促进幼儿园和小学的差异性互动，在建立沟通、信任和理解的基础上达成衔接共识。

（二）幼儿园和小学合作较为表层

幼儿园和小学的合作是决定幼小衔接效果的重要举措。本次调研从小学教师、幼儿园教师和教育管理者三个视角呈现区域的幼小合作实践。结果显示，幼儿园教师认为幼儿园与小学的合作方式排名前三的分别为"举办大班儿童与小学生共同参与的活动""共同举办幼小衔接主题讲座、研讨会或论坛""建立幼儿园与小学教师交流、互通机制或平台"；小学教师认为小学与幼儿园合作方式排名前三的分别为"共同举办幼小衔接主题讲座、研讨会或论坛""建立幼儿园与小学教师交流、互通机制或平台""举办大班儿童与小学生共同参与的活动"（见图1-3）。但在"定期开展线上线下教研活动上的合作"和"共同设计课程标准、内容、实施与评价方法"等两方面的合作上，幼儿园教师群体的选择在50%左右，小学教师群体的选择在40%以下，这两方面的合作在教育行政管理部门的选择中同样处于低位（见图1-3）。此外，"儿童、家长等信息的沟通与共享"在教师群体中的选择处于较低位，在教育行政管理人员的选择中仅有55%左右（见图1-3）。由此可见，幼儿园教师和小学教师的合作仍停留在表层的校园参观、讲座论坛和信息共享上，而尚未达到课程与教学层面的深度衔接，同时与家长群体的幼小衔接合作尚需加强重视。

进一步对教师主体认为共同教研、合作设计课程的必要性开展调研，结果显示，幼儿园教师中有高达80%以上的人数对进行共同教研和合作设计课程持积极态度，小学教师群体中这一比例也达到了60%以上（见图1-4）。以上数据显示

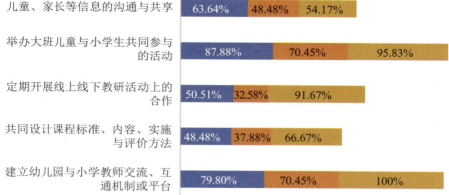

图 1-3 幼儿园与小学的主要合作方式

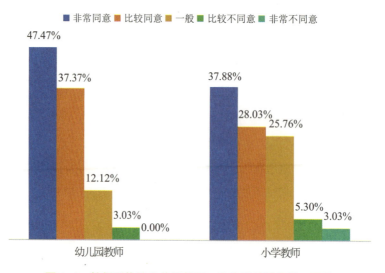

图 1-4 教师群体认为共同教研、合作设计课程的必要性

幼儿园教师和小学教师都非常认同共同教研的重要性和必要性。然而，当调研实际开展共同教研和合作设计课程的可能性时，超过 50% 的教师认为这一过程"非常难"或"比较难"（见图 1-5）。仅有不足 10% 的教师认为这一过程"比较容易"或"非常容易"，这表明虽然教师认识到了合作的重要性，但在实际操作层面认为存在明显的障碍和困难。

由此可见，教师群体在理论上认同课程与教学的深度衔接，但在实践中对于顺利开展这一工作的信心不足，这可能与他们面临的实际困难有关。鉴于上述调研结果，教育行政管理部门需要采取行动，规划、建立和完善幼儿园和小学的合

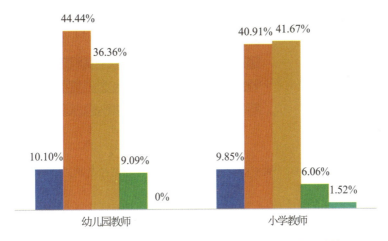

图 1-5 教师群体认为共同教研、合作设计课程的可能性

作机制，增强他们的信心，以支持幼儿园和小学教师之间课程与教学、共同教研方面的深度合作。

（三）衔接协作实践存在困境

明确关键主体的衔接合作困难和所需支持是展开幼小科学衔接的前提。本次调研从幼儿园教师、小学教师、教育行政管理者三个视角呈现了区域的衔接合作困难。调研结果显示，幼儿园教师排名前三的困难分别是"教师缺乏足够的时间和精力""幼儿园与小学缺乏合作意识"和"缺乏教育行政部门的协调和支持"；小学教师排名前三的困难分别是"教师缺乏足够的时间和精力""缺乏家长的支持与配合""幼儿园与小学缺乏合作意识"（见图 1-6）。然而，教育行政管理部门对于幼儿园与小学衔接合作困难的排序评价上，排名前三的分别是"教师缺乏足够的时间和精力""教师缺乏合理的认知和合作的意愿""教师缺乏相关的专业培训"（见图 1-7）。

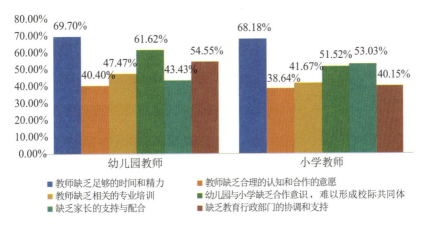

图 1-6 幼儿园教师和小学教师认为的衔接合作困难

19

图 1-7　教育行政管理部门认为的衔接合作困难

　　由此可见，幼儿园教师和小学教师所认为的衔接困难大致相同，但教育行政管理部门对其困难识别尚不准确。例如，教育行政部门认为"教师缺乏合理的认知和合作的意愿"，但事实上，该项困难在幼儿园和小学教师中选择最少。而教师群体选择较高的"缺乏家长的支持与配合""缺乏教育行政部门的协调和支持"，在教育行政管理部门的困难评价中反而处于最低位。因此，教育行政管理部门应根据对教师群体衔接困难的调研结果，针对性地实施解决幼儿园教师和小学教师衔接困难的举措。

　　进一步对幼儿园教师和小学教师希望获得的幼小衔接工作支持进行调研，结果显示，幼儿园教师最希望获得的支持是"来自小学的支持，如一起建立校际共同体，实现信息共享与交流"，占比高达近 90%；小学教师最希望获得的支持是"来自家长的支持，如与教师保持联系，积极参与幼小衔接相关的活动"，占比达 80% 以上。此外，幼儿园教师和小学教师都高度认同教育行政部门在幼小衔接中的作用，其中幼儿园教师的认同度达到 83.84%，小学教师的认同度为 69.70%（见图 1-8）。由此可见，幼儿园教师和小学教师都认为教育行政部门、幼儿园、小学，以及家长的支持对于幼小衔接至关重要。本次调研结果可为教育行政管理部

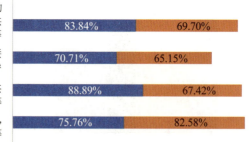

图 1-8　教师群体希望获得的协作支持

门、幼儿园、小学，以及家长提供明确的指导，即需要各主体共同努力，通过提供必要的多元支持和制度保障等，来促进幼儿园与小学之间的顺利衔接。

三、区域推进幼小科学衔接的行动建议

（一）加强顶层设计，建立"为儿童准备"的衔接生态

当前，幼儿园文化关注"儿童本身"，而小学文化关注"社会意图"[①]，正是这种差异在教育理念和实践中造成了各利益相关者较大的分歧和矛盾。为化解调研中发现和剖析的教育理念差异，需要教育行政管理部门引导幼小教师、家长及相关部门深入交流，合力铸造"为儿童准备"的衔接生态和共同体文化[②]，从区域规划、组织构建和政策宣传等多个维度来统一教育观念，强化幼小衔接意识。

首先，教育行政管理部门应调研区域幼小衔接的实践情况，寻找突破幼儿园和小学衔接的重点和难点，制定和出台适宜于本区域幼小衔接推进的针对性政策、规划或指导方案。值得注意的是，区域需要深入调研和了解幼-小教师、家长、幼儿等关键主体的需求和困惑，这样才能够指导幼儿园和小学协同家长，进而创设一个"为儿童准备"的良好衔接生态。其次，结合区域推进幼小衔接的已有基础，形成多主体协作的稳定组织，进而鼓励幼儿园和小学探索更多基于深度沟通与信任的多样态结对。一方面，区域教育行政部门要联合幼教科、小教科、师训科、幼儿园和小学形成一个专门性的研究和推进幼小衔接工作的稳定组织，科学规划区域内幼儿园和小学的衔接实践。另一方面，区域鼓励幼儿园和小学在差异性互动的基础上，深度探究和思考幼儿园和小学教育实践的真实情况，基于"儿童为本"衔接共识探索多样化的幼小结对形式，协同促进儿童的连续性发展。例如，可以通过集团化结对、主题式结对、近邻式结对、交错式结对等多种形式，加强幼儿园和小学之间的合作与交流，逐步形成一致的"儿童为本"教育理念和实践。再次，教育行政管理部门应拓宽和探索更为丰富的宣发手段，通过公众号、视频号、教育论坛、公益讲座等多样化形式，向关键主体传达幼小衔接的科学理念和方法，尤其要促进关键主体对"禁止小学化""零基础入学"等专门政策的准确理解。值得注意的是，幼儿园和小学作为专业的教育机构，有责任和义务帮助家长减缓孩子幼小衔接阶段的教育焦虑，通过家园合作，使家长成为园校幼小衔接过程中的参与者和支持者。

---

① 刘晓东.中国小学教育亟待战略转型——兼论"幼小衔接"应向"小幼衔接"翻转［J］.湖南师范大学教育科学学报，2019，18（3）：1-7.
② 宋烁琪，刘丽伟."儿童的视角"下幼儿与小学生的衔接困境和需求分析［J］.学前教育研究，2022（5）：11-27.

（二）注重科学衔接，重构幼儿园和小学的合作机制

为促进幼儿园和小学的科学衔接，需要教育行政管理部门搭建多元主体互动与协同共进的沟通平台，指导和引领幼儿园和小学建立更为稳定、针对的合作机制。J区调研发现，当前幼儿园和小学的协同合作较为表浅，属于浅层合作阶段，缺乏促进深度合作的共同教研和贯通课程设计。同时，进一步分析幼-小教师的合作困难，发现衔接工作需要的额外时间和精力是教师群体难以深度合作的主要障碍之一。可见，重构幼儿园和小学之间科学稳定的合作机制，需要教育行政管理部门进行严谨规划和有效落实。值得注意的是，区域需要打破物理空间和时间上的障碍，将幼小衔接工作作为一项常规工作进行区域内规划、落实和监控，不能仅仅只是幼儿园和小学的散点探索。针对J区调研结果分析，区域可将幼儿园和小学的合作重点聚焦于面对面沟通、共同教研、课程一体化、教师培训。基于此，可规划区域内幼儿园和小学协同共进的跟岗交流机制、联合教研机制和课程一体化研究机制。

首先，可通过"幼-小教师跟岗交流机制"解决额外时间和精力障碍，让幼儿园大班教师和小学一年级教师进入对方的工作环境，跟随跨学段教师了解其日常的工作，在了解不同学段教育实践差异的基础上互相理解、寻求共识、创新实践。其次，区域应将幼小衔接作为教研工作的重要内容展开，推动建立有计划、有组织、有主题、有效果的联合教研机制。一方面，鼓励区域内幼儿园和小学建立学习共同体，加强基于儿童发展、课程、管理等维度中突出问题的深入交流，在问题解决的过程中促进跨学段、不同学科的教师相互学习，进而共同提升幼小衔接的教师素养。另一方面，借力高校专家团队，鼓励教研员和科研人员等多元主体参与联合教研，根据实践需要确定研究专题，指导区域教研和园（校）本教研活动，总结推广好做法、好经验。再次，课程教学是支撑儿童连续性发展的一个重要载体[1]，探索幼儿园和小学课程一体化研究机制是幼小衔接工作的重要突破。区域可基于儿童发展的连续性视角，立足于学习经验的连续性，对幼小课程的课程目标、内容、实施、评价等四个要素进行跨学段一体化的设计与实施，实现纵向上课程要素的衔接，横向上学科之间以及学科与学习者之间的横向关联。最后，区域应将幼儿园和小学的合作成果进一步凝练和转化，通过在全区征集和遴选研究主题和成果，设计与开发提升幼小衔接能力的教师培训课程，并以微课视频的形式呈现，及时反哺和有效促进幼儿园和小学更为深度的合作。

---

① 徐昭媛，李召存.OECD国家幼小衔接课程设计的经验与启示——基于幼、小课程纲要的分析［J］.基础教育，2023，20（4）：92-101.

（三）健全制度建设，提供幼小科学衔接的有力支撑

多主体之间的协同共进是迈向高质量幼小衔接的重要路径[①]，因此制度设计与执行作为落实幼小科学衔接的重要保障，需要在制度设计过程和制度内容配套方面都要权衡多元主体的真实需求、职责任务，为幼小科学衔接提供多元的支持和支撑。一方面，区域需在顶层设计上统筹规划，从区域教育协同治理视角出发，建立和系统推进包括教师群体、管理者及各科室等共同参与的制度设计流程。由于幼小衔接工作涉及多方主体之间的互动，因此制度设计过程要充分考虑各方主体的想法，以便及时调整与优化具有可操作性的多项制度。尤其需要注意的是，区域政策或制度并不是一成不变的，需要建立政策推动的循证实践机制，促进已有政策或制度执行反馈后的迭代与优化，充分吸收多元主体的问题和建议。

另一方面，区域可根据区域内的幼小衔接实践情况，健全配套的过程性制度，形成区域政策和过程制度的有力保障。配套制度建设需要兼顾权威工具、激励工具、考核工具等，不仅要提出要求、规范行为，还要注重物质奖励、精神激励和监督考核等手段。同时，还要针对幼儿园和小学之间的过程性合作，设计具体可操作的多项制度，如幼儿园和小学结对机制、联合教研制度、跟岗交流制度、课程一体化研究制度、教师培训制度等。此外，制度文本撰写中需要明确、具体、可操作，这样能够为区域教育行政管理部门统筹下的幼儿园和小学合作提供指导和支撑。以联合教研制度为例，该制度不仅需要规划好联合教研的计划安排、主题选择、参考流程、考核标准等，还要给出建议的教研内容、教研时长、教研人员、教研形式等，确保能够为区域内幼儿园和小学的联合教研提供明确的指导和支持。

[①] 黄瑾，王双，陈清莲，等.幼小衔接中的多主体协同：现状调查与路径建议［J］.学前教育研究，2024（3）：1-11.

第二章 ／

区域^①推进幼小科学衔接的
行动思考

---

① 本章及以下章节中的区域特指上海市 J 区。

多年来，区域贯彻落实国家、地方学前教育与义务教育相关文件精神，积极开展幼小衔接实践探索，并积累了一定的经验：区域各幼儿园编制适宜本园实际的幼小衔接活动实施方案，从一日活动安排、课程内容等方面激发大班幼儿向往小学生活，培养幼儿适应小学生活的能力与品质；区域各小学全力支持每年5、6月份幼儿园开展的大班幼儿参观小学活动，并在小学低年级深入探索注重实践、游戏化的"小学主题式综合实践活动课程"，基于儿童立场优化小学课程实施形式；区域还建立了幼小衔接讲师团，对大班幼儿家长开展幼小衔接政策、家庭教育指导等方面的宣讲活动，帮助家长建立对于儿童成长的合理期待。

2021年3月，教育部印发《关于大力推进幼儿园与小学科学衔接的指导意见》（以下简称《指导意见》），首次提出幼儿园和小学的"双向衔接"，这是深化基础教育改革，落实全面育人的重要决策。《指导意见》强调幼儿园与小学协同合作，行政、教科研、幼儿园和小学统筹联动，家园校共育，形成合力。基于此，区域开展了小学、幼儿园、教育行政部门、家长等幼小衔接多主体协同合作实践成效调研，结果显示各主体教育观念存在差异、幼儿园和小学合作较为表层、衔接协作实践存在困境。

区域教育行政部门基于国内外幼小衔接政策文献分析，从教育治理视角再次审视区域推进幼小衔接的背景和现状，认识到促进幼儿园和小学双向衔接，需要区域适宜的组织架构支撑，有力的政策、机制及制度保障与支持。由此，区域开展了新一轮的幼小衔接实践探索。

第一节　区域推进幼小科学衔接的总体思路

党的二十大要求"加快建设高质量教育体系"以助推教育强国建设。高质量教育体系建设不仅是各学段教育的高质量发展，做好学段间的科学衔接，也是高质量教育体系建设的重要内容。高质量学前教育能为儿童带来高质量的早期发展，但如果学前教育和小学教育无法做到有机衔接，高质量学前教育的成效不能在高质量的小学教育中得以维持，高质量早期发展的教育收益，也会面临消退的风险。[①] 因此，在建设高质量教育体系背景下，不仅要重视学前教育与小学教育各自的高质量发展，

---

① 李召存，李琳.迈向高质量教育时代的幼小衔接［J］.学前教育研究，2022（5）：1-10.

也要提高幼小衔接质量，使得儿童在幼儿园获得的增值效益在小学得以延续。只有当幼儿园与小学教育形成高质量合力，才能对儿童发展产生高质量的增值效益。

儿童是积极主动的幼小衔接者，幼小衔接不仅是儿童生活学习环境、内容、方式的转变和适应的过程，更是小学、幼儿园、教育管理部门等多主体共进共建，形成良好教育生态的过程。《指导意见》指出："坚持系统推进。整合多方教育资源，行政、教科研、幼儿园和小学统筹联动，家园校共育，形成合力。"引领多主体在幼小衔接中互动合作，实现从"让儿童做准备"到"为儿童做准备"的转变。但在实践过程中，幼小学段之间的课程目标差异、教学形态差异、评价方式差异等客观存在，导致在推进幼小衔接中势必会遇到幼小学段间的理念冲突、目标冲突、方法冲突等矛盾问题，但回归教育本源，立足儿童终身发展的视野，幼小学段的出发点又趋于一致。因此，推进幼小科学衔接，就是坚持儿童发展为本、逐一破解矛盾难题的过程。

基于上述认识，区域坚持问题驱动与循证实践导向，逐步形成"多主体协同机制创新"为核心的幼小科学衔接工作总体思路。

一、强化多主体协同

多主体协同共进是迈向高质量幼小衔接的重要路径。[①]幼小衔接中的多主体，既包括儿童主体，也包括小学、幼儿园、教育行政部门、家长、社会等共同参与幼小衔接的各利益主体。本研究从区域教育协同治理视角出发，通过教育内部系统中的教育行政部门、教科研部门、教师进修部门等协同合作引领，充分发挥幼小衔接主阵地即幼儿园与小学的深度协同效能，共同减缓儿童幼小衔接的坡度，同时由幼儿园、小学联动教育外部系统中的家长、社会等主体，共同参与幼小衔接生态共建。

二、坚持儿童发展为本

区域系统推进幼小衔接工作坚持儿童发展为本，聚焦幼小阶段儿童发展的关键教育要素，以系统视角审视、规划、设计并推动区域幼小科学衔接，尤其关注以下两个要点。

关注点一：关注儿童发展的连续性。虽然幼儿园与小学教育是分段的，但儿

---

① 黄瑾，王双，陈清莲，王垚.幼小衔接中的多主体协同：现状调查与路径建议［J］.学前教育研究，2024（3）：1-11.

童个体发展是连续的。《幼儿园保育教育质量评估指南》要求："关注幼儿发展的连续性，注重幼小科学衔接。大班下学期采取多种形式，有针对性地帮助幼儿做好身心、生活、社会和学习等多方面的准备，建立对小学的积极期待和向往，促进幼儿顺利过渡。"《义务教育课程方案（2022年版）》要求："注重幼小衔接，科学评估学前教育结束后学生在健康、语言、社会、科学、艺术等领域的发展水平，合理设计小学一至二年级课程，注重活动化、游戏化、生活化的学习设计。"两个学段的上位文件要求研究者必须改变"幼儿园向小学靠拢，或是小学向幼儿园靠拢"的思考逻辑，不断促进幼小学段双向衔接，加强两个学段教育之间的连续性 [1]。幼儿园、小学应该遵循儿童身心发展规律、学习成长规律和教育教学规律，以培养有益于儿童终身学习关键能力为主要目标，幼儿园在课程内容上向小学衔接，小学在教育方法上向幼儿园衔接 [2]，幼小学段形成合力，减缓衔接坡度。

关注点二：关注儿童发展的整体性。培养全面发展的人既是各学段教育共同的育人目标，也是面向未来儿童的发展诉求。一方面，要确保教育内容的全面性。研究显示，幼儿园、小学教师对儿童素养和能力上的期望要求程度不同，小学教师相比幼儿园教师，更强调幼小衔接中儿童的知识准备。[3] 两个学段教师对儿童教育期待上的差异，导致教育过程中的侧重点不同，影响幼小衔接成效。《幼儿园保育教育质量评估指南》要求："关注幼儿学习与发展的整体性，注重健康、语言、社会、科学、艺术等各领域有机整合，促进幼儿智力和非智力因素协调发展。"《义务教育课程方案（2022年版）》要求："坚持全面发展，育人为本，构建德智体美劳全面培养的课程体系。"在幼小衔接中更要确保"五育"并举，"五育"融合，促进儿童健康、全面发展，成为"有准备"的儿童。另一方面，要为儿童的全面发展预留时间，这就需要深化课程与教学方式方法改革，提高单位时间内的教育质量，通过提质增效，为儿童丰富人生经验、拓展兴趣预留时间。[4]

三、聚焦区域机制创新

调研显示，多主体协同推进幼小衔接过程中遇到幼儿园和小学合作以浅层信

---

① 华爱华.幼儿园与小学"双向衔接"的意义和价值［J］.上海托幼，2021（6）.
② 华爱华.幼儿园与小学"双向衔接"的意义和价值［J］.上海托幼，2021（6）.
③ 黄瑾，田方，乔慧，等.教师主体在幼小双向衔接中的实践特征、现实困境和协同路向——基于11省市幼-小教师的实证调查［J］.华东师范大学学报（教育科学版），2023，41（11）：1-12.
④ 华爱华.幼儿园与小学"双向衔接"的意义和价值［J］.上海托幼，2021（6）.

息交换或形式衔接为主等问题，导致两个学段在幼小衔接中表现出以成人的期望和要求各自"让儿童做准备"模式。基于儿童立场，幼儿园与小学要充分沟通，充分为儿童做好课程环境、内容、学习方式、评价等方面的准备，形成"为儿童做准备"的衔接教育生态。这需要加强区域政策引领和机制创新研究，为幼儿园与小学双向衔接提供重要保障。① 因此，本研究探索以区域行政管理部门引领，推动幼小衔接机制创新，促进区域幼儿园和小学之间多样态、深层次的双向科学衔接。

第二节　区域推进幼小科学衔接的顶层设计

制定区域幼小科学衔接顶层规划，是发挥区域行政部门领导和组织职能的关键抓手，是有效落实国家和地方幼小衔接政策、发挥区域教育优势和特色潜能的重要保障，是激活区域幼小科学衔接内生需求和创新活力的重要内容。高质量推进区域幼小科学衔接顶层设计、论证、实践与优化，有利于保障区域幼小衔接工作的规范、有序、持续推进，有利于整合多方力量整体、系统落实，有利于发挥集群优势攻坚克难、解决关键问题，有利于提炼孵化有效经验，增强长效机制的操作性和高效性。

一、1.0 版幼小科学衔接的循证实践：基于协同治理理念的顶层设计

（一）协同治理理念概述

协同治理理念是从协同理论和治理理论演变发展而来的。目前尚未形成完善的理论框架。传统角度认为"协同治理是在治理理论的基础上强调合作治理的协同性，指的是处于同一治理网络中的多元主体间通过协调合作，形成彼此啮合、相互依存、共同行动、共担风险的局面，产生有序的治理结构，以促进公共利益的实现"。② 目前国内较为认同的协同治理理念的概念是俞可平在《治理与善治》中提到的观点："协同治理是使相互冲突的或不同的利益得以调和并且采取联合行

---

① 黄瑾，王双，陈清莲，王垚.幼小衔接中的多主体协同：现状调查与路径建议［J］.学前教育研究，2024（3）：1-11.
② 张仲涛，周蓉.我国协同治理理念研究现状与展望［J］.社会治理，2016（3）：48-53.

动的持续过程，其实施过程跨越传统政治生态官本位文化、单一凝闭的治理方式和公民社会孱弱等系列障碍，进而实现多元主体共治共享。"[①]

协同治理理念既强调治理，又强调利益相关者之间的协商、合作和共享决策权。协同治理理念适用于处理复杂的社会问题。通过协同治理，可以充分利用各方资源和专业知识，提高政策的适应性和效率，也可以增强政策的透明度和公众的参与度，提高治理效果的公正性和可接受性。

协同治理理念的基本特征是：第一，多主体参与治理。即政府以外的多个行动者参与到治理行动中，既包括政府机构，还包括企业、非政府组织、社会团体等利益相关者。第二，结构制度。治理具有正式的规章制度，同时有固定的组织结构，制度结构使得协同合作处于一定的常规状态下，不是松散临时的协作。第三，过程行为。协同治理是一个持续协商、理性互动、实施一系列治理策略的实践过程。第四，协同环境。协同治理具有协同背景，即围绕问题目标营造的协同文化氛围，有较强的协同意愿。[②]

加州大学伯克利分校的克里斯·安塞尔、艾莉森·加什通过对137个来自不同国家、不同政策领域案例进行"连续近似分析"（successive approximation），得出了协同治理理念的SFIC模型（Ansell C, Gash A, 2008）（见图2-1），该模型是一个用来评估和解释多方协同治理成效的分析工具。它强调四个广泛的变量：启动条件、制度设计、催化领导和协作过程（starting conditions, institutional design,

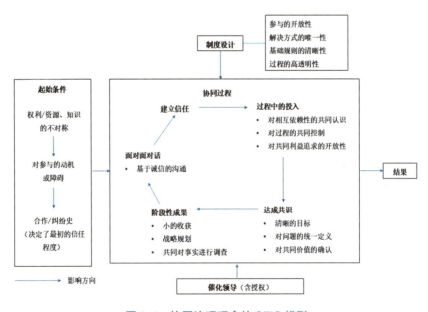

图2-1 协同治理理念的SFIC模型

---

① 俞可平.治理与善治［M］.北京：社会科学文献出版社，2000：4.
② 俞可平.治理与善治［M］.北京：社会科学文献出版社，2000：4.

leadership, and collaborative process）。[①] SFIC 模型强调了在多元利益主体之间建立有效合作的重要性，以提高政策执行的效果和效率，增强治理结构的稳定性和适应性。这个模型广泛应用于公共管理、环境治理、城市发展等多个领域，帮助理解和改进多方参与的治理结构。

（二）区域基于协同治理理念的幼小科学衔接实践初探

幼小衔接是学前教育研究领域的一个基本议题，也是幼儿园教育实践中的一项常规活动。虽然在政策层面上，1989 年《幼儿园工作规程（试行）》就提出了幼儿园和小学应密切联系，互相配合，注意两个阶段教育的相互衔接。2012 年《3-6 岁儿童学习与发展指南》也指出要抓好幼小衔接，严禁幼儿园提前学习小学教育内容。然而在实践层面，单向衔接、提前学等传统幼小衔接的做法仍根深蒂固。因此亟需从学理上对幼小衔接重新进行阐释，以走出实践的误区。[②]

幼小衔接是儿童从幼儿园到小学阶段的过渡时期。科学的幼小衔接可以帮助儿童适应新的学习环境和社交环境，逐步培养儿童的学习能力，帮助儿童理解团队合作、遵守规则，进一步增强儿童的语言能力、逻辑思维和问题解决能力。科学的幼小衔接有助于儿童建立起对小学的积极情感，减少入学初期可能出现的焦虑和不安情绪。教育部在 2021 年 3 月印发《关于大力推进幼儿园与小学科学衔接的指导意见》（教基〔2021〕4 号），提出要推进科学有效的幼小衔接，为幼小衔接指明了方向。上海市发布了《深入推进本市幼小科学衔接工作的实施意见（试行）》（沪教委基〔2022〕33 号），进一步落实教育部的精神，提出了相应的举措。

为落实教育部和上海市的相关要求，近两年区域基于协同治理理念，在促进高质量幼小科学衔接的过程中，充分发挥多主体协同治理的作用，注重过程协同，是一次有益的探索实践。区域于 2023 年 6 月推出了《静安区教育局关于深入推进幼小科学衔接工作的实施方案》（静教基〔2023〕5 号）（以下简称《方案》）。在《方案》中，教育局出台了一系列体现协同治理，促进幼小科学衔接的制度，推出了跨学段主题式联合教研机制、教师跟岗交流机制、幼小课程一体化机制、教师能力提升培训机制等。《方案》强调区教育局、区教育学院、幼儿园、小学以及社会和家庭等多方协同治理，形成行政—教研—培训—实践多层面的协同管理体系。行政部门系统推进与规划设计，教科研部门提供研究指导与方法支持，教育机构（园校）与家长、社会共同参与。（见图 2-2）

---

① Ansell C, Gash A. Collaborative governance in theory and practice[J]. Journal of Public Administration Research and Theory, 2008, 18(4): 543-571.

② 李召存，李琳. 迈向高质量教育时代的幼小衔接［J］. 学前教育研究，2022（5）：1-10.

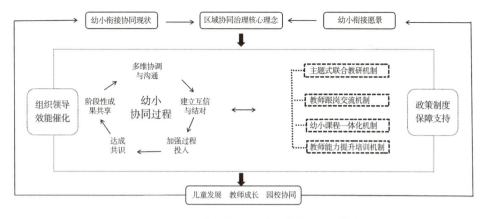

图 2-2　幼小衔接顶层设计架构图（1.0 版）

二、2.0 版幼小科学衔接的循证实践：冲破实践困顿的顶层设计优化

（一）实践困顿：来自一线教师的证据反馈

区域幼小科学衔接工作按照顶层设计架构图（1.0 版）持续推进了一年，幼小两个学校形成了定期交流的制度，对彼此有了深入的了解，但也逐步显现新的问题，例如：联合教研和跟岗交流逐渐流于形式，缺乏实质的创新举措等。基于协同治理理念的科学衔接活动停滞不前。为了弄清现状、找出问题、剖析原因，有效推动科学衔接，研究者做了访谈调研，试图通过访谈了解一线教师在幼小衔接过程中的需求与问题。

1. 访谈设计和实施

（1）访谈设计

为了解幼小衔接过程中的合作问题、制度困惑、工作障碍、协同共进措施、举措效果等，教育行政管理部门组织教研员和科研员开展了相关的访谈调研。

本研究运用半结构式的访谈，访谈提纲主要围绕协同治理理念的五大环节进行提问。第一，幼儿园和小学在合作过程中，协调和沟通的情况怎么样？你遇到了哪些困难？第二，你觉得在协同过程中，双方能相互信任吗？有没有发生什么有利或不利于相互信任的事情？第三，在幼小协同的过程中，双方对这件事的重视程度怎样？双方能紧密合作吗？第四，幼儿园和小学在幼小衔接结对的过程中，能不能有效地达成共识？有哪些因素会影响双方达成共识？第五，在幼小衔接的过程中，有没有总结有效经验可供全区推广学习？第六，你觉得还需要得到什么样的帮助和支持？访谈中，访谈者与被访谈者事先并不确定问题的顺序，而是依照被访谈者的谈话进程和现场的氛围灵活地开展访谈。

（2）访谈者和访谈对象

本次访谈由区教育局组织，区教育学院科研室及教研室相关老师参加。作为教育科研的研究者和面向一线的工作者，访谈者具备访谈的经验和分析访谈材料的方法，熟悉各个学校的基本情况。

总共对14组幼小衔接结对学校（共涉及36所学校）的相关人员进行了访谈。其中，小学16所，幼儿园20所。由于地段对口政策或集团化等原因，部分小学会与多所幼儿园结对，也有部分幼儿园与多所小学结对。在选择访谈对象时，充分考虑到学校和幼儿园的公民办性质，幼儿园、小学所占的比例，以及结对模式的具体情况、教育质量的差异和学校的不同地理位置等。每所学校参与访谈的人数在2—4人，其中分管负责人1—2人，一线教师1—2人。幼儿园的分管负责人是副园长或保教主任，小学的分管负责人是副校长、教导主任或德育教导。访谈对象都是幼小衔接工作的实际参与者，了解幼小衔接过程中的问题和困难，也积累了一些经验。

（3）访谈实施

访谈在2024年3月25日至4月1日进行。事先征询受访者的意见，选择在教师不上课的时间进行，地点为小学或幼儿园。以团体访谈方式为主，部分教师由于时间冲突，进行了一对一的补充访谈。访谈中，访谈者参照访谈提纲，依据访谈对象叙述的内容，在一个问题阐述完整后，适时引导访谈对象交流下一个问题。当访谈对象对某个问题有较多的感触时，就在此问题上使用较多的时间，感触较少时，会先引导对方叙述，如果仍然没有想法，就进行下一个问题的交流。访谈中，访谈者做好相关的记录并在征得受访者的同意后录音。

（4）访谈记录

在访谈过程中，访谈者进行了访谈记录。记录包括访谈开始和结束的时间、访谈地点、参与人员、访谈对象的教龄、职称、科目、年级等基本信息，还记录了访谈者对访谈对象的印象、访谈的感受、访谈后的反思等。便于后期整理访谈记录时回忆访谈的细节。

访谈者在访谈完成后，第一时间将录音转为文字，并结合访谈札记，整理出访谈内容，发给访谈对象，以确认是否符合其原意。在得到访谈对象的修改意见后，访谈者对资料进行补充和完善。

2. 访谈的研究与发现

经过对访谈内容的梳理和进一步分析，有以下发现：

（1）多维协同沟通貌合神离

在幼小衔接多主体协同推进过程中，有关"多维协同与沟通"方面，共有40人次回答了这一问题。通过对访谈材料进一步分析发现，部分受访教师提出了诸如渠道不畅、机制不完善、缺乏专家指导、存在观念分歧等问题。虽然幼儿园与小学教育方针、育人目标相同，但两个学段教师的教育期待不一致，教学方式和节奏差异较大，认知偏差、机制不健全等，导致双方在实践操作层面问题上的沟通、协同不畅，影响幼小衔接工作的推进，制约了幼小衔接的效果。有教师讲道："幼儿园和小学所处的学段不同，而校际间地位平等，因此，校际沟通中，每次活动由哪方主导或主持，才能均衡地、最大化地调动和激发各校深度参与、深入研究，这是一个问题。"也有教师讲道："缺乏有效的沟通渠道和机制，导致信息传递不及时，影响了衔接工作的推进。"

（2）建立信任与结对任重道远

在访谈中，有关"建立信任与结对"方面，共有44人次回答了这一问题。通过对访谈材料进一步分析发现，部分受访教师表达了诸如"信息共享不清晰""资源不均衡""信任还未建立""目标不明确""诉求不一致"等内容。虽然幼儿园和小学教师对对方的教学模式有一定的了解，但很难打破固有思维，调整实践行动，又因为联合教研深度不够，影响双方建立信任。有教师讲道："由于幼儿园课程要求去学科化，幼儿园教师需提升幼儿的身体素质，增强他们的生活自理能力，还要关注他们的社会交往、思维启蒙、艺术感知等，涉及的方面多而广；而小学课程由于专业性较强，采用学科课程，各科还有学科核心素养，课程教学注重精和深。如此一来，如果小学结对的教师是语文教师，那么幼儿园教师如果提出关于数学思维启蒙的问题，对方便难以立即解答。"也有教师讲道："小学关于幼小衔接工作的具体内容，在幼儿园不能清晰地一一对应，各幼儿园幼小衔接方案又具有园本特点，缺乏跨学段的对照比较。"

（3）多主体协同过程效益不高

在访谈中，有关"加强过程投入"方面，共有45人次回答了这一问题。教师们谈到了很多感受，例如教师培训针对性不强，培训效果单一，幼儿园和小学的教学理念和教学方法存在差异，甚至存在一定的冲突，教师教学任务繁重，投入在幼小衔接的时间和精力不够，教师缺乏有效的衔接方法，需要建立过程性评价机制等。有教师讲道："在跨学段教研和同课异构活动中，幼儿园与小学教师可能会因为教育理念和教学方法的差异而产生冲突，影响双方的协作意愿和效果。"还有教师讲道："目前的幼小衔接活动仅仅限于两校之间互相听课、研讨、交流、汇报。这仅仅是幼儿园和小学从单向衔接转化为双向奔赴的共同研讨，还需要提炼有效的方法和路径。""在教育形式和方法上，幼儿园和小学老师以及家长都可能涉及教育理念的差异。幼儿园注重培养孩子的兴趣和创造力，而小学则强调基础知识的学习和学科能力的培养，孩子们需要迅速适应全新的学习方式和环境。"这也是教师反映出的问题。

（4）达成共识尚存较大难度

在访谈中，有关"达成共识"方面，共有34人次回答了这一问题。教师们谈到了较难达成共识的问题，既有教育理念、教育目标、教育成果方面的问题，也有教研、家长观念的差异问题。只有先达成共识，才能进一步推动衔接的进展。有教师讲道："幼小衔接需要幼儿园、小学在教育理念、教育方式等方面达成共识，特别是两阶段教师的良好配合。"有教师感叹道："幼儿园阶段孩子们的学习成果多以直观和感性的形式展现，进入小学后，学习成果变得更加多样，但两者之间没能很顺畅地衔接。"有教师提及："有幼小衔接相关政策、指南、评价等园校之间的互动与共研，但共研的选点较小，差异性较多，研究达成的共识缺乏科学性，不好推广。""小学和幼儿园在开展对于学生、幼儿家长的家庭教育指导过程中的侧重点不同，这方面的衔接合力不够有效。"

（5）阶段性成果共享流于形式

在访谈中，有关"阶段性成果共享"方面，共有30人次回答了这一问题。通过对访谈材料进一步分析发现，部分受访教师表达了诸如"信息共享渠道不畅""成果评价标准不一致""成果不适用"等意见。对于阶段性研究成果，幼儿园和小学两个学段之间的冲突较大。

冲突表现在：第一，由于两个学段的教育理念不同，成果评估标准不一致，影响教师参与的热情和稳定性。有教师讲道："如果成果共享不能公平、有效地进行，可能会导致后一轮行动的时候，教师参与的意愿下降。""在幼小协同治理过程中，由于幼儿园与小学在成果评估上可能存在不同的标准和侧重点，导致双方对阶段性成果的认定和共享产生分歧。"第二，阶段性研修成果共享渠道不通畅，机制不完善，导致优秀的经验难以被共享和推广。有教师说："由于信息共享渠道不畅或信息流通不畅，可能导致一些重要的阶段性成果无法及时被其他主体了解和利用。"第三，研究成果对教师来说不实用，教师难以将研究成果直接转化为具体的教学策略，不能满足教师和学校的个性化需求。有教师讲道："研究的东西，研究者没法拿来上课，太理论化，缺乏针对性和可操作性，我不知道怎么运用到日常活动中。"第四，资源分配不均衡，降低了教师的积极性。有教师谈道："资源丰富的学校和地区，幼小衔接研究成果可能较为丰富，而在资源相对匮乏地区则可能进展缓慢，导致研究成果分布不均衡。"

（二）循证优化：强调多主体过程协同的模型优化

基于第一轮的幼小衔接循证实践，研究者搜集证据，发现多主体协同过程问题最大，矛盾最多。多维协同不畅通，结对双方未建立良好的信任，多主体协同过程走形式，幼小双方未达成共识，阶段性成果没有共享。幼小衔接需要在多主体协同过程上下功夫。

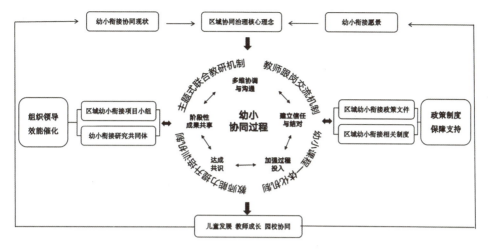

图 2-3 幼小衔接顶层设计架构图（2.0 版）

1. 顶层设计架构图的重构

2.0 版在 1.0 版的基础上，进行了两方面的突出和优化。第一，2.0 版的顶层设计架构图强调幼小科学衔接需要建立一系列相应的制度，制度围绕在外圈以保障协同过程达成；第二，2.0 版的顶层设计架构图强调五个环节之间的双箭头互动反馈，五环节相互链接加强咬合，动态调整，以实现协同（见图 2-3）。

根据图 2-3 可以看出，研究者将四个机制放在幼小协同过程的外圈。这四个机制分别从教研、教师跟岗交流、课程、教师能力提升方面保障幼小协同过程。幼儿园和小学的衔接得到更多有效的机制保障。强调行政和专业机构对幼小协同过程的支持和保障，促进教师水平的提升。

幼小协同过程的五个环节之间由原先的单向箭头，变成了双向箭头。每一个环节都会对相邻的环节产生影响，进而对协同过程产生相应的影响。多维协调与沟通顺畅，有利于相互了解幼儿园和小学取得的阶段性成果，实现成果共享。沟通渠道顺畅，沟通效果良好，有利于双方建立信任，更好地结对。建立更坚实的信任，使得幼小双方能有效地加大过程投入，达成共识。阶段性成果能更好地辐射到幼儿园和小学，科学衔接的过程能更扎实有效。在重构顶层设计的基础上，区域进行了新一轮实践。

2. 新一轮幼小科学衔接方案的迭代

区域在循证实践的基础上，于 2024 年 4 月颁发了《多主体协同支持每一个活力儿童的连续性发展——静安区关于深入推进幼小科学衔接的指导意见》（静教基〔2024〕3 号）（以下简称《意见》）。这是在现状调研、剖析问题、循证反思的基础上，进行的行动调整。

针对幼小衔接多维协同不畅的问题，《意见》强调学习协同治理理念，注重多主体协同推进。坚持以实现儿童连续性发展为目标，基于问题导向，创新与完善多主体协同"五环节"的内涵及支持机制建设。幼儿园和小学要相互理解园校学段差异，增进多维主体间的相互理解与支持，增强双方的紧密合作，加强多维协调与沟通。

针对多主体协同过程中未能达成共识、信任不够的问题，《意见》提出，幼儿园和小学需要遵循儿童身心发展规律，遵循"双向选择、自由结对、自主发展"的原则，建立多样态的结对，解决园校间儿童发展连续性断层的问题。幼儿园和小学将幼小衔接纳入重点工作，确保教师有足够的精力投入到研究中。通过主题式联合教研机制、跟岗交流观摩机制及指向儿童连续性发展的课程一体化机制等方式，化解园校缺少深层合作、各主体教育观及对儿童发展期望差异大等问题。区教育局发布《静安区儿童连续性发展评价指标体系》，厘清儿童发展的阶段性与连续性，理解差异，从衔接理念、目标、课程及期望结果等维度，为儿童提供连续的学习体验。

针对阶段性成果共享的问题，区域从区域整体推进出发，共享幼小衔接阶段性成果。园校共同体学习每季度区域优质案例汇编，合力研究并完成每季度《静安区"幼小科学衔接"研究动态采撷》，园校及时提炼幼小衔接成果，通过园校共同体研修平台，开展跨学段成果推广，教研室提供幼小衔接微课资源包，组织教师研修。区域提供专家指导，创设学术季等平台，向全区推广阶段研究成果，推动区域幼小衔接工作科学且持续发展。

第三节　区域推进幼小科学衔接的组织架构

构建多主体人员的组织建设，是保障幼小衔接协同工作有序推进的必经之路，也是落实区域协同治理核心理念的关键因素。需要区域进行跨学段统整规划，拉"索"架"桥"，组建项目研究团队，以制度引领园校多模态结对，形成可持续、动态化的研究共同体团队。

一、跨学段整体推进

（一）双轮驱动，激活行政教研深度合作

为全面推进幼儿园和小学双向衔接，在开展多主体协同治理的幼小衔接工作

中，以机制创新为抓手，坚持行政与教研合力推动，幼儿园与小学两个学段双向接力，系统推进幼小衔接，帮助儿童顺利实现过渡。

行政部门和教研部门建立长效推进的实施和保障机制，将幼小衔接工作持续纳入全区教育高质量发展的整体部署之中。双轮驱动模式既凸显行政力量在推动教育改革中的价值驱动作用，同时又有效发挥教研作为教育实践改革的重要引领力量，形成行政推动、专业领航、园校创新实践的协同推进模式，确保幼小衔接工作协同共进、长效开展、有效落实。

（二）联合主持，深化小幼学段研修交流

区域创新跨学段主题式教研机制，联动学前教育和小学教研员双向对接，建立幼小学段"双主持"联合教研制度。在互通、互学、互助的研修过程中，区教研室深入基层学校，聚焦幼小衔接中的关键问题，了解各幼小结对共同体的实际需求与研究方向，积极做好研究主题梳理，进行系统化、系列化的归集，动态确立区域跨学段教研主题。由区教研室引领全区小幼学校，依托结对共同体的共研合力，区域推进主题式联合教研。采用幼小学段教研员"双主持"制度，聚焦"身心、生活、社会、学习"四大领域，以专题调研、案例分析、交流展示等形式解决真实问题，开展"身体运动""情绪管理""安全感""生活习惯""规则意识""儿童阅读""专注力"等一系列主题研究，引领指导各小幼学校开展研究，孵化一系列教研配套机制和教师培训课程，进一步推广先进经验。

在跨学段"双主持"的基础教研样态下，教师开展多元路径实践探索。充分了解幼小两个学段科学衔接理论、教育目标及要求，遵循儿童发展的身心特点，更加注重游戏化、生活化、综合化的活动设计，强化体验式、情景化、探究性的学习方式，引导和支持儿童"玩中学""做中学""探中学"，创设与生活相关的、生动有趣的问题情境，培养儿童主动学习的兴趣和能力。深化对过程性多元评价的理解，实践融评于教、以评促学的评价活动，实现对同一对象的连续性评价与多维度评价，促进儿童活力发展。

二、多模态结对样态

在行政部门与教研部门的双轮驱动机制引领下，按照"价值认同、目标一致、专业互信、开放包容、共同发展"的指导思想，建立多样态结对，深化园、校间儿童发展连续性研究。其中，既有小学、幼儿园一对一的研究共同体，又有一对多的研究共同体，既有聚焦单一研究主题的共同体，又有覆盖多个研究主题的共同体。园校双向结对健全了共同体组织架构，保障研究团队成员覆盖小学各学科教师、幼儿园各年龄段教师，充分体现了"多模态""跨学段""重推广"的特点。

幼儿园与小学遵循"双向选择、自由结对、自主发展"原则，立足园情、校情，以需求为导向，形成多样态的园校结对，建立了覆盖全区所有幼儿园、小学的幼小双向衔接研究共同体。如集团化结对、主题式结对、近邻式结对、交错式结对、公民办跨体制结对等，发挥各自优势，建立幼小衔接共同体，聚焦儿童发展的连续性与可持续性，开展幼小衔接交流研讨与实践探索。兼顾就近原则，均衡教育资源，加强结对主体间的互动合作，帮助儿童做好身心全面准备和适应。

在实践研究中，结对园校聚焦研究主题，每月至少开展一次联合教研，每季度围绕机制建设、课程建设、活动设计、教学方式、评价体系等方面，形成具有区域特色和校（园）本特色的幼小科学衔接经验，撰写区域"幼小科学衔接"研究动态采撷。区幼小衔接研究中心组遴选优质案例，物化为区优秀案例汇编，向全区推广。

（一）集团化结对

集团化办学是指在兼顾学校共同意愿的前提下，将若干所学校组成集团式学校共同体，促进优质教育互补与教育高位均衡发展的一种学校办学模式。一般在这种模式下，以一所学校主要牵头，在教育理念、学校管理、教育科研、资源配置、教育评价、校产管理等方面实现统一管理，进而实现管理、师资、课程、学习空间、设施设备等优质教育资源的共享。集团化办学是区域教育部门在一体化管理模式和教育人才培养方面的创新探索，有利于解决学生入学结构化矛盾，进一步优化学校设点布局，提升学校办学水平和师资力量。

集团化结对是指幼儿园与小学教育集团内的多所学校，共同组建研究共同体，发挥资源集聚的优势开展研究。其主要特点在于结对园校数量相对较多，师资力量更强大，且学生对口入学的比例更高，主要优势在于同一集团的教育理念一体化、管理模式一体化、课程教学一体化、资源配置一体化，研究交流时省去了磨合与建立信任关系的前期准备，有利于深化过程性主题研讨。

例如：大宁国际幼小衔接联盟体是集团对集团样态的幼小衔接联盟体，由上海市大宁国际小学教育集团、上海市大宁国际幼儿园教育集团，以及辖区部队幼儿园——绿岛幼儿园共同组建，共涵盖8所园校，400多位教师及4000多名儿童。

大宁国际幼小衔接联盟体具有两个共同基础及三个共同特征。两个共同基础：一是高密度衔接的幼升小基础。大宁国际幼儿园、第二幼儿园以及绿岛幼儿园的大班幼儿，大多会对口进入大宁国际小学教育集团的两所小学；二是具有较扎实的幼小衔接互动基础。园校之间不定期开展各类学生实践、互动活动。三个共同特征：（1）同属大宁国际社区，拥有共同的教育资源；（2）基本覆盖大宁国际社区幼小教育，拥有共同的教育对象；（3）具有较高的社会美誉度与知名度，拥有较高的教育品质。

在区幼小衔接行动纲领指导下，大宁国际幼小衔接联盟体发挥课程创新优势，以儿童关键能力连续性发挥为目标指引，整合形成联盟体"小宁—大宁"幼小衔接综合实践课程体系，形成课程贯通；组建联盟体幼小衔接教师研修小组，开展基于主题的活动设计、实施、观察、教研与反思于一体的贯通式研修常态机制，形成教研贯通；联盟体成立幼小衔接联盟体领导小组、园（校）幼小衔接课题核心组，以及小学—幼儿园班级结对小组三级组织管理，分步落实幼小衔接研究。其中，班级结对小组是将小学一年级班级与幼儿园大班建立结对协同关系，定期围绕主题开展互动，保障幼小结对全覆盖，实现组织贯通。[1]

（二）主题式结对

"主题式结对"是指基于共同的办学优势或者传统项目开展的结对，如运动、阅读等。园校以相近的办学理念为基础，以儿童在幼小衔接过程中面临的真实问题为抓手，如学习方式的转变、环境适应、情绪调整、习惯养成等，开展研修活动，实现资源共享、优势互补和共同提升。

以相近的办学理念为纽带，建立学段互通、内容融合的联合教研制度，通过观摩、研讨等活动，推动园校间方法与资源的共享，增强教育的连贯性和一致性，形成针对幼小衔接真实问题的特色路径与策略方法，帮助儿童顺利度过幼小衔接期。

例如：上海市民办童园实验小学与延长路幼儿园都关注阅读对于儿童终身发展的重要性。延长路幼儿园将"让孩子们爱阅读、会表达、乐交往"的课程理念贯穿于幼儿园的一日活动中。上海市民办童园实验小学凝练了"读书明理"核心办学理念，充分挖掘阅读的育人功能，将阅读与课堂教学、德育工作、学生活动紧密关联。近年来，校、园以阅读活动为载体，组成了幼小衔接联盟体，尝试将阅读绘本（书籍）拓展到全面育人的"大阅读"，将阅读与德育工作紧密关联，充分挖掘阅读的育人价值。

以幼小衔接中真实问题的解决和幼儿素养发展目标作为研修主题的选择依据，探索阅读活动中"共情""联结""探究"等多种策略，深化阅读成果，促进儿童良好品德和行为习惯养成等关键能力。研修以"阅读活动设计—阅读活动实践—关键能力达成反思—阅读活动修正"为路径，开展阶梯式的研修活动，经历了共同设计阶段、实践观摩阶段、复盘反思阶段、修正落实阶段。推动建立幼小学段互通、内容融合的联合教研方式。主题式结对有助于形成教育的连贯性，不求"高速"，力求"续速"，使儿童能够更平稳地从幼儿园过渡到小学。[2]

---

[1] 案例提供者：上海市静安区大宁国际小学西校　朱建飞 / 上海市静安区大宁国际幼儿园　陈婷婷。

[2] 案例提供者：上海市民办童园实验小学　冯馨。

（三）近邻式结对

近邻式结对是指基于同一社区、相近地块的园校结对。园校间地理位置相近的优势，为幼儿园与小学的深度合作提供了得天独厚的条件。首先，因路程相近，便于教师经常性开展教研互动、探校访园，形成儿童、教师、家长之间的良性互动。其次，位置相近的园校之间生源基本一致，便于通过信息追踪、数据同步、循证研究等方式展开对儿童连续性发展的研究与实践。此外，近邻式结对还能通过社区、家庭等外部资源的同步联动，成为探索课程衔接的助力。

例如：静安区闸北实验小学明德校和延长路西部幼儿园，两所学校的距离仅仅只有500米。在近邻式结对的模式下，双方开展基于幼小课程教学衔接的交互式联合教研机制探索。校与园之间同步建立了常态化交流机制，根据实际需求不定期开展联合教研活动，更好地对接相关活动实施。通过"横向整合同学段内不同学科的教师+纵向联合不同学段的同领域教师"，围绕增强儿童专注力开展专题研究，促进理念、方法和资源的共享和交流，形成了观摩式教研、同课异构教研、沙龙式教研和多主体伙伴共研等联合教研路径。在交融互通的过程中，探索适合儿童发展的教育教学模式和方法，为儿童的全面发展提供有力保障，绘就幼小同心圆。[1]

（四）交错式结对

交错式结对是指一所学校因多样化的幼小衔接需求与多所学校进行结对。比如幼儿园与位置相近的小学形成幼小衔接研究共同体，同时与另一所课程特色相仿的小学形成另一个研究共同体。园校之间的联结不是单一闭环，而是多样态发展。交错式结对打破了固定的结对模式，凸显按需联动、灵活互动的特点，满足了园校之间多样化结对、多领域研究的实际需求。

例如：常熟幼儿园是一所普特融合的幼儿园。幼儿园在遵循普教、特教儿童身心发展及教育教学规律的基础上，分别与普通小学万航渡路小学、特殊学校南阳学校形成研究共同体，共同开展幼小科学衔接工作。充分发挥"交错式结对"的优势，使普校与特殊学校在共研的过程中各扬所长，资源共享。

经过前期调研、现场观摩、共同体相互研讨等工作后，幼儿园与普通小学和特殊教育学校分别确立"在幼小衔接中提升学生'安全感'的实践研究"及"特殊需求儿童生活适应水平（自我照顾）的提升"的幼小衔接研究主题。借助普特学校的不同资源，共同探讨儿童进入不同学校的衔接要点，为教师的幼小衔接工作找准研究点，拓展幼小衔接支持思路与手段。[2]

---

[1] 案例提供者：上海市静安区闸北实验小学明德校　谢婧／上海市静安区延长路西部幼儿园　陆瀛莉。
[2] 案例提供者：上海市静安区常熟幼儿园　李旭菁。

（五）公民办跨体制结对

将民办小学和幼儿园纳入幼小衔接协同共育的研究中，跨越学校体制的壁垒，公民办学校一视同仁，形成研究共同体。鼓励公民办学校优势互补，合作创新，各自发挥自己的体制优势，形成新的合力，打造协同贯通、互补优势的活动新场景，发挥民办学校灵活的管理特色，使衔接活动更开放。园校间不同的文化相互浸润交融，使教师与教师之间的对话更丰富，从单一视角走向多元综合的转变，收获更宽广的格局与视野。

例如：上海市静安区安庆幼儿园和上海民办彭浦实验小学建立幼小衔接共同体，就是一所公办体制示范类幼儿园与民办体制的小学结对联盟。结对后，园、校共享双方的资源，上下贯通。小学教师走进幼儿园，了解学生前期学情；幼儿园可以到小学获取衔接中的关键数据，亦可以带领幼儿到小学开展衔接课程。

上海市静安区安庆幼儿园是上海市首批示范性幼儿园，幼儿园始终进行儿童主体角色探寻的行动，以幼儿的生活经验为课程核心，秉承"发现儿童经历成长"的理念，探索幼儿成长过程中的证据与教师教育行为调整、课程优化完善的实践链接，在幼儿发展的证据中找寻课程机会之窗，满足幼儿自发、自主的成长需求，共同体验每一个幼儿的成长经历。上海民办彭浦实验小学以科学、艺术教育为特色，主张适应教育，关注每个儿童的"高品行、自适应、能担当"。两所园校结成幼小衔接教研共同体后，以"儿童角色探寻计划"为幼小衔接的研究主题，在儿童的培养目标、特色培育上创新协同发展，实现理念的协同性、框架的连贯性和工作的延续性。逐步完善更高位的顶层设计，调整幼小科学衔接系统化评价指标，着力打造彰显育人合力的教育成长新生态。[1]

多模态园校结对解决了儿童在两个学段间断层式发展的难题，使关注儿童的连续性发展成为可能，引领和帮助两个学段教师在育人理念上达成共识，在教育教学行为上平稳衔接。

第四节　区域推进幼小科学衔接的制度设计

区域将幼小科学衔接的有效经验形成制度加以固化，通过系统的方法和措施，

---

[1] 案例提供者：上海民办彭浦实验小学　王春华。

复制有效经验，形成可操作的科学模式，提升整体教育水平。

"制度"一词，不同的学者有不同阐释。康芒斯把制度解释为"集体行动控制个体行动的一系列准则或规则"。①制度在《辞海》中的解释是："要求成员共同遵守的、按一定程序办事的规则或行动准则，它是在一定历史条件下形成的政治、经济、文化等各方面的体系。"②现在引用得最多的关于制度的概念是诺思在著作《制度、制度变迁与经济绩效》中指出的："制度是一个社会的游戏规则，更规范地说，它们是决定人们的相互关系的系列约束。"③林荣日教授曾指出："制度的作用是引导、约束和激励，就是引导人们的正确行为，约束不当行为和激励进步行为。"④

一、制度设计的原则

为了确保幼儿在进入小学阶段能够平稳适应新的学习环境和教育模式，区域在幼小科学衔接的一系列探索后，形成了一系列相应的制度。这些制度大多来自教师的实践经验总结，有成功的经验，也有失败的教训。制度的设计经过教师、教育行政机构和教科研部门的反复讨论，不断实践，经历了 1.0 版的探索和 2.0 版的完善，不断循证改进，目前初步形成了一系列幼小科学衔接的相应制度（详见附件一）。

这些制度的形成过程，大体分为两种情况：第一种，教育行政部门根据基层学校的反馈和总结，自上而下制定相关规则，统筹、整合区域的各项资源和力量，用制度保障全区幼儿园和小学能够全面推广科学衔接的相应措施；第二种，学校自下而上，在实践中逐步形成并不断循证、完善的制度，这些制度汇聚了基层学校在幼小衔接过程中的有效做法，凝聚了园校级层面的相关经验，形成相应的制度。无论是第一种还是第二种制度形成的路径，都十分强调来自实践的智慧并经过实践的检验，经过"提出问题——设计——实施——改进"的循证实践，剔除无效的措施，留下有效的做法。

区域幼小科学衔接一系列制度的形成是为了保障科学衔接过程中教师行为的稳定性和经验的可复制性、可推广性。充分考虑到了幼儿园和小学的学段差异，不同学校的差异、生源的差异、教师发展水平的差异，以及家长差异。制度内容紧扣儿童连续性发展评价指标体系，充分协同多方力量，在课程、教师发展、教研等方面加大投入，提高幼小衔接的水平，实现有效经验的辐射推广。

① 国家教育行政学院.中国高等教育制度创新集萃［M］.海口：海南出版社，2004.
② 中国辞书编纂委员会.辞海［M］.上海：上海辞书出版社，2009.
③ 卢现祥.西方新制度经济学［M］.北京：中国发展出版社，1996.
④ 林荣日.制度变迁中的权力博弈［D］.上海：复旦大学，2006.

二、制度设计的内容

区域幼小科学衔接的制度包括了一系列紧密联系的内容——幼小教师结对制度、课程一体化制度、教师水平提升制度、幼小主题式联合教研制度、教师跟岗观摩制度等。制度关照到了流程、内容、主题等，旨在保障幼小衔接能够顺利有效地开展（详见附件二）。

制度1：区域幼小衔接共同体结对制度。区域调研发现，幼儿园与小学在价值认同、衔接需求、优势特色上各不相同，难以形成统一的幼小衔接模式，区域探索以"双向选择、自由结对、自主发展"为原则，建立多样态的结对样式，满足每所学校需求，激活双向衔接的动力。要求各幼小衔接共同体要聚焦儿童发展的连续性与可持续性，立足园情、校情，以集团化结对、主题式结对、近邻式结对、交错式结对、公民办跨体制结对等发挥各自优势的结对方式，建立幼小衔接共同体，开展幼小衔接交流研讨与实践探索。

制度2：区域幼小衔接联合教研制度。如何让幼儿园与小学的对话实现同频共振，如何找到儿童连续性发展在不同学段的契合点，围绕儿童连续性发展中的关键能力，开展跨学段主题式教研是有效手段。跨学段主题式联合教研制度，以促进儿童顺利过渡为核心，整合小学与幼儿园不同学科领域的教师资源，针对衔接问题，开展理念、方法、资源的共享、共研与共建。园校联手共同构建基于主题的"教、研、培"幼小衔接专项资源库。

制度3：区域幼小衔接跟岗观摩制度。不同学段教师缺少对其他学段学校和儿童的直观感受，给协同合作带来了严重的壁垒。为了解决这一问题，研究者制定了教师跟岗观摩制度，帮助教师梳理、明确幼小衔接需具备的教育教学能力，帮助教师根据儿童的年龄特点和个体差异，采用适宜的教学方法，激发儿童的学习兴趣，促进其主动学习和探索。促进跨学段、不同学科的教师相互学习，增进了解，为儿童持续性发展提供真正的支持。

制度4：区域幼小衔接一体化课程研究制度。幼小学段的评价目的、评价指标、评价手段客观上存在差异，无形中增加了幼小课程衔接的坡度。区域积极探索建立《幼小衔接背景下支持儿童连续性发展评价指标》，以此引领幼小课程一体化研究。通过幼小两个学段优化课程目标、调整课程内容、协同课程实施、双向课程评价打通幼小课程一体化衔接通道，确定适合的幼小衔接一体化课程的模块和活动主题。

制度5：区域幼小衔接教师专项培训制度。区域积极行动，致力开发一套提升教师幼小衔接能力的通识类和实操类培训课程，并将其纳入教师研训平台，成为每位幼儿园、小学教师的必修课。通过一线调研和教师访谈，聚焦教师开展幼小衔接的困惑，形成七大培训主题，涉及身心、生活、社会、学习四个领域。同时对七大主题进行细化，形成微课资源。短小、便捷的微课有助于教师更好地理解幼小衔接的要点，优化教学方法，提高教学质量。

政策引领为深入推进幼小科学衔接研究提供依据与实践方向，为共同体组织架构提供必要的保障，同时使幼小研究共同体在多主体协同治理方面的经验以政策的形式得到固化与推广。

第三章／

幼小主题式联合教研机制

教育部《关于大力推进幼儿园与小学科学衔接的指导意见》^①明确提出了建立
联合教研制度的主要举措。鼓励学区内小学和幼儿园建立学习共同体，加强教师
在儿童发展、课程、教学、管理等方面的研究交流，及时解决入学准备和入学适
应实践中的突出问题。《幼儿园保育教育质量评估指南》^②明确指出：关注幼儿发
展的连续性，注重幼小科学衔接。采取多种形式，有针对性地帮助幼儿做好身心、
生活、社会和学习等多方面的准备，建立对小学的积极期待和向往，促进幼儿顺
利过渡。《上海市幼儿园幼小衔接活动指导意见》^③中明确指出：支持小学与幼儿园
建立互通机制，深化幼小衔接专题研究，积累实践经验和典型案例，形成学段之
间的同步推进。因此，加强幼儿园与小学之间基于幼小衔接问题的沟通与合作是
确保幼小衔接工作有效开展的重要一环。区域在"多主体协同机制创新"的幼小
科学衔接总体思路下发布了《关于深入推进幼小科学衔接的指导意见》^④，文件指
出："尊重儿童原有经验和发展差异，构筑园校共同发展愿景，开展主题式联合教
研；均衡教育资源，加强结对主体间的互动与合作，帮助儿童做好身心全面准备
和适应。"

　　教师是幼小衔接工作的主要承担者，是幼小衔接课程实施的关键执行者。树
立正确的儿童观和教学观，掌握科学的幼小衔接工作方法，是实现顺利衔接的必
备条件。通过建立幼小学段互通、内容互融的主题教研制度，可帮助教师形成尊
重儿童发展特征与规律的衔接理念，让幼小衔接产生更好的教育效果。幼教和小
学教研员双向对接、互学互助，聚焦幼小衔接中的关键问题，定期深入到幼儿园
和小学指导区域教研和校（园）本教研，以交流展示、案例分析、专题调研等形
式，及时解决问题，总结推广经验。

① 中华人民共和国教育部.教育部关于大力推进幼儿园与小学科学衔接的指导意见［EB/OL］.（2021-03-31）［2024-12-01］. http://www.moe.gov.cn/srcsite/A06/s3327/202104/t20210408_525137.html.
② 中华人民共和国教育部.教育部关于印发《幼儿园保育教育质量评估指南》的通知［EB/OL］.（2022-02-11）［2024-12-01］. http://www.moe.gov.cn/srcsite/A06/s3327/202202/t20220214_599198.html.
③ 上海市教育委员会.上海市教育委员会关于深入推进本市幼小科学衔接工作的实施意见（试行）［EB/OL］.（2022-10-26）［2024-12-01］. https://edu.sh.gov.cn/shgy_ywjy_gz_1/20230106/b4d28b1934524e2c9b8d74d460e2ffc7.html.
④ 上海市静安区人民政府.上海市静安区教育局关于印发《静安区教育局关于深入推进幼小科学衔接的指导意见》的通知［EB/OL］.（2023-12-21）［2024-12-01］. https://www.jingan.gov.cn//govxxgk/JA4/2024-04-08/842246de-789d-438e-83ba-8e12d861f2ee.html.

第一节　幼小主题式联合教研的内涵与现状

主题式联合教研是一种教育教学改革模式，它以促进幼儿顺利过渡为核心，通过整合小学与幼儿园不同学科领域的教师资源，针对衔接问题，开展理念、方法、资源的共享和交流。在这种模式下，教师围绕"儿童发展、课程与教学、入学适应"等主题，通过跨学段同课异构教研、观摩互访共记录式教研、多主体伙伴式教研，以及沙龙式联合教研等多种方式进行深入教研，增强教师观察解读幼儿表现行为的能力，促进教师思考教育行为的适应性，支持幼儿关键能力的发展，完善衔接阶段评价系统，优化衔接阶段课程质量。

在全覆盖推进区域幼小科学衔接结对机制之后，我们立足区域教育发展已有基础和发展定位，充分发挥幼小结对共同体开展联合教研的组织优势，不断建立和健全区域幼小联合教研机制成为推进幼小科学衔接长效机制建设的重点任务。联合教研的核心问题需要思考"研什么""怎么研"和"研得如何"，更重要的是要探索如何进一步将联合教研的经验和成果孵化推广形成区域幼小衔接新的机制及常态。基于这样的思考，分析区域联合教研的已有基础，对于深化课程教学改革既存在有利条件，又存在诸多挑战。

一、有利条件

第一，具有上海推进幼小衔接工作的课程基础。从零起点教学、等第制评价，到小学入学准备期教育的设置，再到目前基本形成幼儿园和小学"双线并进"的课程推进常态（即幼儿园以一日生活中的渗透教育加大针对性的主题教育活动，小学以学科课程和综合实践课程同步实施幼小科学衔接）。幼儿园和小学的课程在价值导向、课程样态、学习方式，以及评价方式等方面客观上有了更为相近的对话和教研基础。

第二，幼小科学衔接的主动意愿明显增强。幼小全面结对机制明确了园校长作为共同体幼小科学衔接第一责任人的责任和角色，也切实推动了幼儿园和小学之间探索性互动研讨活动的开展。幼儿园和小学教师在参与互动研讨的过程中，对幼小科学衔接的认识和主动性有了进一步的提升。

第三，幼小教师互补需求动能增强。在试点互动教研的过程中，幼小教师普遍发现了不同学段在教育手段、教学策略等内容上的互补点。比如幼儿园教师普遍感觉小学教师结构化设计能力强，问题设计聚焦，教学节奏把握到位；而小学教师则表示，幼儿园教师在创设体现儿童主动表现的学习和生活环境方面的经验丰富，基于个体儿童的观察和评估方法更有利于尊重和发现儿童个性需求。幼小教师之间在对于支持儿童连续性发展的策略支持、环境支持、评价支持等方面形成了更多的互补和共鸣。

二、面临挑战

幼儿教育和小学教育的形态、方式乃至教师观念上的巨大差异，是推进联合教研需要面对的前提问题。因此，结对共同体在推进联合教研的过程中，往往需要经历从熟悉到融合的过程。这个过程也就决定了联合教研要走向深度学习面临着亟须破解的现实问题。

（一）系统设计不强

一方面，部分结对共同体对联合教研的目标定位、计划实施，以及实践路径的系统设计不足，对共同体推进联合教研要解决的关键问题不清晰。另一方面，幼小联合教研的主题相对比较松散，指向内容主题关联居多，指向儿童跨学段连续性发展的联合教研相对偏少。此外，由于以学校经验展示为多，指向学生发展的设计、实施和教研反思的一体化不足，进而导致上课、听课和教研的针对性不强，使得联合教研流于形式等。

（二）教研主题不聚焦

部分幼小衔接联合教研活动的主题与幼儿的发展阶段需求不符，没有注重观察每个幼儿的发展特点，针对性地给予指导和帮助，对问题的捕捉有时过于宽泛，有时过于具体，缺乏针对性和实用性，导致联合教研活动的研究质量和可持续性不足。

（三）教研形式单一

当前幼小衔接阶段的主题式联合教研活动缺乏充分的实践和互动，听讲培训等单一活动形式不利于每一位教师发挥主体意识，以及问题讨论的积极性。联合教研的根本是坚持儿童发展为本，从教师联合教研的需求来说，在已有文件指导的基础上，如何认识并理解儿童、如何观察并支持儿童发展、如何把握不同学段儿童连续性发展的水平表现等，幼小衔接联合教研对教师的专业理论、专业思维和专业方法有更高的要求，但从区域到联盟体设计和提供的教师专业支持的教研活动内容与方式还很单一，支持力还不够。

（四）主体构成一元化

从联合教研发起主体的调查结果来看，教研主体一元化情况明显。例如常出现幼儿园一头热，理念和行动基本上是幼儿园单向向小学靠拢，教研主体不明的情况。再如，常出现活动主体是教师群体，主体构成单一等问题。区域层面小学多学科教研和幼教教研的基础不同，从区域教研业务指导部门协同上需要进一步整合幼小教研员团队，统筹推进区域幼小衔接的规划、设计、组织、指导与实施，指向问题解决的联合教研功能亟须加强。长此以往，教师的参与度相对较低，影响家庭与幼儿园、小学之间的沟通，也使得联合教研活动的效果大打折扣，导致幼儿园教师和小学教师双方未建立相互分享、共同研究、共同实践的教研共同体。总体上，联合教研主要采用结对共同体各自的内部联合教研和区教研室牵头的联合教研相结合的方式，这些方式相对传统单一。对于指向幼小科学衔接在课程、教学、管理和评价等方面关键性问题的解决，还需要发挥多主体协同攻关的功能，甚至需要借助高校或者专业力量的支持。

第二节　幼小主题式联合教研的内容

根据前期调查与过程中需求反馈，区域鼓励幼小联盟体围绕儿童发展、课程教学、入学准备 / 适应这三大主题展开教研。

从儿童发展的角度来看，幼小衔接阶段儿童身心变化大，发展速度快。幼儿园和小学老师需要了解这些变化，更好地理解儿童的需求和情感状态，为儿童提供适应性的教育环境和教学方法。研读儿童发展特点，可以帮助教育者更好地了解儿童在不同阶段的发展需求和特点，确保儿童在幼小衔接阶段能够得到连续性的教育，避免出现教育断层。

从课程教学的角度来看，幼小衔接是课程内容和教学方法的转折点。在幼儿园阶段，课程主要以游戏和活动为主，注重培养儿童的感知、动作和语言表达能力。而到了小学阶段，课程逐渐转向知识学习和能力培养，要求儿童具备更高的认知和思维能力。因此，开展幼小衔接主题教研，可以帮助教育者更好地把握课程教学的转折点，设计更加符合儿童认知发展规律的教学方案，增强教学效果。

从入学准备 / 适应的角度来看，身体素质和心理素质、生活自理能力、与人交往合作，以及学习兴趣、方法及学习品质，是幼儿入学前的重要准备和适应方面。通过全面的准备和引导，可以帮助教育者更好地了解入学准备的内容和要求，提供更有针对性的指导和帮助，为儿童的顺利入学做好充分的准备。

一、儿童发展主题

（一）总体思路与现实价值

幼小衔接阶段是儿童成长过程中的一个关键时期，儿童从幼儿园到小学是儿童连续性发展的重要阶段。这一时期的儿童开始形成更加清晰的自我意识和认知能力，表现出更多的情感和行为自主性，更加深入地理解周围的世界，同时也开始逐渐形成独立和自主的思考方式。

从生物心理学角度来看，5—7岁是儿童大脑认知发育的关键时期。在这一阶段，大脑中的神经元连接正在迅速增加，前额叶皮质（prefrontal cortex）[①]的发育使得儿童能够处理更多的信息。与前额叶皮质有关的心理机能主要被分为三种。第一种是执行功能。前额叶皮质被认为是一种高级的门控机制，增强了目标导向的激活同时抑制了不相关的激活，这种门控机制使得对包括选择、保持、更新和重新激活等不同认知过程的执行控制成为可能。第二种是记忆功能。20世纪30年代一些研究发现前额叶皮质与短时记忆有关，后来一系列的研究表明前额叶皮质是工作记忆的基础。第三种是注意功能。研究发现，前额叶皮质还涉及对注意的调节，前额叶皮质是大脑负责高级认知活动的脑区，在决策、自控力等较高层次的认知功能中起着重要的作用。前额叶皮质的一个重要功能是调节注意力，帮助儿童专注于任务并忽略干扰。随着前额叶皮质的发展，儿童能够更好地控制自己的注意力，并在需要时持续集中注意力。前额叶皮质还负责评估不同选项的后果，并做出明智的决策，所以5—6岁的儿童已经开始能够更好地理解因果关系，并考虑长远的结果。同时，前额叶皮质与情绪调节密切相关，帮助儿童控制和管理自己的情绪，儿童开始能够更好地理解自己的情绪，并学会通过积极的策略来调节情绪。[②]

衔接阶段对于儿童的学习、社交和情感发展都具有重要的影响。儿童能够更好地理解抽象概念并进行逻辑推理，能够进行更加深入的思考和分析，注意力和记忆力、情绪情感、语言表达、社会性交往等能力也会在这个阶段进一步发展。

2022年教育部出台的《幼儿园保育教育质量评估指南》明确提出，大班下学期要重视儿童入学顺利衔接。这一时期，儿童正在经历许多变化和挑战，这些变化和挑战对他们的心理发展有着深远的影响，需要得到充分的关注和引导。成人

[①] 前额叶皮质是大脑的一部分，位于前脑的中央和顶部。它负责许多高级认知功能，如决策、规划、学习、记忆和自我控制。前额叶皮质包含许多神经元和神经纤维，它们通过复杂的网络相互交流，以实现这些功能。前额叶皮质的损伤或疾病可能会导致行为、情绪和认知方面的障碍。

[②]《中国大百科全书（第三版）》官方网站，https://www.zgbk.com.

应该了解并关注他们的成长需求，提供适当的支持和帮助。因此，幼儿园教师与小学教师共同探讨幼小衔接阶段儿童连续性发展的内涵与价值具有重要意义。

（二）教研内容设计与内涵价值

小学教师和幼儿园教师多次指出，儿童的情绪情感、思维发展以及社会交往，在幼小衔接阶段显得尤其重要。在幼儿园教师与小学教师共同开展联合教研的初期阶段，对儿童开展情绪情感、思维发展，以及社会交往的观察和解读必不可少，只有深入了解儿童的发展特点才能提供有效的教育支持。

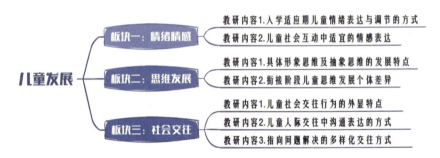

图 3-1　儿童发展主题的教研内容设计

▶ **板块一：情绪情感**

内涵价值： 情绪调节能力是指儿童能够有效地识别、理解和管理自己的情绪，而不是被情绪所主导。从现实情况来看，儿童入学适应期常常伴随着焦虑、不安和失落等情绪。儿童可能会因为离开熟悉的家庭环境，面对陌生的老师、同学和学校环境而感到不安；新的学习任务和社交压力也可能导致他们产生压力。这是一种情感上的挑战，需要儿童学会如何调节自己的情绪，并尝试运用一些基本的调节技巧，以应对焦虑带来的负面情绪。从情感发展角度而言，这个阶段的儿童开始关注自己的情感需求和表达，有更强的自尊心和自我意识，对自己的行为和表现更加敏感，他们也开始更加关心他人的感受，表现出更多的同情和理解。

板块介绍： 幼小衔接阶段，儿童面临着从生活环境到学习环境的转变，不仅要在学习上有所适应，还要在遇到问题时能进行自我情绪调控。同时，由于6—7岁的儿童情感表达更为多样，儿童入学适应期也是一个重要的社交学习期。这个板块将共同探讨儿童情绪情感的发展特点。

随着年龄的增长，儿童在情绪表达方面变得更加多样化和灵活。他们不再仅仅依赖于面部表情和声音来表达情绪，而是开始使用更复杂的语言和行为来传达自己的情感。儿童的一些小动作、成人看来也许不重要的行为，正是儿童学会调节自己的情绪，避免过度激动或冲动行为的自我调节方式。在教研主题选择上，建议考虑入学适应期儿童情绪表达与调节方式的内容，有助于教师了解儿童的情绪表达，以便更好地在衔接阶段开展情绪调控。

儿童社会互动中的情感表达，是他们在成长过程中学习如何与他人建立联系、理解他人情感，以及表达自己情感的重要方式。情感表达不仅仅是一种简单的行为，它更是一种社交技能，需要在互动中逐渐掌握和运用。教师应该重视儿童情感表达的培养，并为他们提供必要的支持和引导。在教研主题选择上，建议考虑儿童社会互动中适宜的情感表达等内容。

反观幼儿园阶段，教师需要帮助儿童形成对自己的认识、对周围世界的理解，学习如何与他人互动、分享、合作和解决问题，帮助儿童建立更加健康和稳定的情感基础。从幼儿园阶段开始建立入学适应阶段的情绪调节能力，可以为儿童未来的学习和生活奠定坚实的基础。

▶ 板块二：思维发展

内涵价值：随着儿童在日常生活中接触到越来越多的新事物，在认知发展上开始形成更加系统的思维模式，能够更好地理解问题。幼儿园大班下学期的儿童已经开始出现区分事物的共性和差异，理解事物的因果关系，以及运用已有的知识来解决新问题的思维方式的转变。教师观察儿童的关键行为，解读儿童内在思维方式，可以反观自身的教育现场，从教学方式趣味化设计、师生高质量互动等角度思考，如何培养儿童推理和判断的逻辑思维能力、如何引导儿童多角度思考，从而归纳总结发现事物之间的内在联系和规律……同时教师要清楚，并非所有儿童在此阶段都会按照统一标准和同一速度发展，每个儿童思维发展存在个体差异，做好基于个体差异的观察和记录研究，能帮助教师理解儿童思维发展过程、特点及其影响因素。

板块介绍：具体形象思维主要依赖于对具体事物的感知和表象，而抽象思维则能够超越具体事物，进行概括、推理和判断。这种转变意味着儿童开始从直观、感性的认知方式，逐渐过渡到理性、逻辑的认知方式。抽象思维还有助于培养儿童的创新能力、批判性思维等高级认知能力。在儿童认知发展过程中，从具体形象思维向抽象思维的转变是一个重要的里程碑。这个板块将共同探讨儿童思维发展的共性特点及个体差异。

幼儿园的儿童主要依赖具体事物和形象进行思维，难以理解和运用抽象概念。随着年龄增长和经验积累，衔接阶段的儿童逐渐开始运用符号、语言等抽象工具进行思维，形成初步的抽象思维能力。在教研主题选择上，建议重点考虑儿童具体形象思维及抽象思维的发展特点等内容。教师通过观察，发现儿童熟练运用抽象概念和逻辑关系进行思考，由此更好地创设实现思维抽象化转变的促发场域。

其中，思维的逻辑性是指能够初步理解事物的因果关系和内在逻辑；思维的灵活性是指能够从不同角度和层面思考问题；思维的创造性是指能提出新颖的观点和解决方案。研究幼儿思维的个体差异有助于教师在教育实践中培养儿童的逻辑思维能力、灵活性和创造性，鼓励儿童从不同角度和层面思考问题，提出新颖的观点和解决方案。因此，衔接阶段儿童思维发展的个体差异也可以成为教研主题。

▶ **板块三：社会交往**

内涵价值： 发展心理学角度视角下，5—7岁的儿童开始意识到自己与他人的不同，并学会尊重他人的想法和感受。一方面，他们独立和自信，会清晰地表达自己的思想和感受，希望自己能积极地参与社交活动。另一方面，他们也开始更加关注自己在社交中的地位和角色，试图建立更加稳定和深入的友谊关系。每个儿童都有自己独特的交往方式和行为习惯，通过观察儿童的社会交往外显行为，幼儿园教师可以更好地了解每个儿童的个性和特点，更好地促进儿童之间的互动和合作。幼小衔接阶段的儿童，需要逐渐适应学校的集体生活，学会与他人相处和合作，小学教师可以通过观察和理解儿童的人际沟通，倾听儿童的声音，理解儿童的愿望，为他们提供适当的帮助和指导，促进儿童之间的交流和合作。

板块介绍： 幼儿园阶段的儿童与同龄小伙伴长期生活在一个空间，老师、同伴、生活环境都相对熟悉，而进入小学之后，儿童面临着学科领域不同的教师、更大的活动场地，以及更多的校园伙伴，需要更加广泛地与人交往。这个板块将共同探讨衔接阶段的儿童与人交往时，尊重他人、理解他人，与他人合作和分享，融入新环境，产生归属感等能力发展。

在5—7岁这个年龄段，儿童的同伴关系逐渐从以家庭为中心转向以同伴为中心。他们开始更加关注同龄人的想法和感受，愿意与同伴分享自己的玩具和经验。同时，他们也开始形成更加稳定的友谊关系，对同伴的认同感和归属感逐渐增强。此外，儿童在这个阶段也开始表现出更加复杂的社交行为，如合作、竞争、分享、谈判等。了解这个阶段儿童社会交往行为的外显特点有助于教师认识到影响因素以及形成促进策略，这对于帮助儿童建立良好的同伴关系、促进他们的社会技能和情感发展具有重要的意义。

在儿童的成长过程中，人际交往能力是他们融入新环境和建立良好人际关系的基础。其中，沟通表达方式的掌握尤为重要。儿童的思维方式和表达方式与成年人存在很大的差异。他们通常使用简单直接的语言，以及丰富的面部表情和肢体语言来表达自己的感受和需求。了解儿童人际交往中沟通表达的方式，可以帮助教师更好地理解他们，与他们进行有效的沟通。这里尤其要指出的是，通过教研，教师除了要了解儿童个体的沟通表达方式之外，也可以与儿童一起了解同伴们的沟通表达方式。通过观察和反思自己的沟通方式，儿童可以更好地理解自己的情绪和需求，提升自我认知。这种自我认知的提升，有助于儿童在适应阶段更好地管理情绪，增强自控能力。

幼小衔接阶段儿童开始从家庭环境向学校环境转变，会遇到许多没有想到过、碰到过的问题，此时通过人际交往，儿童将体会每个人都有自己的想法和感受，这就是尊重、倾听、沟通、合作的重要性。在人际交往中，他们开始学会用礼貌的语言和表情与他人交流，表达自己的观点和需求。同时，他们也逐渐学会了如何理解他人的情绪和立场，这有助于他们更好地与人建立友好关系。指向问题解决的多样化交往方式，也可以成为教研主题之一。这个教研内容将帮助教师观察了解儿童在解决问题的过程中，如何寻求帮助支持，如何与同伴合作，如何学会分工、协商和妥协等儿童在社会群体中的自我发展。幼小衔接阶段，儿童通过人际交往解决问题的能力是他们社会适应能力的重要组成部分。

【案例1】

多主体伙伴式教研，催生儿童"预约活动"的迭代优化

上海民办彭浦实验小学　上海市静安区安庆幼儿园

一、背景概述

（一）联盟体概况

2022年，安庆幼儿园和上海民办彭浦实验小学建立了幼小衔接共同体，安庆幼儿园为示范类幼儿园，彭浦实验小学为优质民办小学，园校学生的生源皆为摇号随机抽取。教研共同体以支持"儿童角色探寻计划"的幼小衔接协同机制的研究为抓手，开展儿童角色自我认知的核心特征研究，从学生幼小衔接阶段的心理适应、人际交往、学习习惯以及生活能力等四方面的适应过程开展联合教研，培养学生主动超越地适应，获得问题解决的适应行为，获得未来成长的关键能力，形成了园校多维度融合、多路径下沉、多形态结合、多阶段呈现，携手为学生角色主体发展创建轻压力、重体验、轻负担、重贯通的幼小衔接健康教育生态。

（二）研究缘起

在幼小衔接中，多主体教研的参与者不仅包括幼儿园和

小学的教师，还包括家长、教育专家、社区代表等多方面的力量。这种多元化的参与模式，有助于形成更加全面、深入的教育研究，为幼小衔接提供更加有力支持的教研共同体。

多主体伙伴式教研，在"儿童发展"主题下，聚焦儿童社会交往中的"指向问题解决的多样化交往方式"，遵循"教育部幼小阶段衔接"的目标导向，对标"目标、内容、对象、方法"等关键要素，围绕基于儿童主体发展的新环境、新伙伴的主动适应性研究开展定期研讨，制定幼小衔接的推进策略，精准诊断问题、解决问题有效改进，推动幼小衔接的同一主题的流程再造与范式的凝炼。

二、案例实施

（一）确定主题

1.研究关键能力概述

"儿童发展"主题下，聚焦儿童社会交往中的"指向问题解决的多样化交往方式"，是儿童社会性发展的核心目标。儿童在与他人交往的过程中，学会表现自己、理解他人、相互沟通、运用规则、关注合作，同时也有助于自我意识的形成与良好品格的养成。

2.主题遴选

（1）课程维度

《3—6岁儿童学习与发展指南》"社会领域"中指出，幼儿社会领域的学习与发展过程是其社会性不断完善并奠定健全人格基础的过程。人际交往和社会适应是幼儿社会学习的主要内容，也是其社会性发展的基本途径。幼儿在与成人和同伴交往的过程中，不仅学习如何与人友好相处，也在学习如何看待自己、对待他人，不断发展适应社会生活的能力。

（2）主题确定——儿童主体角色探寻的预约活动

儿童"预约活动"是为了适宜儿童发展的一种教育实践，"预约活动"以儿童起点、儿童计划、儿童实践、儿童回顾为特征，由儿童为主体发起的课程创新实践，其内容和形式来源于师生共情与共建。"预约活动"指向儿童发展，满足儿童的兴趣，关注儿童的情感体验，鼓励儿童提出问题、解决问题，并积极与环境互动，与周围的人互动。

多主体伙伴式教研中，以儿童发展为主题，聚焦儿童在幼升小以及小学适应阶段的主体角色自我认知和主动性作为抓手，倾听儿童的心声，了解儿童的感受，培养儿童成为一个主动的探寻者。

（二）教研实践——儿童"预约活动"的迭代优化

园校教师依据"调研分析—反思优化"的研修推进路径开展了实践活动。

1. 调研分析阶段——园校 1.0 版本幼小衔接活动分析

基于儿童的适应性发展，在教研活动之前，园校整理了各自曾开展的幼小衔接的综合主题实践活动 1.0 版本，对其活动目标、任务设计、组织形式及环境支持进行梳理。

表 3-1 幼小衔接 1.0 版园校设计对照表

	幼儿园	小 学
活动主题	"幼儿园的角角落落"	"我是小学生了"
活动对象	幼儿园大班儿童	小学一年级学生
活动目的	通过儿童在幼儿园里的"探险"活动，培养幼儿在空间方位上的主动探寻行为，以儿童视角表达自己的体验、联系、判断、分享。	通过综合主题活动，开展校园探秘活动，深入了解学校的环境、伙伴，促进学生幼小衔接的适应过渡。
主要任务	将已知的幼儿园环境画成地图，通过走访幼儿园的室内外场所、地图打卡、任务采访等活动培养幼儿主体探究性。	小学综合主题活动，开展校园环境探秘，分为三个单元任务：跟着地图来云游；参观校园，画一个你最喜欢的校园一角；校园寻宝集拼图的游戏活动。
组织形式	幼儿发起，教师支持活动开展。	任务单指引，教师支持活动开展。

实践证明，对于不同学段的两所园校来说，单方面的、碎片化的活动，缺少幼小衔接主题性的架构，需要幼小衔接整体

化协同支持机制的研究，两个不同学段要聚焦共同研究探索的目标，更高位的顶层设计、系统的评价指标，有更具体的实践探索上的贯通。

2. 反思优化——园校2.0版本幼小衔接活动设计

本次教研研讨出席对象有教研员2位、彭浦实验小学、安庆幼儿园领导教师8位、家长代表2位。

（1）讨论一：问题提出

请家长根据孩子情况，找出在幼小衔接中最需要的或者感到比较难适应的地方。幼儿园家长和小学家长都对孩子遇到环境、学习、生活的新问题时，问题解决的能力表示担忧，如何主动探究，遇事不慌、妥善解决，这是孩子能顺利完成幼小衔接过渡最需要的能力。

（2）讨论二：对衔接阶段中入学适应情况的调研与分析

小学教师具体介绍9月底学校开展的小学生入校适应性调研。

幼儿园教师对幼儿小学入学可能的不适应情况进行了梳理，共20条。

（3）讨论三：问题解决活动目标对接

小学、幼儿园对问题解决活动目标进行解读，在"儿童发展"主题下，聚焦儿童社会交往中的"指向问题解决的多样化交往方式"，基于第一轮预约活动衔接阶段中的实践问题，2.0版预约活动以"儿童主体角色探寻"为抓手，以"学习—活学善思—问题解决"为评价指标，鼓励儿童成为衔接活动的设计者，开展儿童主体角色探寻的幼小衔接主题活动设计研究。

（4）讨论四：问题解决评价量表讨论

两位教研员对问题解决指标的衔接评价量表和《静安区幼小衔接背景下支持儿童连续性发展评价指标》进行解读。"儿童主体角色探寻"预约活动以"学习—活学善思—问题解决"为评价指标，双方教师从儿童连续性发展的角度，将各自观察、观测的内容进行整理、对接、细化，使两个学段评价体系有序衔接。

表3-2 幼小衔接背景下支持儿童连续性发展评价指标体系

一级维度	二级指标	三级指标及阐释说明	观察行为表现			
			表现性行为1	表现性行为2	表现性行为2	表现性行为4
学习	活学善思	问题解决：依据学科/领域学习和生活经验，初步形成解决问题的习惯与思路；初步掌握分析问题和解决问题的一些基本方法；知道同一个问题可以有不同的解决方法，能提出有创意的、独特的建议。	1. 尝试用一种或多种不同的方法解决简单问题。 2. 能够运用身边的材料和人等资源解决简单问题。	1. 在成人的引导下，尝试用合理的方法解决问题。 2. 尝试协调材料、人等多种资源解决相对复杂的问题。	1. 尝试运用所学的知识和方法解决相对复杂的问题。 2. 能够协调材料、人等多种资源解决相对复杂的问题。 3. 具有尝试用多种方法探索同一问题的意识和习惯。	1. 能够运用所学的知识和方法解决相对复杂的问题。 2. 在解决问题的过程中，感悟分析问题和解决问题的基本方法。 3. 能够用多种方法探索同一问题，并提出自己的建议。

（5）讨论五：预约活动2.0版活动迭代设计

通过双向调研，对原有的衔接活动分别优化，儿童的适应性在于激发其主动探究的意识，引领学生开展自主探索，主动发现问题、解决问题，初步形成解决问题的思路和路径，进而有多种路径的创意。

小学教研员表示，园校间"预约活动"迭代提升中的贯通衔接点聚焦儿童基于真实问题主动探索的过程是有切实依据的，在幼小衔接中，建立连续性的主题贯通的支持机制，形成幼小一个指标一个主题下螺旋式上升的、共同探索的贯通，才能共同设计更有效地支持儿童问题解决能力的方案。

幼儿园教研员建议从设计活动板块上进行统一，从简单问题到复杂问题，从熟悉环境到陌生环境，从一个解决路径到多不同解决路径，从借助外力协调资源到后续反思，表现性行为

1—4 的观察可以同步在园校间打通。

园校通过讨论确定从身心、生活、学习、社会四个维度出发，形成纵向衔接，围绕快乐愿望、师生畅谈、校园探秘、环境走访四个板块，目标协同、主题一致、内容勾连、进行衔接，架构预约活动清单。

在教研室指导下，园校在研讨中形成 2.0 版的设计方案。

表 3-3　幼小衔接 2.0 版"儿童主体角色探寻"的预约活动园校设计

指向目标	主题衔接	幼儿园	小学
身心	快乐愿望	幼儿用自己的方式绘制愿望，用录音标贴呈现愿望，教师用文字呈现幼儿愿望，便于小伙伴看到和听到，产生共同愿望，成为衔接活动的起点。	"小先生课堂"——在班级预约做一次"小先生"，示范讲解上课规范、课间活动、午餐自助、值日打扫等在校一日生活，培养自信、交往能力。
生活	师生畅谈	班级创设儿童会议室，每日固定会议时间，由幼儿组织参与共同话题的讨论，如：对每日饭菜的点评，参与膳食的制定。教师参与并进行关键话题记录。	"导师下午茶"——学生可以通过预约券，预约校长、导师、小伙伴等开展茶聚，在温馨的氛围中，围绕关键话题，边吃边聊，表达自己对新环境、新伙伴、新学习的感受。
学习	校园探秘	幼儿在幼儿园里开展"探险"活动，自己制作小地图，走遍幼儿园的角角落落，了解感兴趣的空间、走访喜欢的人物，培养幼儿在空间方位上的主动探寻行为，以儿童视角表达自己的体验、联系、判断、分享。	"预约课程"——学生预约自己喜欢的课程体验，开展跨学科主题项目活动，到陶艺室描摹校园一景，到创客车间领取学校 3D 校徽，到艺术中心学做一枚书签，到音乐教室唱一首歌，寻宝获得的 6 块拼图，趣味化凑成学校的校徽。
社会	环境走访	儿童预约开展衔接活动，去"另一个安庆幼儿园"——彭浦实验小学。	"校园探秘"——为幼儿园弟弟妹妹做一次小导游，根据学习地图，接受一次采访，介绍一处校园美景，认识一位老师，开展一次课程体验。

三、 研修反思

（一）多主体参与打造协同育人新通道

幼小衔接是一个生态系统，需要各个成员站好生态位，实现信息的有效交流与资源共享，确保整个生态系统持续稳健发展。同时，积极将家长和社区纳入其中，实现从单方努力走向多方共育，从单一视角走向多元综合的转变，形成新的教育成长生态。

（二）活力指标营造主题贯通新场景

围绕基于儿童主体发展的新环境、新伙伴的主动适应性研究，在"儿童主体角色探寻"预约活动中，园校间基于同一主题架构系列幼小衔接活动，从一个活动走向一个体系，从单一互访走向双向协同保障，以理念的协同性、框架的连贯性，工作的延续性，打造协同贯通的活动新场景，形成合力育人的新旋律。

（三）园校有效衔接保障儿童新发展

由多主体联合教研萌发的儿童"预约活动"迭代设计，依据幼儿身心发展特点，运用兴趣，建立交往桥梁；营造氛围，培养社交习惯；巧用游戏，丰富交往方式；善用语言，学会交往技巧；家园同步，增强交往能力。在活动中，对幼儿可能会产生问题，教师须仔细观察，及时引导幼儿解决问题，这些弥足珍贵的经历，对儿童的品格及社会交往能力的形成发挥了重要的作用。

今天，我们的多元主体教研活动是有收获的，能从双向的调研中抽离问题，聚焦儿童发展，寻求共同研究的主题，能聚焦贯通的活动实现幼小衔接一体化设计，在教研中，真正实现"计划同频、管理同轨、课程同构、研修同参、教师同济"的幼小衔接研究新样态。

（执笔：上海民办彭浦实验小学 范莉萍）

二、课程教学主题

（一）总体思路与现实价值

课程教学是坚持儿童为本，落实幼小科学衔接的主阵地，也是主题式联合教研的重要主题。开展基于课程与教学的联合教研，对促进儿童连续性发展，搭设幼小衔接"缓坡"，推动教师观念转型与教育教学方式转型具有积极的探索价值和意义。

历年来，区域教育整体发展坚持以"深化教育个性化"为基本理念，遵循儿童发展规律，深化课程与教学改革。随着中国学生核心素养颁布，以及上海推行绿色指标评价体系，以评价落实核心素养培育导向，推动区域深化教育改革成为区域高质量办学的重要思路。2017年起，区域教育立足发展定位和指向核心素养的教育个性化实践，研制"活力指标"学生评价体系。

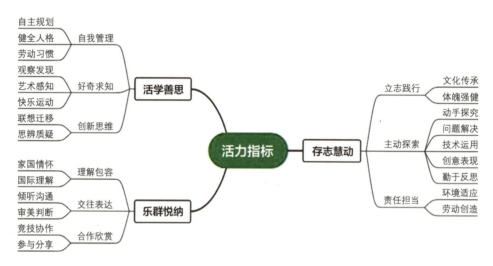

图 3-2 "活力指标"学生评价体系

"活力指标"聚焦儿童连续性发展，以核心素养为导向，以"活力"的内在机理与外在表现为依据，从思维、情感和行为三个层次形成活学善思、乐群悦纳、存志慧动3个一级指标和9个二级指标，研制不同年段、不同水平的描述性表现，进而构建区本化学生素养连续性发展的评价体系，在指导和优化学校与教师个性化、高质量教育服务的同时，也从实证层面为区域学生整体质量发展提供数据支持和改进依据，形成区域教育发展、学校管理与课程改革的新动能、新常态、新特色。

活力指标覆盖幼小全学段，为区域整体规划和落实幼小科学衔接提供了指向儿童关键能力连续性发展表现性指标的学理支持和实践基础。一方面，活力指标聚焦的关键能力与儿童身心、生活、学习、社会四个方面的入学适应与入学准备需要的能力发展高度融合。同时，活力指标覆盖幼小全学段，为儿童更长周期的连续性、整体性和可持续性发展提供教育指引和目标要求。另一方面，儿童入学适应和入学准备阶段因其发展阶段的特殊性，对儿童的具体发展目标、内容及其教育指导要求有一定的特殊性。在活力指标研究形成的目标指引下，基于实证的课程与活动设计与优化的策略路径，也有利于迁移和推动基层学校深化课程为核心的幼小科学衔接工作。

因此，区域确定"以学为中心"的课程教学联合教研总体思路，即依托区域教育"活力指标"评价体系，以儿童关键能力的连续性发展水平表现为目标依据，贯通教学设计、教学实施、联合教研及教研反思的全过程，坚持循证实践、方法互补、多样态创新联合教研形式，持续提升区域内各结对共同体课程与教学主题式联合教研品质。

（二）教研内容设计与内涵价值

课程与教学研究要立足上海幼小双线并进推进幼小衔接的基本样态——即小学以综合实践课程＋学科课程，幼儿园以一日生活渗透教育＋主题教育活动，以儿童关键能力的连续性发展水平表现为目标依据，紧密围绕学生"学什么""如何学""学得如何"，以及"如何支持儿童学习"等关键问题、关键环节开展联合教研，探索不同学段、不同课程、不同主题下儿童关键能力连续性发展的具体表现及其证据，探索支持儿童连续性发展的关键学习要素及教学应对策略、路径和方法，促进幼小课程教学的内涵衔接，提升幼小学段教师教育观念、方法和策略的有机衔接，形成幼小课程与教学深度衔接的新样态。

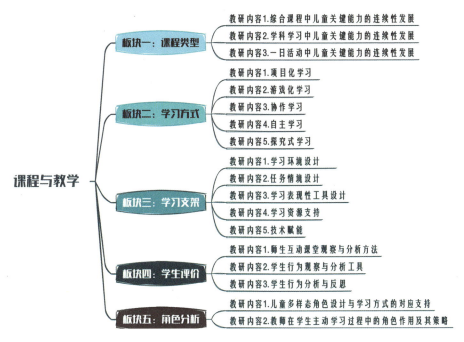

图 3-3 课程教学主题的教研内容设计

► 板块一：课程类型

内涵价值：对课程与教学形态和价值理解上的落差是幼小断层的现实问题，指向儿童关键能力连续性发展的联合教研，为尊重幼儿园和小学各自的课程载体，建立幼小教师教研对话提供了可能。通过探索不同类型课程培育儿童关键能力连续性发展的路径、策略和方法，一方面能够推动各园校指向儿童发展为本的综合实践课程的建设，增强小学段基础学科培育儿童关键能力发展的实践与创新；另一方面，也为进一步形成区域幼小衔接课程与教学的有效经验，增强不同结对共同体内部的课程互补与特色建设提供研究指向。

板块介绍：本板块立足幼儿园和小学在课程双线并进——即幼儿园的一日生活渗透教育＋主题教育活动，以及小学学科课程＋综合课程的推进样态，以指向儿童关键能力连续性发展为目标指向，探索不同类型的幼小课程支持儿童关键能力连续性发展的有效策略及路径。建议可以围绕幼儿园和小学幼小衔接联合教研的不同课程融合策略和路径开展研究：如综合课程中儿童关键能力的连续性发展；学科学习中儿童关键能力的连续性发展；一日活动中儿童关键能力的连续性发展等。

► 板块二：学习方式

内涵价值：对于什么是儿童的"学习"，从幼儿园阶段到小学阶段是存在明显的差异的。幼儿园的学习更注重儿童的主体性，强调儿童通过自己特有的方式与周围环境互动的过程，儿童的学习更受其年龄特征、认知特征、已有经验的基础以及身心发展的规律所决定。因此，对于幼儿园的儿童来说，"做中学""玩中学""生活中学"是其构建对世界的理解与认知的重要途径。然而进入到小学，基础学科的知识逻辑体系，决定了儿童需要逐步向正式意义上的学习迈进。而随着教育部义务教育课程方案和学科课程标准的出台，素养导向的课程与教学改革成为趋势，倡导"做中学""用中学""创中学"成为新课程凸显综合实践育人的重要导向。因此，加强幼小衔接关键时段多样态、综合性、实践性、探究性的学习方式联合教研，对于有效缓解儿童幼小学习方式转型的陡坡，丰富新课改驱动下学习方式的转型，具有更为现实和针对性的价值意义。

板块介绍：本板块立足儿童真实生活问题或相关情境任务，探索适合儿童以体验、探究、实践、游戏等方式，开展主题探究的学习方式设计、应用与效能分析。建议可以围绕幼小阶段支持儿童学习为中心的具体学习方式的应用及效能开展联合教研。如儿童项目化学习、游戏化学习、协作学习、自主学习、探究式学习等。

► 板块三：学习支架

内涵价值：学习支架，又称脚手架，是基于维果斯基的最近发展区理论形成的一种教学策略。幼小衔接阶段儿童的认知结构和经验基础还处于初步构建阶段，学习过程存在动态不稳定、受情绪影响较大等问题，同时，儿童又富有丰富的想象力、好奇心和发散性思维，也会体现出差异性的认知表达方式，因此，这一阶段的课程教学要更关注如何尊重儿童的认知特点和已有经验，呵护、鼓励并支持儿童自主建构与主动探究学习的过程，而富有表现性的学习支架，对于激活儿童的学习兴趣，支持儿童的主动探究与建构，降低任务探究的坡度和难度，呈现儿童丰富的个性学习经验具有非常重要的意义。对学习支架的设计、使用和分析，能够进一步帮助教师了解并掌握儿童的整体学习表现和个性特征，为可持续提供跟进的教育支持提供了实证依据。学习支架的类型又是丰富的。如各类表格、工具、情境、图示、技术等，支持儿童调查、记录、设计、反思、表达等多种学习活动的需要。学习支架的设计和选择，要符合情境任务以及儿童年段特征等，体现低结构与高结构的有机融合。

板块介绍：本板块主要探索学习支架设计与应用的一般原则或方法，分析不同学习支架与具体任务情境的适切度，以及如何结合学习支架分析学生的能力发展表现，并探索基于学习支架结果应用的教育支持策略等。建议可以研究从活动设计到活动实施过程中，支持儿童主动学习效能的各类学习支架。包括学习环境设计、任务情境设计、学习表现性工具设计、学习资源支持、技术赋能等。

【案例 2】

基于入学适应期儿童情绪表达与调节的"阅读+"研修行动
——以绘本《你感觉怎么样》阅读活动研修为例

上海市民办童园实验小学 上海市静安区延长路幼儿园

一、背景概述

（一）联盟体概况

该幼小衔接联盟体由民办童园实验小学与延长路幼儿园共同组成，属于主题式结对模式。两所园校都充分关注阅读对于学生终身发展的重要性。延长路幼儿园围绕着"让孩子们爱阅读、会表达、乐交往"的课程理念，立足幼儿园"基础+"课程，尝试将课程理念贯穿于幼儿园的一日活动中。上海市民办童园实验小学坚持文化育人，凝练了"读书明理"核心办学理念，将阅读从语文学科拓展到全面育人的"大阅读"，充分挖掘阅读的育人功能，将阅读与课堂教学、德育工作、学生活动紧密关联。

（二）"阅读+"研修行动的路径概述

以幼小衔接中入学适应期儿童情绪表达与调节及儿童素养发展目标为研修主题选择依据，开展以引导儿童阅读为抓手，在阅读活动中附加"共情""联结""探究"等多种策略，深化阅读成果，帮助儿童建立更加健康和稳定的情感基础。我们以"阅读活动设计—阅读活动实践—关键能力达成反思—阅读活动修正"为研修路径，推动建立幼小学段互通、内容融合的联合教研制度。

二、案例实施

（一）关键能力简述

情绪处理是指在面对困难和挑战时，通过心理调节和情绪管理技巧，有效控制情绪，更好地适应环境和生活。情绪处理是幼小衔接过程中一项重要且影响深远的关键能力，对幼儿能否顺利开展小学一年级的学习起着至关重要的作用。

（二）研修活动实施

园校教师依据"阅读活动设计—阅读活动实践（观察）—关键能力达成反思—阅读活动修正"的研修推进路径开展了实践活动。

1.阅读活动设计

（1）合适书籍遴选

"阅读+"研修的第一步是通过园校教师共同遴选合适书籍，解决儿童在幼小衔接阶段所面临的具体挑战和问题。因此，园校教师依据处于过渡阶段的儿童对情绪处理的真实需求，结合情绪处理的关键要素，选择绘本《你感觉怎么样》作为活动阅读书籍，为儿童提供具体的策略和建议，帮助他们顺利适应小学的学习和生活。

（2）衔接活动设计

幼儿园大班的儿童倾向于直接表达情绪，相对单纯且即时。小学一年级的学生则逐渐学会内化情绪，情绪反应也更为复杂。为了帮助儿童从幼儿园大班平稳过渡到小学一年级，园校教师共同设计了具有梯度性的目标与任务，在幼儿园大班的阅读活动中以引导儿童学会识别自身情绪，尝试接纳自己的不良情绪，初步形成调节情绪的意识为主。小学一年级的阅读活动则在已有基础上进一步引导儿童思考和表达情绪变化的原因，并尝试运用恰当的方法控制、调节情绪。

		幼儿园	小 学
活动主题		我是情绪的小主人	我是情绪的小主人
阅读内容		绘本《你感觉怎么样》	绘本《你感觉怎么样》
发展目标		1. 了解常见的情绪，思考不同情绪产生的原因。 2. 回忆生活经历，积极表达自己对各种情绪的感受，尝试接纳自己的不良情绪。 3. 初步形成调节情绪的意识，知道调节情绪的简单方法。	1. 能够感知与表达自己的情绪变化及原因。 2. 能够理解自己的不良情绪，尝试运用恰当的方法控制、调节情绪。 3. 能够在出现自己无法解决的消极情绪时寻求帮助。
创设情境		环境：师幼共同打造具有安全感的"一平方阅读角"。 材料：幼儿共同绘制"开心的二十种方法"。	想要和大猩猩成为好朋友吗？那就先来了解它，读懂它的情绪。
基于幼儿情绪处理问题的核心任务		你会用什么方式来调节情绪？	你会用什么方式来调节情绪？
解决问题	任务一	找一找：阅读绘本，发现大猩猩的情绪变化。	制订属于自己的阅读计划。
	任务二	想一想：观察大猩猩动作的变化，思考它的情绪为什么会发生变化。	借助绘本图片，复述绘本。
	任务三	说一说：你有过和大猩猩一样的情绪吗？	选择阅读共情处，创造性复述。
	任务四	试一试：请你支个招让大猩猩开心起来。	结合绘本阅读，学习表达情绪。
成果表达		分享"开心的二十种方法"。	分享自己情绪处理的小经验。

2. 阅读活动实践（观察）

以问题任务链的方式呈现学生活动，增加"观察员"角色，指向"情绪处理"这一素养的衔接，以帮助儿童顺利开展小学一年级的学习。通过研修，制定观察量表。

观察维度	具体表征	学生达成度
心理	1. 知道引起自己某种情绪的原因，并努力缓解。 2. 能随着活动的需要转换情绪和注意。	
倾听与表达	1. 在集体中能注意听老师或其他人讲话。 2. 愿意与他人讨论问题，敢在众人面前说话。 3. 能有序、连贯、清楚地讲述一件事情。 4. 别人讲话时能积极主动地回应，能依据所处情境使用恰当的语言。	
人际交往	1. 能倾听和接受别人的意见。 2. 能关注别人的情绪和需要，并给予力所能及的帮助。	
感受与欣赏	艺术欣赏时，能尝试用表情、动作、语言等方式表达自己的理解。	
迁移与运用	能在阅读情境下形成正向的迁移与运用，以解决生活中的实际问题。	

观察员（幼儿园和小学教师）：园校教师共同观察两节阅读活动课，记录学生的表现，以反思目标与任务设置的合理性、阅读活动设计的连贯性。

3. 关键能力达成反思

依据观察量表形成反思点。

反思点一：各年段目标与任务设置是否合理

园校教师共同分析了学生各维度指标的达成程度，发现对于幼儿园大班的儿童，目标设置相对基础，任务难度较低，需增加有挑战性的任务更好地引导儿童逐步过渡到小学学习生活。小学一年级的学习任务描述过于笼统，缺乏可操作性，学生在执行过程中感到迷茫，需将其分解为更具体的任务，以便学生清楚了解需要做什么，以及做到什么程度。

反思点二：活动设计是否体现幼小衔接梯度

园校教师共同分析了活动设计是否遵循逐步过渡原则，内容和难度是否呈现合理的梯度。考虑到教学方法应既符合幼儿园大班孩子的特点，又能为他们进入小学做好准备。因此，应该引入更多需要独立思考和自主学习的环节。同时，幼儿园的教学方法更游戏化、直观化，而小学的教学方法更理论化、系统化，因此，活动设计还需体现教学方法的逐步过渡。

4. 阅读活动修正

根据园校教师的联合观察与反思交流，在原有阅读活动设计的基础上进行修改。

	反思点	原任务	现任务
幼儿园	增加具有挑战性的任务。	找一找：阅读绘本，发现大猩猩的情绪变化。	演一演：阅读绘本，发现大猩猩的情绪变化，试着演一演，让同伴猜一猜。
	教学方法向理论化、系统化过渡。	想一想：观察大猩猩动作的变化，思考它的情绪为什么会发生变化。	想一想：观察大猩猩动作的变化、道具的变化，思考它的情绪为什么会发生变化。
	逐渐引入更多需要独立思考和自主学习的环节。	说一说：你有过和大猩猩一样的情绪吗？	说一说：你在什么时候有过和大猩猩一样的情绪？你是怎么处理的？
		试一试：请你支个招让大猩猩开心起来。	试一试：合作完成"开心的二十种方法"。用其中的方法让大猩猩开心起来。
小学	学习任务描述过于笼统，缺乏可操作性，任务需更具体。	借助绘本图片，复述绘本。	借助绘本图片，完整复述绘本内容，让听的人感受到大猩猩的情绪。
		选择阅读共情处，创造性复述。	选择阅读共情处，创造性复述，加入自己的表情、动作、语言。
		结合绘本阅读，学习表达情绪。	结合绘本阅读，学习表达情绪。说说如何用同伴分享的经验来解决自己的问题。

三、研修反思

1. 以真实问题为突破口，以"阅读+"研修行动为保障

"阅读+"研修行动巧抓在"阅读"方面的契合点，打破了幼儿园和小学之间的教育壁垒，共同关注入学适应期儿童情绪表达与调节的真实问题，在教学方法、活动设计和评价方式等方面达成共识，形成教育的连贯性和一致性，更好地在衔接阶段开展情绪调适，使儿童能够更平稳地从幼儿园过渡到小学。

2. 评价科学性保障的思考

研修过程中，园校教师根据《3—6岁儿童学习与发展指南》和儿童必备关键能力设计了观察记录量表，使教师精准了解幼儿在活动中能力的发展程度，为后续的分析评价和反思修正提供了依据，在研修过程中真实地促进了儿童关键能力的发展。因此，该量表具有一定的科学性。

为了更科学地促进儿童关键能力发展，在研修过程中可能还需要增加量表设计科学性思考的研修环节，可以通过教师访谈、学生调查问卷设计与分析等，进一步提高研修活动的质量。

（执笔：上海市民办童园实验小学　冯馨　沈艳）

▶ **板块四：学生评价**

内涵价值： 学生评价是依据学生发展目标，结合学习进程及学习结果的观测与分析，来认识并理解学生发展状态的重要方式。《3—6岁儿童学习与发展指南》指出，实施《指南》要遵循四条基本原则：关注幼儿学习与发展的整体性；尊重幼儿发展的个体差异；理解幼儿的学习方式和特点；重视幼儿的学习品质。幼小衔接阶段是儿童从自然人向社会人过渡的关键阶段，儿童发展是一个持续渐进，从量变到质变的过程，而每个学生既有发展的连续性和阶段性，又有发展过程中的个体差异。因此，幼小衔接阶段，要避免小学学科学习之后过于偏重知识能力维度的单一评价倾向，需要从儿童发展的角度思考评价什么、如何评价的问题，遵循真实客观和全面发展的原则，围绕发展目标及其表现，丰富观察、分析儿童的方式和方法，能够推动幼小两个学段以儿童为本的评价方式的互补和延续。

板块介绍：本板块主要比较幼儿园和小学针对学生评价的方法和路径的相似点和不同点，结合不同学段的学习任务及活动特征，探索指向儿童关键能力连续性发挥的评价指标、评价内容、评价方法及评价结果分析等方面开展联合教研。建议可以围绕针对儿童关键能力在学习活动中的具体表现进行观察、分析与评价的指标、工具及方法开展研究，包括师生互动课堂观察与分析方法、学生行为观察与分析工具、学生行为分析与反思等。

▶ **板块五：角色分析**

内涵价值：素养导向的核心在于学习方式变革，而学习方式变革的重要特征是强调综合性、实践性，强调基于真实情境下的问题解决。无论是幼儿园的一日生活情境或针对性的主题情境，还是小学的综合实践课程背景下的情境，或学科教学中的情境设计，都蕴含着促进儿童素养发展的教育价值导向。而真实情境下的学习，学生角色就成为具有特定社会属性和教育导向的研究话题。喜欢角色代入是幼小衔接阶段儿童身心发展的重要特征，符合儿童游戏化、生活化学习的心理动机需求；同时，对于儿童个体学习来说，贴合情境任务的角色定位，能够激活学生的内驱力和探究欲，以角色定位来帮助学生理解特定情境、特定角色的特定学习要求。对于团队学习来说，不同的角色分工，带来不同的学习内容和要求，能培养幼小阶段的儿童立足各自的角色分工开展协作，推动学习任务或问题解决的持续开展，帮助儿童思考协作学习中碰到的问题及问题解决，有助于为发展儿童的社会情感能力奠定基础。

板块介绍：本板块主要讨论不同任务、不同环节、不同学习方式背景下，儿童角色的设定，角色对学习过程的引导性、驱动性作用，儿童对角色的认同度和理解度，以及教师对儿童不同角色下的学习指导等。如：项目任务与儿童多样态角色设计的适应性研究；不同学习方式，特别是自主学习与协作学习下儿童角色的互补性设计；教师在学生主动学习过程中的角色作用及其策略研讨等。

三、入学准备 / 适应主题

（一）总体思路与现实价值

3—6 岁是为幼儿后继学习和终身发展奠基的重要阶段，也是为幼儿做好入学准备的关键阶段。依据《幼儿园保育教育质量评估指南》，以促进幼儿身心全面准备为目标，围绕幼儿入学所需的关键素质，在身心准备、生活准备、社会准备和学习准备四个方面开展主题教研。主题预设部分明确了与幼儿入学准备关系最密切的关键方面，主题内涵与价值部分明确了发展目标的价值，反映了对幼儿实现入学准备的合理期望。

（二）教研内容设计与内涵价值

儿童从幼儿园进入小学，过渡阶段涉及身心发展、生活习惯、社会适应以及学习能力等多个方面的转变。身心准备是幼小衔接的基础，良好的身体素质和心理素质至关重要。生活准备是幼小衔接的重要内容，小学的学习生活相比幼儿园更加规律和严格，孩子们需要具备良好的生活习惯和自理能力。社会准备也是幼小衔接中不可忽视的一环，进入小学后，孩子们将面临更为复杂和多元的社交环境，需要学会与不同性格、背景的同学相处。学习准备是幼小衔接的核心任务，小学的学习内容相比幼儿园更加系统和深入，因此孩子们需要具备良好的学习习惯和学习能力。这些准备工作将为孩子们顺利适应小学生活提供有力的保障，帮助他们更好地迎接新的挑战和机遇。

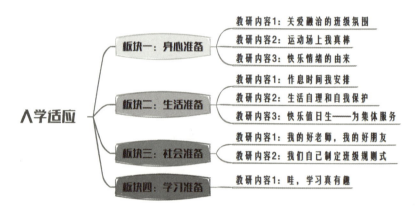

图 3-4　入学准备 / 适应主题的教研内容设计

▶ 板块一：身心准备

内涵价值：喜欢上学，是儿童入学适应的起点，积极的入学体验有助于儿童顺利开启小学生活。积极向上的情绪有助于儿童适应小学生活，面对新环境不紧张、不焦虑。

板块介绍：幼小衔接不仅是儿童从幼儿园进入小学的转变，更是他们身心发展的重要阶段。因此，身心准备是幼小衔接中不可或缺的一部分。这个板块将共同探讨营造温馨的学习环境，关注儿童身心健康的发展，值得一提的是，要从正面引导儿童建立积极快乐的情绪。

关爱融洽的班级氛围可以成为教研主题。进入小学后，孩子会面临新的环境、新的老师和新的同学，这些变化可能会让孩子感到不安或焦虑。教师需要从儿童视角出发，思考怎样的学校环境、班级环境的创设是儿童熟悉的、感到亲切的，需要耐心倾听孩子的想法和感受，创设新环境。

运动场上儿童对自我运动能力的感受，也可以成为教研主题。儿童需要具备良好的身体素质来应对各种挑战。教师需要注重儿童的身体锻炼，在幼儿园阶段就养成良好的运动习惯，为小学的学习生活打下良好的基础。

快乐情绪的由来可以成为教研主题。引导儿童自己建立快乐情绪显得尤为重要，这将有助于他们更好地适应新环境，建立自信心，让他们感受到生活中的美好和快乐。教师可以研究如何支持儿童做自己热爱的事情，为他们提供适合的学习资源和活动，让他们在自己喜欢的领域中感受到快乐和成就感，从而产生正面积极快乐的情绪。还可以引导儿童进行正面的自我评价、培养儿童的合作精神和团队意识等，让儿童学会积极面对生活中的挑战和困难，从而建立快乐的情绪状态。

【案例3】

基于幼小课程教学衔接的交互式联合教研机制探索
——以"C立方"主题教研为例

上海市静安区闸北实验小学明德校

上海市静安区延长路西部幼儿园

一、背景概述

实小明德校和延西幼儿园从2022学年开始，以"C立方"（即3个C，Cooperation——聚焦幼小合作联动，Course——聚焦课程教学衔接，Concentration——聚焦儿童专注力培养）为主题携手开展基于学生专注力培养和提升的幼小联合课程教学研究。以此及时解决儿童在入学准备和入学适应实践中凸显的课堂学习注意力不集中、专注力持续时间短的问题。因此，实小明德校和延西幼儿园基于《幼小衔接背景下支持儿童连续性发展评价指标》中二级指标下"专注坚持"这一维度，聚焦"儿童在入学准备和入学适应阶段的专注力培养和增强"。其目标是为了：

让儿童在游戏和活动中培养和增强专注力，平稳过渡从玩童到学童的转变；让教师在联合教研中提高教育行为适应性，支持儿童专注力的促进和发展；让园校双方完善优化课程衔接的质量，帮助儿童做好入学准备和入学适应。

交互式教研机制通过"横向整合同学段内不同学科的教师＋纵向联合不同学段的同领域教师"，围绕增强儿童专注力的课程教学衔接研究，开展理念、方法和资源的共享和交流，形成观摩式教研、同课异构教研、沙龙式教研和多主体伙伴共研等联合教研路径。提炼了"三维同频""三型并进""三基并重""三方三钥"的课程教学衔接策略。

二、案例实施

（一）设计准备阶段

"能够集中注意力、抗干扰地参与活动，遇到困难时能坚持不放弃"——专注坚持是儿童能够顺利从玩童到学童转变，从而具备活学善思学习品质的重要基础。在确立"C立方"主题之后，幼小首先从经验梳理和现状调研出发，找到幼小教育断层，锚定行动关键。开展幼小教师访谈，围绕两个阶段儿童年龄、班级情况、教学组织、教学内容、教学方式、教师语言、评价方式、学习环境等方面开展调查研究，形成了《大班幼儿与一年级儿童学习外部因素差异情况分析表》。随后，通过儿童舒尔特方格前测、儿童和家长的问卷调查等形式理清影响儿童专注力培养和发展的影响因素和现实基础，为幼小衔接课程的设计与实施提供依据和起点。

（二）课程融合阶段

1. 观摩式教研：承上启下的对接摸索，让课程软着陆

研究的初期，幼小确立了以个别化活动和小学主题式综合活动课程的设计与实施为依托，首先解决让课程软着陆，而不是"做加法"的问题。尝试以"四季之美"为内容开展课程教学衔接，进行儿童专注力的培养和提升，这样不仅可以和原有课程内容有机融合，还能通过联合教研互通教学内容与手段，做到幼小培养的"同频共振"——目标同频、内容同频、方法同频的"三维同频"。本阶段采用观摩式教研的方式，安排对方的教师进行现场观摩，并在课后及时和授课教师进行交流。

表3-4 幼小"四季之美"课程内容举例

	幼儿园（大班）	小学（一年级）	幼儿园（大班）	小学（一年级）
主题	我的地图书	寻找秋天	感受春天	我和春天有个约会

	幼儿园（大班）	小学（一年级）	幼儿园（大班）	小学（一年级）
目标	1. 仔细观察画面，发现每一幅地图的不一样，以及都和"我"有关联。 2. 在倾听和交流中，感受"我"的生活的有趣和丰富多彩，激发热爱生活的积极情感。	1. 了解秋天的变化，认识秋天。 2. 走入秋天情境，提升视、听能力以及专注力，延长集中注意力的时间。 3. 感受秋天是个美丽的季节，激发热爱大自然的情感。	1. 在多感官的体验中走近春天，了解春天。 2. 通过完成各项小任务，提升视觉、听觉及动觉专注力水平。 3. 体验春天的美好，感受对大自然的喜爱之情。	1. 了解春天，认识春天。 2. 走入春天情境，提升视、听能力以及专注力，延长集中注意力的时间。 3. 感受春天是个美丽的季节，激发热爱大自然的情感。
内容	1. 师幼共同阅读绘本《我的地图书》。（视觉专注力） 2. 通过教师的提问，快速地在画面内容中寻找答案，大胆地讲述自己的发现和观点。（听觉专注力）	1. 猜猜"我"是谁。（视觉专注力） 2. "我们"不一样。（视觉专注力） 3. 松果快快传。（动觉专注力） 4. 秋天的颜色。（听觉专注力）	1. 春天的美景。（视觉专注力） 2. 春天的乐章。（听觉专注力） 3. 春天的游戏。（动觉专注力）	1. 春之景。（视觉专注力） 2. 春之声。（听觉专注力） 3. 春之舞。（动觉专注力）
方法	集体教学活动／个别化学习活动	个人活动／小组活动	个人活动／小组活动	个人活动／小组活动

2. 同课异构教研：相互映照的全面衔接，让课程紧咬合

　　深入研究阶段幼小扎根国家课程开展语文、数学、体育健康等领域（学科）同课异构的教学研究，真正地将幼儿园和小学的教育教学以常规的视角加以科学衔接。语文领域（学科）围绕绘本《城里最漂亮的巨人》展开，虽然是同一个绘本内容，但是各自从语言领域和阅读理解两个领域设计长短课，用不同的学习活

动来培养和增强儿童的视觉和听觉专注力。又比如数学领域（学科）围绕"图形的分类"这一内容展开，体育健康领域（学科）开展了以"'目'浴阳光'绳'彩飞扬"为主题的室外运动类活动的同课异构教研。这三个领域（学科）的同课异构尝试，也正是对应了双方在联合教研中提炼出的领域（学科）综合型、学段衔接型、活动实践型这"三型并进"的同课异构类型。

（三）聚智汇力阶段

1.沙龙式教研：平等交流，共同探讨，相互启发

沙龙式教研旨在让幼小教师共同参与，共同分享在"C立方"主题落实过程中的经验和困惑。角色扮演、团建游戏……在这类更开放的教研形式中，我们也坚守"三基并重"的基本原则，通过分组和联组教研来不断增强教师对政策导向、对社会发展和对学生发展的敏锐力、学习力和执行力，即基于"双新"背景、基于社会发展需要、基于儿童成长需求来指导教育教学。确保联合教研的有效性和持续性，促进教师专业成长，推动学校之间的合作与发展，科学推进幼小双向衔接。

2.多主体伙伴共研：促进分享，共同研究，协同实践

随着幼小联合教研的不断深入，我们认为不仅是教师，家长，甚至要吸引儿童共同参与教研，从而形成"三方三钥"，即小学之钥、幼儿园之钥、家庭之钥的教研共同体，建立促进分享、共同研究、协同实践的教研形态。比如，幼小分别针对问卷调研和课程实施反馈，分别梳理撰写了面向大班和一年级儿童家长的《"助力幼小科学衔接　增强儿童专注力"倡议书》，希望借助家校合力，共同为儿童专注力的培养和增强助力。另一个系列活动是"家长小课堂"，幼小分别邀请了四位在培养和提升孩子专注力方面有方法、有经验、有成效的爸爸妈妈们通过"家长小课堂"来支支招，讲讲他们的育儿好方法。

三、教研记录

教研主题：课程衔接　双向互动

参与人员：实小明德校和延西幼儿园项目团队

主持：谢婧、陆瀛莉

教研目标：以"沙龙教研"的方式，交流"同课异构"的

设计思考，梳理增强儿童课堂专注力的相关教学策略。

教研准备：

1. 相关书籍：《3—6岁儿童学习与发展指南》《义务教育课程方案》

2. 集体教学活动：

（1）核心经验：根据图形片的颜色、形状、大小等特征进行分类。

（2）教案准备：小学数学课《分一分》、幼儿园数活动《打地鼠》。

教研过程：

回顾儿童专注力发展的四个特点：专注力持续时间逐渐增长、选择性增强、稳定性提高、转移性加强。

研讨话题：如何通过幼小课程活动的设计与实施，探寻衔接的关键点，培养儿童的专注力？

幼儿园思考：

1. 在个别化学习活动中增加内容的层次性与可玩性，提升幼儿的专注力时长。

2. 多感官的体验，设计动静结合综合性活动内容，提高幼儿的专注力稳定性。

3. 多元化的活动材料（实物类、操作类、整体环境等），增强幼儿注意力的选择性。

小学思考：

1. 运用教学材料，如"计数板"和"学习单"等，通过动手操作的机会延长专注力时长。

2. 课前准备环节（物质准备、经验准备）对教学活动的实施产生助力，能够加强注意力的稳定性。

3. 针对不同专注力水平的孩子给予分层指导，课程实施关注提问方式多样化、提问表述更开放、提问面更广泛，帮助儿童增强专注力的选择性。

四、反思成效

1. 强化教研主题

针对教研过程中发现研讨不够充分，围绕教研主题挖掘的深度不足的问题，幼小项目组将根据教研主题提供"话题思考""互动体验""研究足迹"等教研资料包，通过网络平台进行共享，帮助参与教师了解本次教研的背景和内容。通过共享资源的下载量了解关注度与参与度，从而强化教研主题，逐步形成序列化，并能够多渠道辐射幼小衔接项目组的教研成果。

2.优化教研形式

在实践中我们发现：现阶段的教研形式比较丰富，也较为开放。有观摩式教研、同课异构教研、沙龙式教研、多主体伙伴共研等，但是每一种教研形式在运用过程中的优势不够凸显，与教研工具使用之间没有建立明确的关联。因此，我们尝试针对现有教研工具在实践中进行运用及微调，并与不同的教研形式相匹配，便于参与者进行实践、思考、展示、分享，从而形成教研范式，让参与教师通过不同形式的教研体验得到专业提升。

通过近年来的联动教研，幼小科学衔接项目组之间分合有度、紧密协作，对幼小双方的课程架构、活动模式有了更多深度体验和亲身感受。有利于逐步增进了解、发现问题，形成互补，帮助教师形成正确的儿童发展特征与规律的衔接理念。支持儿童"专注坚持"这一关键能力的发展，优化幼小衔接课程质量，让幼小衔接产生更好的教育效果。

（执笔：上海市静安区闸北实验小学明德校　谢婧／
上海市静安区延长路西部幼儿园　陆瀛莉）

▶ 板块二：生活准备

内涵价值：在幼小衔接准备期中，儿童作息安排、生活自理、自我保护、劳动等活动不仅仅是培养儿童日常生活技能的途径，其更深层的意义在于搭建了一个帮助儿童平稳过渡至小学学习的支架，例如过程中那些生活习惯、独立自信的品质、面对未知挑战的从容和冷静的态度、责任与贡献意识养成……

板块介绍：小学环境中儿童活动的独立性和空间更大，儿童会遇到更多需要独立应对的生活问题。生活自理、服务集体等活动看似简单，但有助于儿童解决问题，进一步增强独立性和自信心。这个板块将讨论这些活动在儿童身心发展的关键时期如何发挥至关重要的作用，以及幼儿园和小学的教师如何重视这些活动的组织和实施，为儿童提供一个全面、均衡、有序的发展环境，帮助他们更好地适应未来的学习和生活。

小学的生活作息与在幼儿园完全不同，让儿童自己安排生活作息，能够养成自我管理的习惯。儿童如何合理安排作息时间，可以成为教研的主题。幼儿园教师可以让儿童有机会自己决定一些生活环节的做事顺序，小学教师更应鼓励儿童自己安排生活作息。通过自己安排作息，儿童能够逐渐摆脱对家长和老师的依赖，变得更加独立和自主。儿童需要对自己的行为进行自我监控以确保自己的作息计划能够顺利执行，这种自我监控的过程，就是儿童自我管理能力的发挥过程。

儿童逐渐从家庭走向学校，开始独立面对生活的各种挑战，培养他们的生活自理能力和自我保护意识显得尤为重要。幼儿园教师要思考，幼儿是否已经习惯了依赖家长和老师的照顾和保护，但在小学阶段，他们需要逐渐整理学习用品、进行时间安排、学习规避潜在危险等。从幼儿园开始，幼儿就应该养成良好的生活习惯，识别危险、避免伤害。

值日生工作需要儿童承担起一定的任务和责任，比如整理教室、照顾植物、帮助伙伴等。快乐值日生活动中，儿童为集体服务的意识和能力有没有养成，能力有没有增强？这样的教研主题是贴合儿童成长需求的，也能为教师提供了解儿童的途径。幼儿园教师应为衔接阶段儿童创设为集体服务的机会，学会对自己的行为负责，并感受团队合作的重要性。小学教师可以通过值日生工作建立儿童的自信心，赞赏他们解决问题的能力。当儿童面临各种挑战和困难时，他们学着处理同学之间的矛盾、尝试着解决问题的过程应该被老师看到，老师通过肯定、鼓励，可以帮助儿童建立信心。

【案例4】

指向儿童关键能力连续性发展的贯通式研修机制
——以"课间十分钟"联合教研为例

大宁国际幼小衔接联盟体

一、背景概述

（一）联盟体概况

大宁国际幼小衔接联盟体由上海市大宁国际小学教育集

团、上海市大宁国际幼儿园教育集团及区域内部队幼儿园——上海市绿岛幼儿园共 6 所幼儿园、2 所小学共同组成，基本覆盖大宁国际社区幼小教育，并辐射周边。

（二）贯通式研修行动路径

"贯通式研修"，是以区活力指标儿童连续性发展为目标指引（目标贯通），以联盟体"小宁—大宁"主题式综合实践课程群为内容载体（内容贯通），以活动"设计—实施—观察—分析—反思—优化"为基本路径（方法贯通），以幼小教师结对研究为主要形式的一种联合教研机制。

（三）主题遴选

"课间十分钟"对应幼小主题式联合教研机制"入学准备主题"中的生活准备板块，是以课间十分钟作息表的制作与优化为抓手，落实儿童自主规划力连续性发展培养的贯通式研修典型案例。

二、案例实施

（一）关键能力

自主规划力是指个体能够独立地设定目标、制订计划、组织资源、监控进程并调整计划以达到目标的能力。通过发展儿童自主规划力，让儿童逐步学会管理自己的时间和行为，增强儿童自我管理和自我调节能力，可以帮助儿童从入学准备更好地走向入学适应，将"陡坡"放"缓"。

（二）设计流程

1. 提炼自主规划力的观测指标

解读区域"幼小衔接背景下支持儿童连续性发展评价指标"，自主规划主要表现在时间意识、合理安排能力以及制订计划经验。

2. 主题遴选

（1）课程维度："课间十分钟"是幼儿园"我要上小学"主题活动之一，也是小学低年级主题综合实践课程的重要内容，并在小学道德与法治教材中有相关内容。

（2）学生维度：课间活动是学生自主休闲时间，蕴含丰富的游戏、交往、冲突等话题，具有现实意义。让儿童经历从畅想"课间十分钟"到实践反思"课间十分钟",有利于增强儿童时间管理、合理安排以及计划制订等能力,体现自主规划力的连续性发展。

表3-5 幼小衔接背景下支持儿童连续性发展评价指标

幼小衔接背景下支持儿童连续性发展评价指标							
一级指标	二级指标	三级指标	指标阐释说明	观察行为表现			
				表现性行为1	表现性行为2	表现性行为3	表现性行为4
生活准备	自我管理	自主规划	知道健康生活的基本常识与要求,能在成人指导下制定并遵守有目标、有内容的学习生活安排表。	1.每天能按时起居,坚持午睡,保持11小时左右的睡眠时间。 2.不偏食,不挑食,不暴饮暴食。 3.知道保护眼睛的简单方法,在提醒下连续看电视等时间不超过20分钟。	1.每天能按时起居和午睡,保持11小时左右的睡眠时间。 2.进食时能细嚼慢咽。 3.主动保护眼睛,会运用保护眼睛的方法,在提醒下连续看电视等时间不超过30分钟。	1.每天能按时起居,坚持午休,保持10小时左右的睡眠时间。 2.有序取餐,安静进食。 3.初步学会眼保健操,课间认真跟做。 4.在引导下,初步尝试安排课间时间,偶尔完成独立如厕、喝水等。 5.在引导下,初步尝试课前准备,摆放课本和学习用品。	1.每天能按时起居和午休,保持10小时左右的睡眠时间。 2.在引导下,帮忙教师分餐,初步学习餐桌礼仪。 3.能够熟练完成眼保健操。 4.能够合理安排课间时间,顺利完成如厕、喝水等。 5.熟练做好课前准备,摆放相应课本和学习用品。

3. 核心活动设计

表3-6　幼儿园方案

项目名称		课间10分钟，我想做什么？
发展目标		1. 初步了解小学学习生活，能主动探索感兴趣的内容，敢于坚持与别人不同的意见并说出自己的理由。 2. 能对自己做的计划、事情和结果进行回忆，做出简单的分析，并愿意做适当的调整。
创设的情境		1. 环境：师幼共同创设梦想中的小学课堂，模拟小学生活。 2. 材料：师幼共同收集小学课堂所需物品。 3. 资源：与大宁国际小学双向联动，参观小学、采访一年级学生和教师、观摩课堂等。
基于幼儿问题的任务		课间10分钟，我可以做什么？
解决问题	探究行动一	1. 采访哥哥姐姐、家长等了解小学生活。 2. 梳理信息，基于感兴趣的内容制作小报。 3. 分享交流，幼儿根据各自兴趣组成探究小组。
	探究行动二	课间十分钟组：探究合理安排课间10分钟内容。
	探究行动三	收集幼儿在小组探究中遇到的问题，开展集体活动"课间10分钟，可以做什么事"，帮助幼儿解决共性问题，梳理经验。
	探究行动四	幼儿再次回到小学，向小学哥哥姐姐反馈自己调整后的计划和实施过程，并进行调整反思。
成果表达		课间10分钟计划1.0——3.0

表3-7　小学方案

主题	课间10分钟，准备做什么？
发展目标	1. 尝试合理安排课间10分钟，能做简单的计划，并定期记录计划完成的情况。 2. 能在实践过程中发现问题并想办法解决，体验合作和发现的乐趣。 3. 在多次修正、实践中逐步内化课间休息的规则，能够合理、有序、快乐地安排不同时间长度的课间时段。

续 表

			阵地
创设的情境		走廊里陈列了幼儿园大班时候小朋友们畅想的课间十分钟的各种规划设计图,学生们通过观摩、欣赏和反思,思考:"幼儿园时候制订的课间十分钟的规划方案,到了小学阶段是否能够实施呢?是否有什么新的变化?"	
基于儿童问题的任务		课间10分钟准备做什么?怎么做?	
解决问题	探究行动一	回顾和思考 1. 回顾幼儿园时设计的课间10分钟计划。 2. 对照入学后的经历,发现原先设计合理、不合理的地方。 3. 投票:哪些事情是需要在课间去做的?	主题教育课
	探究行动二	修正和实践 1. 交流:进入小学后,课间十分钟准备做什么? 2. 制订课间十分钟计划表。 3. 计划表展示在走廊中的展板上,供相互探究。 4. 尝试按照计划安排课间活动。	主题班会课 主题教育课 课间十分钟
	探究行动三	记录和反思 1. 不定期记录计划完成的情况。 2. 讨论:哪些事情我能够按照计划去做?哪些事情不能够按照计划去做?是什么因素影响了计划的实施? 3. 思考:课间十分钟,应该怎么安排?	主题教育课 跨学科活动
成果表达		形成一份修改过、可操作的计划表。 能够合理安排课间时间,减少课上去厕所、课间打闹等行为。 会在课间玩一些适合的游戏,并遵守规则。	

(三)活动实施

幼儿园

· 幼儿的问题:课间十分钟可以做什么?

活动初期,孩子们提出问题:课间十分钟可以做什么?教师通过组织幼儿开展实地调查、采访小学生等活动,鼓励幼儿进行相关信息收集,根据所收集的信息制订"课间十分钟计划1.0"。

● **幼儿的问题：课间十分钟计划怎么安排？**

通过对大班幼儿课间十分钟计划的观察，发现孩子们普遍的问题表现为：活动内容零散、活动安排无序、时间概念薄弱等。

教师结合探究过程，帮助孩子聚焦计划中的要素："内容安排"（课间十分钟可以做哪些事？）"先后顺序"（先做什么后做什么？）"时间分配"（十分钟怎么分配？），理清计划制订的思路，并制订"课间十分钟计划2.0"。

● **幼儿的问题：我的课间十分钟计划可行吗？**

教师鼓励幼儿对2.0计划先在幼儿园里进行尝试，然后在参观小学的时候询问哥哥姐姐们的建议，通过互动交流，调整并形成3.0计划。

小学

【第一轮】

开学两周之后，孩子们产生新困惑：该怎么合理安排课间十分钟呢？孩子们带着新的任务开始第一轮"课间十分钟"计划设计。很多孩子对事情排序进行了调整，把自己认为重要的事情放在前面，例如：如厕、喝水、做课前准备。

【第二轮】

根据计划，孩子们开展第二轮实践。为了让孩子们更直观地感受时间，有的班主任在班里设定了小闹钟，提醒学生做好一件事别忘记看看花了多少时间。有的班主任给学生提供了便签纸，让他们及时记录自己的心得或改变。

一周过得很快，孩子们又修订计划。他们不再采用线条式设计，而是选择板块式。他们会把必做的事情写下来，留出一段空白、机动的时间，增加课间活动的灵活性。他们还会根据学习和自身情况，调整课间活动的顺序：例如体育课后先洗手、喝水；一小时的大课之后，上厕所成为他们首先要做的事。

【新思考】

计划中灵活的机动时间会如何去安排呢？玩是大多数学生的选择。

玩什么？怎么玩？教师组织了一次跨学科学习。由道德与法治老师和体育老师共同参与，带着孩子们寻找课间十分钟玩的秘密。

孩子们有了新的发现：讲秩序，懂谦让的课间游戏，能玩得开心；大胆说出自己的想法，包容不同的意见，会让游戏玩得更顺利。

（四）联合研修记录

主题：双向锚点，研读儿童——指向儿童关键能力连续性发展的贯通式研修。

参与人员：市教研室小幼教研员、区教育局行政、区教育学院教研室、区幼小衔接试点校代表、大宁国际联盟体教师代表等约50人。

主持：邵苓苓　陈婷婷

教师：上海市大宁国际小学教育集团的邵苓苓（道德与法治）、许锃（体育）、张菁（数学）、王锦雯（道德与法治、班主任）、上海市大宁国际幼儿园教育集团的陈婷婷、张唯、吴倩、王丽雯

教研记录：

❖ 回顾自主规划力的观察点：时间意识、合理规划能力及制订计划的经验。

❖ 话题1：儿童的自主规划能力具体表现在哪里？

幼儿园：

对比同一个孩子的3.0计划和1.0计划。发现了变化：

1. 他能用数字表示顺序、用圆点表示时间长短。

2. 对于课间十分钟想要做的事更有逻辑、更为合理。

3. 表达方式从原先的混合在一起的图画，到后面的表格式计划，能看到学生对课间十分钟要做的事情安排有先后顺序的意识了。

小学：

1. 孩子们能借助一些小支架，如"倒计时"和"便利贴"等，及时发现并记录原计划中的问题，并修改自己的计划。

2. 对比同一位小朋友在幼儿园和小学阶段制订的课间10

分钟计划，在表现形式上和幼儿园有了很大的不同。这次她已经把课间十分钟作为一个整体，通过饼图来规划自己事情安排，表达完整性凸显，并且能用扇形面积的大小来表达不同事情的安排时长。

❖ 话题2：教师如何提供教育支持？

小学：

策略一：配备游戏角等活动场所和器材，支持学生体验课间游戏的需要。

策略二：利用跨学科联动，利用课堂主阵地，聚焦解决学生真实问题。比如课间游戏涉及规则、安全、交往、健康等话题，小学道德与法治学科联动体育学科开展一次跨学科联合教学。道德与法治学科从问题及思辨出发，引导学生体验与反思，得出如何好好玩的策略。体育学科从健康视角建立游戏和健康之间的关系。数学学科建议可以在游戏规则中渗透数的应用。

策略三：挖掘主题综合实践课程的针对性实施。

小学设立"探秘微笑校园"适应教育主题月，各学科要落实入学适应要求，降低学科知识的坡度，增强儿童实践、体验、探究的学习过程设计。

幼儿园：

策略一：把握契机，一日活动融合渗透。

幼儿园的一日生活皆课程，幼儿可以实践"自主规划"的机会有很多，我们也能从不同的活动中看到幼儿的"自主规划"能力。同时，在一日活动中老师需要给予一定"留白"的时间，鼓励幼儿自主规划。

策略二：情境创设，萌发经验生长内驱力。

利用幼儿园模拟的"好小宁"小学的探究环境，支持幼儿进行"课间十分钟"初体验。通过模拟课堂的游戏体验和小学的再次采访，来验证幼儿计划实施的可行性。

策略三：问题驱动，发挥合理安排的能力。

走进小学进行现场采访和优化，能够支持幼儿发现问题，调整计划。教师通过问题驱动，引发幼儿思考，同时提供柔性支架：支持幼儿不断反思验证的想法；适时引导幼儿质疑，增强幼儿的反思评价能力。

三、成效反思

首先，落实了联盟体设计的"目标确定——活动设计——实施观测——反思教研"的路径。同时活动设计表、教研记录表、教师反思表等得到应用，体现规格导向。

其次，课间十分钟主题切口小，但话题资源丰富，为后续联合教研的主题选择提供参考。

再次，从活动设计到活动实施，联盟体之间有分有合，密切合作，有针对性地开展观察和教研，也生成了许多新的研究点，如学习环境、教学策略、学生评价等。

通过本次教研，联盟体认为下一阶段需要继续就课程载体建设、课堂活动组织方式、儿童行为观察，以及非正式学习中的儿童学习等话题开展互补研修。

（执笔：上海市静安区大宁国际小学西校　朱建飞／

上海市静安区大宁国际幼儿园　陈婷婷）

▶ **板块三：社会准备**

内涵价值：良好的人际交往能力，能帮助儿童熟悉老师、结交伙伴；认同所在的班级，感受集体生活的快乐，逐步融入小学生活。儿童具有明确的规则意识、较强的执行规则的能力，有利于适应并遵守新的班规、校规，逐步融入集体生活。

板块介绍：在幼小衔接的入学适应阶段，建立对新老师的认可是入学适应阶段的关键一步。这个板块将共同讨论如何更有效地帮助适应期的儿童建立对新老师的认可、获得新朋友，以及理解和遵守班级规则等内容。

小学班主任老师是儿童进入小学接触的第一个重要人物，授课教师也是儿童特别关注的重要人物。教师的态度、教学方法和个性特点都会对学生的适应过程产生深远影响。老师也可以成为儿童的好朋友，这样的教研主题非常有意思。小学教师需要建立和蔼亲切的教师形象，帮助幼儿在新环境中找到归属感。在新的环境中，与同龄人建立友谊，可以帮助儿童缓解焦虑和压力，小学教师要为儿童创造结交新朋友的机会，鼓励儿童积极展示自己的特长和兴趣，从而吸引更多朋友。

班级规则是维护班级秩序和纪律的重要保障，以往班级规则都由教师制定，对儿童来说，这些陌生规则可能是无法理解的。小学老师可以在制定班级规则时听听儿童的想法，鼓励儿童参与讨论，让他们表达自己的意见和建议。儿童自己制定班级规则可以吗？建议尝试选择这样的教研主题。这不仅可以增强儿童的归属感，也有助于他们更好地理解和遵守班级规则。同时，班级规则的制定也需要考虑学生的年龄特点和个性差异，确保规则既具有约束力又具有一定的灵活性。

▶ **板块四：学习准备**

内涵价值：在传统的教育模式下，儿童往往处于被动接受知识的状态，缺乏主动思考和探索的机会。而激发学习兴趣和培养主动学习能力，能够让儿童成为学习的主人，积极参与探索过程，激发创新精神和实践能力。快速发展的信息时代，学习不再是简单获取知识的过程，更是一种自我提升和持续发展的能力。只有儿童对学习产生浓厚的兴趣，才能主动探索、积极求知。只有具备主动学习能力的人，才能在不断变化的环境中持续学习、不断进步。

板块介绍：幼小衔接是教育过程中的一个重要阶段，它标志着儿童从幼儿园的自由游戏、探索式学习转向小学的规范化、系统性学习。这个板块将探讨如何激发儿童主动学习的意愿，培养他们的学习兴趣。儿童天生好奇好问，好奇心、求知欲有助于儿童主动学习。在教研中研究如何激发儿童的学习兴趣是不错的选择，由此来发现儿童入学后主动学习、积极适应的内在动力。小学教师需要了解儿童主动探索，发现学习的兴趣导向作用，根据儿童学习特点，设计具有挑战性和趣味性的体验性教学，运用多样化的学习内容和形式，如游戏、故事、实验等，吸引儿童的注意力。同时，教师应鼓励儿童尝试不同的学习方式和方法，培养他们的多元智能，引导儿童积极参与，发现问题，解决问题。

第三节　幼小主题式联合教研的形式

在幼小衔接的过程中，区域幼儿园和小学不断探索并实践着丰富多样的主题式联合教研形式，如同课异构教研、观摩式教研、多主体伙伴共研、教师沙龙式教研（工作坊）等。这些形式不仅有助于加强幼儿园与小学之间的紧密合作，更能有效地促进幼儿平稳过渡到小学阶段，为其未来的学习和发展奠定坚实的基础。

一、跨学段同课异构教研

跨学段同课异构教研，就是小学教师与幼儿园教师共同选择同一领域，如：幼儿园故事活动和小学语文课、幼儿园思维活动与小学数学课、幼儿园户外种植类活动与小学自然课、幼儿园运动活动与小学体育课等，通过联合教研进行活动设计，通过教学实践，再以联合教研的形式共同反思、分析、探讨，不断优化活动设计，坚持儿童为本，注重儿童在前、教师在后，引发儿童的主动学习。

操作提示

1. "同课异构"活动设计应从儿童立场出发，以游戏为基本手段开展活动。游戏是幼儿最基本的学习方法，也是幼儿获得发展的最基本途径，因此同课异构活动应根据幼儿学习的特点，注重游戏化、生活化的学习方式。

2. 同课异构中的教师作用是需要被重点讨论的。教师是儿童学习的支持者、引导者和合作者……

3. 同课异构要注重儿童已有经验，虽然不同年龄段存在教与学的差异性，但是只有提前充分分析儿童的已有经验、学习特点，充分分析教学方法的适宜性，同课异构才能取得好的效果。尤其关注，幼儿园的教学不是超前学习知识，应坚持去"小学化"。

幼小衔接视角下幼儿园与小学的"同课异构"尝试，能够促进两个阶段的教师建立理念、研究儿童、重新梳理教学思路、促进研究交流、为幼小衔接架构切实可行的桥梁。

二、观摩互访共记录式教研

观摩互访共记录式教研，是为了让幼儿园教师和小学教师更加直观地感受与体会两个学段间儿童学习方式、教学方式的特点，幼儿园教师和小学教师组成双师团队，相互观摩，使用相同的观察工具，自由收集信息并通过联合教研，让教师在互动反思的过程中促进理念实践上的衔接。

操作提示

1. 把握最佳互访时间：每年5—6月毕业季和每年9月开学季都是开展互访教研最佳时机。5—6月毕业季，小学教师到幼儿园实地观摩，与幼儿园教师使用相同的观察工具，观察儿童入学准备情况；每年9月开学季，幼儿园教师到小学进行实地观摩，与小学教师使用相同的观察工具，观察小学新生入学适应情况。针对儿童入学适应的内容及实施策略是否适宜，进行研讨和优化。

2. 针对幼小衔接阶段儿童的身心适应、生活环节、教学活动、社会交往等四类活动共同选择或设计观察点，确定观察方式，设计记录工具，开展追踪观察。便于收集5—10月间幼儿在不同环境中的发展变化的信息。幼儿园和小学教师使用同样的工具来记录，实现教研对话。

三、多主体伙伴式教研

多主体伙伴式教研主要是针对不同的研究主题，有机整合与儿童入学准备与入学适应相关联的主体开展的伙伴互助式教研。我们认为，科学的幼小衔接需要始终关注儿童从幼儿园到小学整个衔接阶段中不同时期的不同心理、需求和问题，提供高质量的教育，帮助儿童实现顺利过渡。专家、教师、家长甚至儿童自己构成多主体，共同参与教研旨在加强多方不同角度的沟通，共同探讨如何更好地促进幼儿的顺利衔接。

操作提示

1. 了解来自不同角度的真实想法，聚焦共性问题。可通过访谈、问卷调查等方式对新学期大班入学准备和一年级新生的家长、教师和儿童开展入学适应的情况进行调查，教研中共同分析调查结果，从而确定本次教研关注点。

2. 伙伴教研的方式很多，例如记忆中的典型故事、你问我答抛接问题、情景表演换位思考……过程中需要将儿童立场、儿童视角放在首位，链接现实课堂、反思现下教育，引导家长、教师倾听儿童、理解儿童。

3. 专家多维引领抓住关键，可以根据需求特邀幼教教研员、小学教研员、儿童保健教师等各领域专家进行现场对话，从学前教育、小学教育、儿童身体发育等方面进行多维度的解析，理解儿童的身心适应过程。

四、沙龙式联合教研

沙龙式教研形式是一种轻松、自由、开放、互动的教研方式。它强调参与者的平等交流、共同探讨、相互启发。在幼小衔接的沙龙式教研中，双师团队共同参与，共同分享在幼小衔接过程中的经验和困惑。

操作提示

1. 沙龙式教研可采用多种交流方式，如小组讨论、角色扮演、案例分析等。这些方式不仅能够激发教师的积极性，还能够促进深入交流。在小组讨论中，教师可以针对某个问题展开激烈的讨论，共同探讨解决方案；在角色扮演中，教师可以模拟幼儿和小学教师的交流场景，从而更好地理解彼此的需求；在案例分析中，教师可以分享自己在幼小衔接中的成功案例，从而激发其他教师的灵感。

2. 沙龙式教研不适用于对宏观或理论问题的讨论，教师应该充分考虑儿童的实际需求和教育目标，确保活动的针对性和实效性。建议结合衔接阶段儿童生活学习中发生的具体问题做切片研究。幼小双方教师要在协同教研中转变身份，从参与教研活动的客体转为研究者的身份卷入研究活动，开展观察与讨论，并以观测和记录的信息为证据，共享信息便于深度交流。主题选择应注重实践应用，通过具体的活动和案例来引导教育工作者和家长们更好地理解和应用相关理念和方法，促进交流合作。

…………

通过加强联合教研意识、优化主题选择、丰富活动形式与内容、提升教师专业素养和提高家长参与度等改进措施，加强幼儿园与小学之间的联系，为幼儿提供一个平稳、愉快的过渡环境，帮助幼儿顺利适应小学生活，同时，促进幼儿园和小学的教育教学质量，为孩子们的全面发展奠定坚实基础。

第四节 幼小主题式联合教研的反思行动

一、架构主题式联合教研团队

合理架构主题式联合教研团队，确保主题式联合教研活动有序开展，有效推动幼儿园与小学之间的合作，为幼儿顺利过渡到小学生活提供有力支持。同时，在实际操作过程中，各相关人员需充分发挥自身优势，密切合作，共同为幼小衔接工作贡献力量。

1. 区域层面：区教育局学前教育科、小学教育科及区教育学院教研室——组建区域幼小衔接联合教研中心组，完成区域主题式联合教研顶层架构，建立区域联合教研推进机制，完善区域联合教研评价机制。

2. 学校层面：幼儿园园长与小学校长——建立教研机制，共同进行教研计划顶层设计，协调幼儿园与小学之间教研合作关系，推动幼小衔接工作的顺利进行。

3. 教研团队：幼儿园与小学分管领导、教研组长——制订教研计划，开展教研前期调研，组织教研互动、互访、交流，参与幼小衔接各项活动的设计与实施，开展教研效果调研与反馈。

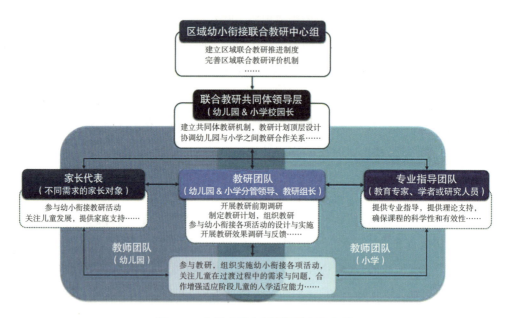

图 3-5　主题式联合教研团队组织架构

4. 教师队伍：幼儿园、小学教师——参与教研过程，组织实施幼小衔接各项活动，关注儿童在过渡过程中的需求与问题，合作增强适应阶段儿童的入学适应能力。

5. 家长代表：不同需求的家长对象——参与幼小衔接教研活动，关注儿童的心理适应能力、学习习惯和自主学习能力等方面的培养，为儿童的成长提供家庭支持，保障幼儿顺利过渡。

6. 专业指导团队：教育专家、学者或研究人员——为幼小衔接教研活动提供专业指导，深入研究幼小衔接领域的前沿动态，为教研活动提供理论支持，确保课程的科学性和有效性。

二、建立联合教研保障制度

1. 组织保障：成立区域联合教研领导与保障小组，对联合教研的实施过程进行监督和评估，负责推进教研评价工作的组织和实施。确保各项措施得到有效执行。

2. 制度保障：建立幼小学段互通、内容融合的联合教研制度。定期组织联合教研会议，及时总结经验和教训，调整和改进教研计划。

3. 资源保障：设立区、校两级资源保障系统，区级资源由区域幼小衔接联合教研中心组全面负责协调，提供教学、培训、活动等资源保障；校级层面由联合教研共同体负责人为第一责任人，负责统筹协调各方资源，为联合教研工作提供必要的资源和支持，如人力、物力、财力等，确保计划的顺利推进。

4.激励保障：将联合教研活动分别纳入园校教育课程计划，鼓励教师积极参与联合教研；将教研成果纳入个人考核和评价体系，评选优秀教师奖、优秀教研活动奖。

三、开展联合教研效果评价

构建"主题式联合教研"评价框架，创新联合教研的评价机制，确保联合教研活动的有效性和持续性，提升教学质量，促进教师专业成长，推动学校之间的合作与发展，科学推进幼小双向衔接。

表3-8　联合教研效果评价表

评价板块	评价内容（思考点）	评价方式	评价提示
沟通与准备	在联合教研过程中，是否充分沟通了各自的教学理念、方法和经验？是否积极合作，共同解决问题，分享资源？……	观察记录访谈	在联合教研前，提前了解各参与方的需求和期望，明确教研主题和目标。在教研过程中，鼓励教师积极发言、提问和分享，建立良好的互动氛围。同时，加强与其他教研团队的交流与合作，共同提高教学水平。
目标与效果	设定的联合教研目标是否明确、具体？是否达到了预期的效果？是否有效解决了衔接过程中的问题？是否有明确的成果？这些成果是否有效，并能够被其他教师复制和推广？如果没有，原因是什么？……	观察记录访谈过程性证据	在联合教研前，明确教研目标和预期效果，确保各参与方对目标有清晰的认识。教研结束后，对目标达成情况进行评估和总结，分析原因并制定改进措施。（收集参与者对教研活动的反馈意见，了解其对活动的满意度、存在的问题以及改进建议。分析反馈意见，找出教研活动中的不足，制定改进措施，为下一次教研活动提供参考。）
参与与投入	是否能够吸引大多数教师的参与？教研活动中教师的互动、交流以及合作是否达到了预期的效果？是否促进了教师的教学水平和专业素养的提高？……	观察记录自我评估	统计参与教研活动的人员，分析参与者的积极性与投入状态以及合作态度。观察教研活动的组织和实施过程，评估活动的组织是否高效、有序。

评价板块	评价内容（思考点）	评价方式	评价提示
组织与管理	联合教研的组织和管理工作是否到位？是否存在流程不清晰、责任不明确等问题？教研活动是否能够持续进行，各校之间的合作是否可持续？……	访谈、问卷过程性证据	完善联合教研组织和管理制度，明确各参与方的职责和任务。分析影响教研活动持续性的因素，并提出相应的解决方案，制定详细的教研流程和时间安排，确保活动顺利进行。同时，加强对教研成果的收集、整理和推广工作，让更多人受益。

　　通过实施主题式联合教研激励保障行动，积极探索联合教研模式和方法，不断优化联合教研的质量和效果，提升教师的专业素养和教学质量。

第四章／

幼小教师跟岗交流机制

区域鼓励幼儿园和小学结对共同体探索与实施幼小衔接跟岗交流机制，旨在打破不同学段教师间的壁垒。该机制通过让教师跟岗学习，亲身体验其他学段的教学环境和儿童特点，提升他们对幼小衔接所需教育教学水平的理解和把握，帮助教师更精准地根据儿童的年龄和个体差异，采用适宜的教学策略，激发儿童的学习兴趣和主动探索精神。同时，这一机制也有利于促进跨学段、多学科教师间的交流与学习，增强彼此间的理解和合作，为儿童的持续成长与发展提供坚实支持。

第一节　幼小教师跟岗交流的内涵与现状

理清区域幼小教师跟岗交流的实践内涵以及区域实践的现状分析，对于进一步优化交流机制有着积极的作用。

一、幼小教师跟岗交流的内涵

幼小教师跟岗交流旨在促进跨学段、不同学科的教师相互学习，共同提升幼小衔接的教师素养。根据跟岗交流的目的、内容、步骤、保障措施，在区域内促成跟岗结对的联盟体，形成幼小衔接教师跟岗交流机制，以此增进跨学段教师间的相互了解与合作，形成教育教学的合力；提升教师的幼小衔接素养，促进教师个人专业的成长；传递先进的教育教学理念和方法，推动幼小衔接工作的创新与发展。其内涵主要包括以下两个方面。

"跟岗"是指幼儿园大班教师和小学一年级教师进入对方的工作环境，跟随跨学段教师了解其日常的工作，这里的"跟岗"包括"观察日常班主任工作""观摩教师课堂教学活动""发现学生学习生活特点""体验跨学段课堂授课""参与联合教研活动"等，针对教师语言表达、教师教学方式、师生互动方式、教学评价方法、学生学习特点、学生生活习惯等内容进行有目的的观察与体验。在真实的跨学段的教育情境中，发现幼小衔接中的真实问题，通过共同研究和探索找到相应的解决策略。

"交流"则强调幼儿园和小学教师需要针对"跟岗"中发现的真实问题，深入了解跨学段课堂中的活动组织环节、互动方式、评价方式的目的及达成分析，双方教师在积极交流互动中梳理异同，相互学习、借鉴先进的教学方法和经验，探讨教育教学中的共性或差异问题，寻求解决问题的有效途径，从而提升教师的幼小衔接素养。为实现幼小科学衔接，引导儿童的可持续发展以及终身教育的发展奠定良好的基础。

二、幼小教师跟岗交流的现状

幼小教师跟岗交流是提升教育教学质量、促进教师专业发展的重要途径。然而，在区域实际的操作过程中，这一交流模式却面临着诸多问题和挑战。可从以下三个方面对幼小教师跟岗交流的问题现状进行概述。

（一）幼小教师跟岗交流的内容不聚焦

在交流的前期准备阶段，缺乏明确的跟岗交流内容的预设和详细的计划安排。许多教师在开始跟岗交流之前，并没有充分了解和思考自己期望通过本次交流达到什么样的目标，跟岗交流的具体内容是什么，也没有制定具体的跟岗实施计划。这导致在跟岗过程中，教师往往只能凭借自己的经验和感觉进行，缺乏明确的方向和指导。教师需要加强对跟岗交流的内容进行聚焦，制定相应的目标、计划和规范，带着自己的"任务"和思考进行跟岗交流，确保跟岗交流能够真正发挥其应有的作用，促进幼小教师之间的合作与交流，提升教师的教学水平。[1]

（二）幼小教师跟岗交流的模式不明确

跟岗交流采取的模式往往是传统的"一对一"跟岗的方式，即一个经验丰富的幼小教师或组长带领一名跟岗教师进行校园跟岗实践。这种模式虽然在一定程度上可以传授经验和技能，但在幼小衔接中也存在一些问题：比如，缺乏个性化指导，不同学习者的学习需求、能力水平不同，单一的跟岗模式可能无法满足所有学习者的个性化需求。同时，许多老师在幼小衔接跟岗中是"无意识"的，对于幼小衔接跟岗的流程、内容和目的并不清晰，缺少对于儿童连续性发展研究的深度跟岗，因此，对自己观察到的不同和疑惑较难寻求到解决的办法。

（三）幼小教师跟岗交流的保障不充分

首先，时间精力方面，幼小教师平时的工作比较繁忙，对幼小衔接相关工作的安排有时会分身乏术，缺乏足够的时间与精力去进行深度的跟岗交流，也缺乏必要的保障支持教师合理处理好跟岗学习和本职工作的关系；其次，在专业引领方面，幼儿园与小学在课程、教学、管理和教研等方面存在差异，幼儿园教师与

---

① 黄瑾，田方，乔慧，等. 教师主体在幼小双向衔接中的实践特征、现实困境与协同路向——基于11省市幼-小教师的实证调查［J］. 华东师范大学学报（教育科学版），2023，41（11）：5-6.

小学教师之间的培养体系也相互分离，缺乏有针对性的培训，帮助幼小教师提升幼小衔接相关专业知识与能力。再次，在流程管理方面，缺少幼小教师跟岗交流的举措与步骤，幼儿园和小学教师在跟岗交流时会比较盲目、无目的性。因此，确定跟岗交流的基本内容、积极构建幼小衔接的跟岗交流模式、合理规划幼小衔接跟岗交流的举措与步骤、规范制定相关的保障措施是解决现实问题的重要举措。

第二节　幼小教师跟岗交流的基本内容

针对幼小衔接跟岗交流中发现的问题，聚焦跟岗交流的基本内容，静安区通过部分学校的先行实践，从教师的实践案例、教师的反思中，提炼归纳了以下具体的跟岗交流内容。

一、空间环境

跟岗教师参观幼儿园或小学，以熟悉校园的教学设施、教室布局和教学用品，与教师进行交流，了解学校的教学氛围、班级文化以及师生关系；翻阅教学相关资料，包括教学计划、教学大纲、教案等，以获取更全面的信息并了解教学环境上的不同。通过跟岗梳理教学环境的异同，并根据自己所在园、校的实际情况进行调整设计，为更好地做好幼小衔接，营造相似的环境和氛围。在跟岗的过程中，可以着重观察以下三个点。

观察点一：教室空间布局

幼儿园的儿童进入小学，最先感受到的就是教室环境的不同。小学教室通常配备有单独的桌椅，而幼儿园的孩子们则多在无桌的椅子上就座；小学教室主要以学习区为主，再设置卫生角、图书角等，而幼儿园教室则细致划分为多个功能区，如美工区、阅读区、生活区和自然角等；小学教室的特定功能性更强，幼儿园教室活动空间更为开放。观摩者应该在"以儿童发展为本"的视角下，观察幼儿园和小学教室的环境，降低环境变化给儿童带来的心理落差，让儿童对小学教室环境产生认同感，从而在舒适的学习环境中度过幼小衔接的适应期。幼儿园和小学在相互观摩后，虽然教室的基本格局保持不变，但可以针对性地对活动室的布局进行适当调整，比如幼儿园在廊室活动中（图书廊、科艺廊、小盒子活动室）

101

可以布置一人一张桌子一把椅子的空间布局，小学则在活动室中（图书馆、能工巧匠馆、创智空间馆）使用更为开放的空间布局。

观察点二：教室墙面作用

苏霍姆林斯基曾说："要使学校的每一面墙壁说话，发挥出人们期望的教育功能。"观摩者应该在"儿童视角"下，去观察教室的墙面，了解老师创设这面墙的设计意图和作用，倾听孩子和墙面之间的故事。幼儿园和小学教室各自的墙面装饰都有其独特的特点：包括黑板报、学生作品展示以及表彰榜等元素，以图4-1为例，小学每个班级都会有一张"星星争辉榜"，记录学生在一日生活中的表现，并进行正向的评价，这样可以更好地激励幼儿融入新的学习环境。幼儿园的墙面则更多地记录孩子们的学习过程，例如主题墙、问题墙等，以图4-2为例，在"我是中国人"的主题中，孩子们将自己的问题记录在问题墙中，通过主题的进行、生生互动，孩子们找到问题的答案，并将这些答案记录在问题墙上，将个体的经验分享到集体中。

图4-1　小学墙面[①]

图4-2　幼儿园墙面[②]

观察点三：教室个性化环境

每个孩子都是不同的，学校教育要更多地关注和促进个性化和多样化的学生素养发展，观摩者应该在"发现每一个儿童"的视角下，去观察教室个性化的环境，发现孩子与个性化环境之间的关系。幼儿园和小学各自的教室生活区域也有其独特的特点：例如，在小学，每个学生都配有一个储物箱，用于存放个人物品，每个学生的"快乐阅读卡"都会在教室中呈现出来；幼儿园则为每个孩子准备了一个游戏观察记录袋，用以展示他们每天的游戏故事。在自然角，每个孩子都拥有一本"植物观察记录本"，孩子们可以将自己观察到的植物的变化记录在自己的"记录本"上。因此，可以看到幼儿园和小学都在创造丰富个性化的学习环境，以满足幼儿个性化的发展，从而更好地进行科学有效的幼小衔接。

[①][②]　案例图片提供者：上海市静安区南西幼儿园　韩晓岑。

二、课堂活动

跟岗课堂观摩是一种有效的衔接方式，是让不同学段的教师之间建立联系，更有效地为学生提供个性化的教育支持，促进学生学习和生活的连续性发展。

首先，确定跟岗环节。根据大班或小学一年级教师调研和学生发展需求，确立每一次跟岗的环节。比如：小学老师可以跟岗幼儿园一日生活的环节，了解幼儿园开展的生活课程是如何培养幼儿的生活自理能力的，又利用怎样的教育方式达到入学前的自我管理和劳动能力培养；幼儿园教师可以在学生刚入校时进行跟岗，了解小学如何开展适应期的课程，小学采用哪些方式设计哪些活动课程，让入学新生适应小学生活。通过不同时机和环节的有效跟岗提升教师对自己开展幼小衔接课程的专业思考水平。其次，明确观摩内容，拟定"观摩表格"。观摩的内容应涵盖幼儿园和小学的主要教育教学内容，体现幼小衔接的特点和要求，并了解学生学习行为。

观察点一：学生学习行为

跟岗教师多频次地进入幼儿园或小学课堂互相观摩，主要观察学生在不同课程设置下的学习要求、学习表现和学习习惯等。教师跨学段地观察分析学生年龄差异与学习方式差异，有利于教师真正了解学生连续性发展需求，对衔接中学生的真问题科学有效地实施教育策略。

观察点二：教师教育教学行为

受到评价内容和方式的影响，小学和幼儿园的教学方式有较大的差异，通过跟岗观摩，可以让跨学段的教师互相了解不同学段的师生互动方式，分析幼儿园或小学课堂活动的主要特点，如课堂氛围、学生参与度、教学节奏、教学方式等，有助于课后幼儿园或小学教师相互交流，进一步了解课堂活动设计的思路、目的与方法，发现各学段课堂教学的差异。同时，观察教师常用的教学方法或策略，如启发式教学、情境教学、合作学习、游戏化教学等，理解其教学理念与实际应用，以求提炼适合幼小衔接阶段的教学方法及策略，做到优势互补。为了更好地记录观摩教师的课堂活动，各联盟体可以根据各自的观察内容，设计相应的跟岗记录表，以达成跟岗观摩的实效。

三、教研活动

观摩课堂结束后，幼儿园和小学展开跨学段的教研活动，了解幼儿园或小学的教学研究与改革动态，并就幼儿园和小学教师观察到的教学理念、方法上的差异等内容进行深入研讨，共同商议、探索幼小衔接中的教学策略。

策略一：头脑风暴，梳理提炼

跟岗过程中的交流研讨，可以打破常规的"面对面座谈"教研形式，园、校双方教师可在多角度、多频次的观摩过程中，根据观察到的情况，包括教学环节、学生活动、师生互动、学生的学习状态和学习成果等方面，随时提出问题和建议，并将这些内容及时地、有针对性地进行梳理。

策略二：观念融合，寻找对策

跟岗教师可以更多元地与所在学校的教师进行交流和讨论，分享自己的教学经验，提出教学问题，寻求解决方案。通过课堂观摩后的研讨和分享，教师可以相互启发、共同进步。幼儿园和小学教师也可以在听完课后，共同进行集体备课，针对某一教学内容进行深入研究和设计，在备课过程中相互交流不同学段的教学理念、分享教学资源、制定教学衔接方案。

观摩完小学的一堂数学课，执教教师分享了自己的教学设计和课堂实施过程中的体会。幼儿园教师表示，在幼儿园中，教师较为注重通过游戏、操作等活动让幼儿感受数学的概念和乐趣，强调情境创设和动手操作的重要性，而小学教师则更加注重数学基础知识的传授和思维能力的培养，在课堂教学中培养学生的逻辑思维和问题解决能力。园校双方教师围绕幼小衔接阶段的数学教学进行了深入的研讨。大家一同设计幼小衔接的教学方案，并达成共识：在幼儿园阶段，注重培养幼儿的数学兴趣和基础能力，如数感、空间感等；初入小学阶段，适当降低教学难度，注重数学知识的直观性和趣味性，以吸引学生的兴趣，并要引入多样化的教学方法和手段，如游戏化教学、情境化教学等，以提高学生的参与度和学习水平。[1]

策略三：总结反思，追踪评价

在跟岗的这段过程中，教师可以不断总结跟岗学习经历和收获，分析自己学段的教学优势和不足，思考如何将学到的、讨论的内容应用到自己学校的教学实践中。同时，教师还可以对跟岗教研的效果进行评估，以便为今后的教育工作提供参考和借鉴。除此之外，在跟岗过程中，可以建立起学生档案，科学地评价学生，为日后孩子们从幼儿园进入小学做好衔接准备。

四、融合授课

为了更有效地促进幼小衔接，幼儿园和小学教师在跟岗过程中，可以共同设计适合幼小衔接的教师教学行为改善方案，并联合实施。通过跨学段的课堂实践，教师深入体验并发现了不同学段幼儿的学习习惯、学习品质、学习状态，并密切关注了幼儿的学习进展与学习适应性。

---

① 案例提供者：上海市第一师范学校附属小学　王燕婷。

体验一：教育理念的更新与深化

通过跟岗交流的联合教学体验，幼儿园和小学教师对幼小衔接的教育理念有了更深刻的理解。首先，在教育教学中要关注幼儿的身心发展特点，以促进幼儿的全面发展。其次，关注教学策略的多样性和灵活性，为未来的教学创新提供思路。同时，思考如何更好地整合不同学段的教学资源，以满足幼儿全面发展的需求。这种教育理念的更新与深化，不仅提升了教师的教育教学水平，也为幼儿的全面发展奠定了坚实基础。

体验二：跨学段授课中的融合与创新

幼小不同学段的教学策略各有其优势。以体育活动为例，幼儿园阶段，教师擅长运用游戏化和趣味性的教学方法，激发孩子们的学习兴趣；而小学阶段，教师则更注重动作技能的学习和规则意识的培养，为孩子们打下坚实的学科基础。在跨学段的融合体验中，教师可以尝试将两种教学策略进行有机结合。

以延长路东部幼儿园陆奇老师的"勇闯鳄鱼湖"运动活动为例，他不仅运用了幼儿园孩子喜欢的游戏化的教学策略，将孩子们带入了一个充满趣味和挑战的情境，还注重培养幼儿的运动品质，模仿小学教师规则意识的指导和培养，通过规则的设定和动作的指导，让孩子们在游戏中学习，在快乐中成长。这种跨学段的融合创新，为幼小衔接提供了新的思路，让我们看到了教学策略的多样性和灵活性。[1]

通过跨学段的教学实践体验，可以加深教师对不同学段幼儿学习特点的理解，优化教学策略，提升教育质量，为幼小衔接发现新的思路和方法。

五、反思提升

反思提升是跟岗交流机制的内生驱动力。根据跟岗交流中观察到的儿童行为表现与反馈，分析教师教学实践后的教学效果，找出教学中依然存在的衔接问题。与幼儿园或小学教师进行进一步的沟通，共同反思问题产生的原因与可行的解决方法。通过后续调整教学策略，优化教学方案，逐步提升幼小衔接的教学质量。在实践的过程中，可以加强以下方面的反思。

反思一：跟岗教师的教学实践策略及实施成效

跟岗教师教学实践是提升教师专业素养和教学水平的重要途径。在跟岗期间，教师通过深入课堂，参与教学实践，运用教学策略，不断积累经验、反思教学。同时，结合实施成效，重点结合"教师教学能力、课堂互动效果、学生学习能力、教学策略适应、学习成果表现"等方面进行反思。

---

① 案例提供者：上海市静安区延长路东部幼儿园　龚亚东。

反思二：跟岗教师的教学实践策略实施后的问题

跟岗教师教学策略的实施在实际操作过程中，往往会存在一些问题和挑战。比如"缺乏针对性指导、沟通协作不顺畅、评价标准不明确"等，教师反思应从问题出发，明晰问题的表现及其归因，才能促进教师的深度思维，跟岗交流的价值才能得以体现。

反思三：跟岗教师教学策略实施后的跟进措施

跟岗教师反思后会发现新的问题和挑战，并针对问题解决思考跟进、改进措施，通过加强对跟岗教师跟进措施反思的培训和指导，提高他们的专业素养和教学水平；同时，也需要优化教学策略的设计和实施过程，确保教学策略能够更好地适应学生的特点和需求；此外，需要加强教学资源的投入和管理，为教学策略的实施提供必要的支持和保障；最后，还需要建立明确、科学的评价标准，为教学策略的实施效果提供准确的反馈和指导。

万航渡路小学程曦老师对传统的拼音教学环节进行反思，对比双学段教学行为的异同，在总结出易为低幼儿童所接受的课堂教学方式后，积极实践，以一年级上拼音"ai ei ui"为例，优化传统教学方案，梳理出以下拼音课堂教学过程中具有切实可行性的改进措施：设计有"烟火气"的游戏环节，帮助学生搭建思维支架，这样的教学环节既符合学生认知规律，又帮助学生掌握学习方法，达到有效记忆、举一反三的目的，同时充分让学生动眼、动口、动脑，避免传统课堂中学习拼音的枯燥无趣。[1]

第三节　幼小教师跟岗交流的基本模式

针对跟岗交流模式不明确，且目的性不清晰、辐射面不够广泛、共享资源匮乏等问题，区域以多种跟岗模式并行的方式推进幼小衔接跟岗交流机制。主要有以下几种。

一、"P-E-A-C-E"跟岗交流模式

"P-E-A-C-E"跟岗交流模式（见图4-3），旨在更好地指导幼小衔接联盟体的

---

[1] 案例提供者：上海市静安区万航渡路小学　程曦。

协同过程，即通过"共同对现状进行调查""全心投入于过程中""制定清晰的目标""面对面的研讨""阶段性成果汇总"五个阶段，逐步提升幼儿园教师与小学教师的衔接素养。"PEACE"（P——Phenomenon 现象：问卷调研，确定交流观测点；E——Experiment 实践：实地观摩，落实观察与访谈；A——Arrangement 规划：制定规划，创新教师教学理念；C——Communication 交流：分享感悟，梳理教学行为异同；E——Experience 经验：总结提炼，形成教师行为备忘录）可以代表平静和平和，希望在这样的机制的落实下，在教师课程衔接素养提升后，能让更多的孩子带着愉快、平和的心情参与到学校的课程中，不焦虑、不担心，在良好的氛围中度过学习适应期。

图 4-3　"P-E-A-C-E"教师跟岗交流模式

【案例5】

"P-E-A-C-E"跟岗交流模式
——"一校三园"的实践与探索

上海市静安区万航渡路小学　上海市静安区常熟幼儿园
上海市静安区余姚路第二幼儿园　上海市静安区诗意久幼稚园

一、"一校三园"幼小衔接联盟体背景介绍

2022 年 9 月，万小与常熟幼儿园、余姚路第二幼儿园、诗意久幼稚园志同道合结对成为幼小衔接研究共同体，并以

"在幼小衔接中提升学生'安全感'的实践研究"为主题开展了协同研究工作。之所以确立"安全感"作为研究的切入点，是因为对于儿童而言，不安全感的产生是由于对新的内外环境的接纳比较缓慢，焦虑、恐惧或缺乏自信等感受给他们带来了不适感。而适度的安全感是孩子人格完善的基础，可以激励孩子更有效地对外界进行探索和学习。我们认为，在幼小衔接中最核心的多元主体是学生和教师。以儿童为衔接主体、课程为衔接中心、教师为衔接主力是幼小衔接的关键要素，其中，教师的理念与行为是引领与支持儿童发展、落实育人品质提升的重要要素。因此，指向儿童"安全感"提升的教师的幼小衔接素养发展，成为我们"一校三园"的主要研究方向。

二、"一校三园"幼小衔接联盟体实践探索的过程

（一）形成缘起

经过调查梳理小学和幼儿园的现状分析得出存在上课时长的不同、教学领域的区别和评价方式的差异等，从而衍生出两个现实问题。

首先，提升教师幼小衔接的素养，到底提升哪些素养？其次，怎样提升教师的幼小衔接素养，有没有好办法、好机制？基于以上原因，"一校三园"聚焦于教师幼小衔接素养的提升，开展关于教师交流观摩机制的实践探索。

（二）制定"P-E-A-C-E"跟岗交流模式

在华师大幼小衔接研究团队的指导下，我们以多主体协同治理理念模型为依据，制定了"P-E-A-C-E"跟岗交流模式，旨在更好地指导共同体的协同过程，即通过"共同对现状进行调查""全心投入于过程中""制定清晰的目标""面对面的研讨""阶段性成果汇总"五个阶段，逐步提升幼儿园教师与小学教师的衔接素养。

（三）探索与实践

我们希望在"P-E-A-C-E"跟岗交流机制推动下，在教师课程衔接素养提升后，能让更多的孩子带着愉快、平和的心情参与到学校的课程中，不焦虑、不担心，在良好的氛围中度过

学习适应期。具体实施路径与意图如下所示。

1. P——Phenomenon 现象：共同对事实进行调查，确定教师跟岗观测点

在确立了"幼小教师交流"机制后，我们首先明确了参与跟岗的教师：小学主要以一年级教师为主；幼儿园主要为大班组的全体带班教师。然后，我们通过调研了解小学教师和幼儿园教师观测点。之所以在参与活动前要进行调研，是希望帮助教师能清楚地聚焦去幼儿园或小学观察什么内容，带着明确的目的和观察意识进行观摩活动。

（1）教师已有教育经验调查

选　　项	综合得分
培养生活自理能力，做到主动保育。	6.91
建立幼儿时间观念，知道做事不拖拉。	6.27
培养任务意识和执行任务的能力。	5.36
制定班级常规，帮助幼儿做好情绪控制。	5.18
关注幼儿倾听和表达，提升语言能力。	4.73
带领幼儿了解小学和幼儿园不同，帮助幼儿做好入学心理准备。	3.64
鼓励幼儿积极参加形式多样的运动，提升动作协调能力。	2
学写名字、学习跳绳、学习数字书写，应对入学基本需求。	1.91

图 4-4

选项	小计	比例
制定班级常规，帮助幼儿做好情绪控制。	3	27.27%
建立幼儿时间观念，知道做事不拖拉。	3	27.27%
培养生活自理能力，做到主动保育。	4	36.36%
关注幼儿倾听和表达，提升语言能力。	0	0%
培养任务意识和执行任务的能力。	0	0%
学写名字、学习跳绳、学习数字书写，应对入学基本需求	0	0%

图 4-5

根据图 4-4、图 4-5 所提供的排序数据，我们发现：

教师在日常活动中开展培养生活自理能力、建立幼儿时间观念和培养任务意识和执行任务的能力的课程是比较有效的。

（2）调研教师在实施幼小衔接课程上的需求

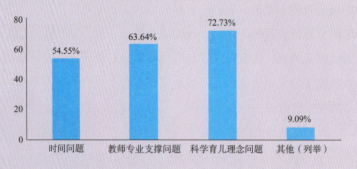

图 4-6

从图 4-6 中可以看出，实施班级幼小衔接课程中存在的问题主要集中在教师专业支撑问题、科学育儿理念问题和时间问题上。

（3）调研教师轮岗观摩需求

选项	小计	比例
学科活动	4	36.36%
生活活动	4	36.36%
综合大活动	2	18.18%
体育活动	1	9.09%
本题有效填写人次	11	

图 4-7

从图 4-7 中可以看出，针对轮岗观摩小学一年级活动的选择可以看出，学科活动和生活活动是最受欢迎的。

最后，通过汇总教师的问卷结果，共同商议制定《幼儿园 / 小学教师交流观摩记录表》，其中包含了活动组织方式、教师指导过程、评价用语、师生互动肢体语言等多个方面，让教师在学习观察中能更有方向和目的地进行实践活动。

幼儿园教师交流观摩记录表(教学)

学校		时间		班级	
执教者		学科		课题	
观察点	观察实录				
教学活动组织方式	【活动基本实施流程/教学设计】				
教师指导过程	关键提问/任务提出				
	难点解决/重点教学				
师生互动方式	【频次；语言；动作等】				
教师评价方式【用语】	【学生表现优异/学生回答错误】				
观摩后思考	【最深印象；对比不同】				

图 4-8　幼儿园观察记录表

小学教师交流观摩记录表

学校		时间		班级	
执教者		学科		课题	
观察点	重点记录				
活动组织方式					
教师指导过程	任务下达后				
	学生遇到困难				
教师评价用语	学生表现优异				
	学生回答错误				
师生互动肢体语言					
最深印象	评价者：				

图 4-9　小学观察记录表

2. E——Experiment 实践：全心投入于过程中，跟岗实地交流

教师带着各自的疑问和目的走进了跨学段校园，开启实地交流活动。从活动组织方式、教师指导过程、教师评价用语、师生互动肢体语言等角度观察记录不同学段教师的教育教学行为。

观摩后交流不同学段课堂设计的想法，找到可以互相学习和“拉近距离”的教学方式。因为小学教授的知识点对幼儿来说是新的呈现，如：在教授的方式方法上，采取游戏化、情景式，让幼儿有了一种“熟悉感”，少了一点“不确定感”，那学生一定更有自信更乐于参与到学习的过程中。

3. A——Arrangement 规划：制定清晰的目标，创新教师教学理念

小学教师根据观察到的“差异”点，反思自己平时的教学习惯和方式，制作《教师教学行为改善方案》，并落实于平时的班主任工作和学科教学中，通过实践，更科学地设计与实施幼小衔接课程。

幼儿园大班教研组共同研读教育部颁布的“小学适应教育指导要点”，并和“幼儿入园准备要点”对比学习。在幼儿园幼小衔接课程入学准备要点的基础上，加强入学适应和自我管理日常渗透。

4. C——Communication 交流：面对面研讨，梳理教学行为异同

结合《教师教学行为改善方案》的实践成效，以案例、研讨等形式开展面对面的研讨，围绕主题活动形式、教学活动实施情况等进行反馈，对于教师改善行为进行有效分析，总结教学行为改善后的有效方法，汇总需要继续改进完善的不足之处，并为之后的继续探索研究找到新的方向。

5. E——Experience 经验：阶段性成果汇总，形成教师行为备忘录

通过以上轮岗实践和交流分享，"一校三园"共同总结提炼改善幼小衔接教师素养的经验和方法，形成"一校三园"幼小衔接教师行为备忘录，为更好地开展今后的幼小衔接工作打下扎实的基础。

三、"P-E-A-C-E"跟岗交流模式的实施成效

幼儿园和小学通过教师跟岗交流模式的实施，以及教师的课程衔接来助推素养提升。

（一）幼儿园教师有持续关注儿童连续性发展的素养

主要呈现在教师能有意识地关注幼儿情绪情感、习惯能力的连续性发展，通过跟岗交流机制的实施，教师意识到培养活力儿童的情绪表现和适应能力，必须是各年龄段渗透的发展目标。

因此，从小班入园开始，教师就开始关注幼儿个体以及在班级中的情绪情感，在校园环境、班级环境的创设上，凸显温馨、舒适、安全感；在活动设计上，通过"升班适应周""我长大了""我要上小学""班牌传递仪式"等主题活动的开展，帮助幼儿更好地适应不同的环境，逐步形成集体生活的概念。

进入大班后，是幼小衔接的关键期。为了支持幼儿循序渐进地适应小学生活，开展"乐优游"大班自主选择性课程，通过"走班制"的形式使幼儿适应不同的教师、活动内容。在与小学教师交流研讨中，幼儿园教师意识到，不光在活动形式上给孩子不一样的体验，在实施过程中，更需要关注儿童参与活动的积极性、自主选择的自信心、抗挫的情绪管理。

（二）教师有科学设计与组织课程活动的素养

主要体现在设计符合学生年龄特点与兴趣的学习内容、组织适合入学新生学习的活动方式、运用规范精准的评价用语、

采取恰当适切的肢体语言等方面的水平有所提升，让入学新生在"熟悉"的学习氛围中更好地成长。

在教师交流实践活动中，教师根据制作的《教师教学行为改善方案》，更科学地设计与实施幼小衔接课程。以小学教师为例，音乐课上，教师会多创设能让学生联想迁移的情境；语文课上，可以根据课文内容结合幼儿喜欢的科学小实验、手工绘画等让学生动起来；数学课上，可以多设计有趣的幼儿喜欢的室内游戏活动，让学生在玩中学……所谓的科学设计，就是基于学生的年龄特点、喜好和习惯，设计最适合一年级学生学习的方式和内容，让学生能在主动参与中掌握知识与技能。而万小的教师正是通过这样的交流与观察，成为有心、用心的教师，在设计和实施幼小衔接课程的过程中更科学化、更专业化。

（三）教师有积极支持儿童主动探究的素养

主要表现在教师突破自我的习惯思维，关注幼儿园和小学在课程构建上的差异，在建构理论的指导下，主动研究如何支持儿童主动探索未知世界的方式方法，在过程中，尊重儿童的想法，发现儿童的行为变化，支持儿童的创新精神。例如，对儿童的观察倾听，用积极正面的评价用语和支持鼓励来提升儿童主动探究的意愿。

例如，在一年级适应期活动中，万小教师设计"小小万校园寻宝记"，让一年级学生通过自主打卡办公室、专用教室等地点来熟悉校园环境。活动有意识地将"主动探究"作为培养学生的主要能力目标，"主动探究"体现在以下几个方面：第一、活动前，主动策划打卡路线，规划最便捷、速度最快的路径。第二、活动中，遇到困难，主动寻求外界帮助。第三、活动后，主动分享自己的"探宝"感受。通过三次"主动"，让学生从主动探究中获得自主规划、发现问题、解决问题的能力。

同样，幼儿园在全面均衡实施共同性课程基础上，施行"多元立体化"的幼儿科学探索班本化课程。第一，教师会仔细观察儿童，用敏锐的洞察力发现幼儿关注的兴趣热点，支持幼儿主动学习。第二，教师能认真倾听儿童，在户外建构游戏后开展"一对一的倾听"，了解儿童建构游戏后的游戏故事，从而走进儿童，发现幼儿游戏中的真实探究过程，为教师后续推进奠定基础。第三，教师能支持鼓励儿童，在儿童探究的过程中，教师通过环境的创设和材料的提供支持儿童持续、深度探究。

以上是我们"一校三园"两年来对于幼小衔接工作共同努力实践的收获。P-E-A-C-E跟岗交流模式的确立，让我们在协同合作的过程中有了更加清晰的目标与实践路径，我们也将继续研讨探索，努力将幼小衔接教师的素养提升与探索的经验落实到实践中，并在实践中不断完善发展，真正使学生拥有"安全感"，顺利、愉快地融入小学的学习生活中！

（执笔：上海市静安区万航渡路小学　董怡文 /

上海市静安区常熟幼儿园　李旭菁）

二、浸润式跟岗观摩模式

浸润式跟岗观摩，通过聚焦问题，探索实践做法，调整活动内容，更好地做好幼儿园与小学科学、有效的衔接工作，实现"学生的有效适应，幼儿园与小学的有机衔接"。如图4-10所示，"QUEST"——寻求、探求的意思，"Q-U-E-S-T"也表示了该机制的五个实施路径的英语字母缩写，即通过"问题—协调—实践—想法—变化"这五个步骤实施浸润式跟岗观摩。（Q——Question 问题：观察调研，提出问题；U——Unity 协调：基于问题，确立目标；E——Experiment 实践：带着问题，跟岗观摩；S——Suggestion 想法：互相研讨，创新理念；T——Transfomation 变化：借鉴运用，不断调整）

浸润式跟岗主要聚焦两个目标：第一，基于问题展开浸润式的跟岗观摩，比较两所学校在环境创设、课程设置、学习方式、个性化发展等方面的异同。第二，反思"幼小衔接"课程开展的有效和有质，逐步提升幼儿园教师与小学教师的衔接素养。其特点是实践性、个性化、反思性。以定期开展座谈会（一学期两次），并每次根据问题进行浸润式跟岗观摩一周为主要形式。在这一周中，通过观摩教学活动、专题研讨、师生互动、教学实践等方式进行浸润式跟岗交流，通过观摩中发现的问题，梳理总结幼小衔接中教师可以改善的教学行为，有助于为儿童入学后的适应提供更有针对性的指导。

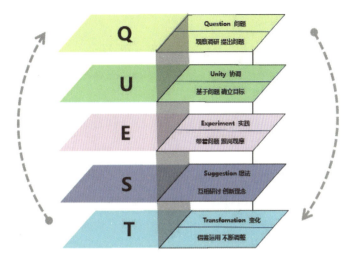

Q-U-E-S-T浸润式跟岗观摩模式

Q　Question 问题
　　观察调研 提出问题

U　Unity 协调
　　基于问题 确立目标

E　Experiment 实践
　　带着问题 跟岗观摩

S　Suggestion 想法
　　互相研讨 创新理念

T　Transfomation 变化
　　借鉴运用 不断调整

图 4-10 "Q-U-E-S-T"浸润式跟岗观摩模式

【案例6】

浸润式跟岗交流模式的实践和探索

上海市第一师范学校附属小学　上海市静安区南西幼儿园

一、幼小衔接联盟体背景介绍

　　幼儿园和小学作为儿童成长的两个连续性阶段，各自承担着独特的教育任务。2022学年，静安区教育局深入推进幼儿园与小学幼小科学衔接工作，在区域项目的带领下，一师附小与南西幼儿园结对，通过联合教研，聚焦幼儿园与小学双向衔接的问题，探索实践做法，更好地做好小学与幼儿园科学、有效的衔接工作。

　　在平时的互动观摩、开展教研的过程中，教师们发现，幼儿园和小学在学习环境、课程设置、教学方式和内容上都存在着一定的差异。为了更深入地了解园校间的异同，更好地为儿童提供针对性的指导帮助，从而完善幼小衔接的工作，我们建立了园校合作的浸润式跟岗交流模式，开展了周期性的学习研究。

二、浸润式跟岗交流模式的实践过程

（一）WHY——为什么做

1.循证——家长问卷，了解家长的观念与困惑

家长作为幼儿教育的重要合作伙伴，在幼小衔接方面所持有的观念和相关准备对幼儿的入学适应有着至关重要的影响。两所学校的教师经过多次研磨，设计了《幼小衔接现状的家长调查问卷》，对南西幼儿园大班的家长进行情况了解，内容包括"家长基本信息""对幼小衔接的认识""为幼小衔接所做的准备"三大板块。通过调查分析，我们发现，家长普遍对幼儿入学准备态度积极，愿意做出多方面努力，但对于幼儿知识技能准备及能力培养的指导缺乏方法。

2.发现——互相观摩，发现园校间的异同

两所学校进行了两次相互观摩活动，南西幼儿园大班教师参与了小学"一年级百日活动"，体验小学课堂学习和体育活动的开展；小学教师走进南西幼儿园，观摩大班户外自主性游戏活动，了解幼儿在各个领域的自主学习。

两所学校都是以愉快教育为教学理念，但由于学段的不同，差异也很明显：幼儿教育更多的是在玩中学，在学中玩，侧重让儿童体验发现，更具直观性、趣味性、多样性；小学的课程则更系统化、规范化，注重知识的传授、技能的发挥和能力的培养，更强调自主探究、习惯养成。

（二）WHAT——做什么

浸润式跟岗观摩交流——幼儿园教师走进小学课堂，连续性地观摩小学生的课堂活动，了解小学教育的目标和要求及小学生的学习习惯；小学教师进入幼儿园，感受幼儿的学习氛围，体验游戏化教学的魅力。在这一周中，双方教师交换教学经验，相互启发，寻找不同学段可适应和过渡的教学方法及策略。

这种浸润式的跟岗观摩学习，旨在让两个学段能够顺利过渡、无缝对接，有助于幼儿园和小学教师深入理解不同学段的教学特点，能够在教学实践中形成有益的互动与合作，在实践中不断借鉴，共同促进儿童的全面发展。

（三）HOW——怎么做

双方教师在思考、研讨后，制定了"Q-U-E-S-T"浸润式跟岗观摩模式。"QUEST"是寻求、探求的意思，意在通过浸润式跟岗观摩，聚焦问题，探索实践做法，调整活动内容，更好地做好幼儿园与小学科学、有效的衔接工作。

"Q-U-E-S-T"表示了该模式的五个实施路径的英语字母缩写——通过"问题—协调—实践—想法—变化"这五个步骤实施浸润式跟岗观摩。

Q——Question 问题：观察调研，提出问题

根据前期对于家长调研和两次互动观摩后发现的异同，两所学校的教师提出了诸多问题。我们对这些问题进行了分类梳理，结合幼小衔接中聚焦的主题，最终确定了首要研究的四个主要问题，并围绕这几个问题来开展之后的浸润式跟岗交流。

1. 幼儿园和小学的学习环境有什么不同？

2. 幼儿园和小学的孩子学习内容、方式有什么不同？

3. 幼儿园和小学如何更好地支持儿童个性化发展？

4. 幼儿在向小学生过渡的过程中，需要培养哪些重要的能力？

U——Unity 协调：基于问题，确立目标

在确定问题后，两所学校设计了跟岗交流的形式和内容，根据幼儿园和小学不同班级的课程，各选取了 5 个班级进行为期一周的半天浸润式跟岗观摩，从班级环境、教学活动、自主游戏、特色课程等方面进行持续性的交流。

表 4-1　南西幼儿园教师到一师附小跟岗观摩表

跟岗班级	跟岗形式	跟岗内容
一（6）班	半天进班跟岗	班级环境、课堂教学（体育＋语文）、幼儿行为
一（5）班	半天进班跟岗	班级环境、课堂教学（数学＋英语）、幼儿行为
一（7）班	半天进班跟岗	班级环境、小主综课程（数学＋美术）
一（9）班	半天进班跟岗	班级环境、大课间活动
一（12）班	半天进班跟岗	班级环境、课堂教学（自然＋音乐）

表4-2　一师附小教师到南西幼儿园跟岗观摩表

跟岗班级	跟岗形式	跟岗内容
乐园 2 班	半天进班跟岗	班级环境、户外建构游戏、分组教学
乐园 3 班	半天进班跟岗	班级环境、户外角色游戏、室内建构游戏
乐园 1 班	半天进班跟岗	班级环境、户外运动游戏、分组教学
乐园 5 班	半天进班跟岗	班级环境、户外沙水游戏、室内阅读活动
乐园 7 班	半天进班跟岗	班级环境、户外足球游戏、分组教学

E——Experiment 实践：带着问题，跟岗观摩

两所学校的学段执教老师到对方学校进行为期一周，每天半天的浸润式跟岗观摩，在观摩的过程中，充分了解每日的班级环境、教学活动、特色活动、能力习得等，幼儿园教师还重点观察并访谈了南西毕业的学生及学生所在班级的班主任老师，了解他们在学校的各方面表现。

S——Suggestion 想法：互相研讨，创新理念

在每天的观摩活动后，相关教师都会进行互动交流，针对当天的活动进行探讨，提出自己的想法，从而让跟岗的教师能够更深入地基于问题给出一定的建议，在梳理总结中反思自己学段的活动和调整方法。

T——Transfomation 变化：借鉴运用，不断调整

根据跟岗观摩、互动交流，双方教师对自己学段的环境和活动内容进行调整，幼儿园教师能够更好地引导幼儿为即将到来的小学生活做准备，小学教师也能够根据幼儿的特点，设计更加贴近实际的教学内容和教学活动。这种跨学段的互动，使得幼小衔接教育更具连贯性。

三、浸润式跟岗交流模式的实施成效

（一）幼儿园和小学学习环境的衔接

在浸润式跟岗观摩交流后，两所学校教师在深入了解了彼此环境创设的意图后，互相学习，反思调整了自己的环境，让环境更有特色，更有效衔接。

图 4-11　南西幼儿园与一师附小环境学习调整思维导图

（二）幼儿园和小学学习内容与方式的衔接

幼儿园的教学活动都是游戏化的，孩子们在游戏情境中学习，通过"数字排排队"的游戏来巩固数序，通过"碰球"的游戏来巩固数的分合，通过"角色扮演"来表现绘本……

通过浸润式跟岗观摩幼儿园小朋友在游戏中的学习，一师附小的课堂活动也出现了各种游戏情境，更好地做到"有效适应"，学校在开学初的学习准备期中安排一些幼儿园的延续活动，帮助孩子们逐渐适应更加结构化的学习；幼儿园也增加一些技能类的活动，如听记电话号码、故事表演、写生等，为小学学习打下基础。

（三）幼儿园和小学个性化发展的衔接

将小学中符合学生个性发展的"体验课程"和"发展课程"引入幼儿园，让学生可根据自己的兴趣和特长进行兴趣课程选择，以一段较长时间，深入参与一个学习主题，较系统地进行学习。

除此之外，幼儿园与小学可以通过举办联合活动来促使儿童个性化地发展。如：邀请幼儿园的孩子参加小学的"爱生节""阅读会""科技节"等活动，让他们提前体验小学的学习氛围，感受校园学习活动的多样性；组织小学的学生回到自己的幼儿园，与弟弟妹妹们分享他们的学习经验和成果，谈谈自己喜爱的课程和活动，激发幼儿园孩子们的学习兴趣。

（四）从幼儿到小学生能力培养的衔接

在幼儿园和小学阶段，孩子们正处于人生基础能力培养关键期。这两个阶段的教育不仅需要教授孩子们基础的知识和技能，更重要的是根据年段特点，持续培养他们的各项基本能力，为他们的未来发展打下坚实的基础。

附：南西幼儿园与一师附小渐进式能力培养清单

	幼儿园	小学
自我	**自我照顾能力** 通过有趣的活动和游戏，帮助孩子们建立起良好的卫生习惯和自我照顾能力，如独立进餐、穿衣、洗手、摆放学具等。	**自我管理能力** 通过日常行为规范、课程安排等方式，帮助孩子们建立起良好的自我管理能力，如时间管理、情绪管理和行为管理。
同伴	**与人交往能力** 学会与同龄人相处，学会分享、尊重他人，以及处理简单的社交冲突。	**团队合作能力** 学会与他人合作，共同完成任务，培养团队合作能力，增强集体荣誉感。
学习	**观察模仿能力** 通过各种游戏和活动形式培养孩子的观察力和模仿能力，发挥个性特长。	**思考创造能力** 培养学生独立思考和自主学习能力，教会他们如何高效学习，养成良好的学习习惯。

"浸润式"跟岗交流模式让幼儿园和小学彼此深度了解，增进教师之间的理解和尊重；教师基于问题、不断反思调整。这场双向奔赴的幼小科学衔接，让每个孩子都能在适宜的环境中快乐成长，实现从幼儿园到小学的顺利过渡。

（执笔：上海市第一师范学校附属小学　王燕婷／上海市静安区南西幼儿园　韩晓岑）

三、"3C"体验式跟岗模式

"3C"体验式跟岗模式（Capacity 知识能力——理论对接，业务跟进；Class 课堂实践——角色翻转，课堂跟进；Conversion 反思调整——经验转化，反思跟进），即幼小衔接背景下教师专业发展的实施路径，引导教师采取跨学段深入课堂教学实践的方式进行双向跟岗，以幼儿园和小学教师在运动（体育）活动组织上的差异性为着力点，以"运动兴趣"为衔接点，通过理论研修、课堂实践、反思交流等，对课堂教学中的高质量师幼（生）互动进行复盘提炼，从理论—实践—反思—理论的螺旋循环模式（见图 4-12），更精准地进行经验链接，逐步提升幼儿园教师与小学教师的衔接素养。

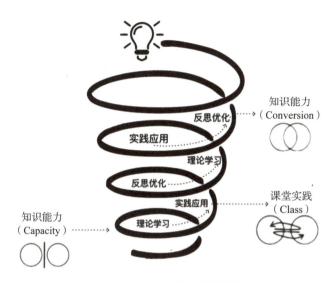

图 4-12　"3C"体验式跟岗模式

【案例7】

"3C"跟岗模式初体验

上海市静安区延长路东部幼儿园　上海市静安区谈家桥幼儿园
上海市静安区中山北路小学

一、幼小衔接联盟体背景介绍

自 2022 年起，静安区内的中山北路小学、延长路东部幼儿园与谈家桥幼儿园携手共创"幼小衔接共同体"，旨在通过深入研究和校本化实践，实现幼小教育的科学衔接。

经过问卷调研，结合各校、园优势和资源，我们共同将"运动"作为项目研究的突破口，积极探索幼小衔接工作的有效策略。在此过程中，通过互访交流、实践研讨和联合教研等多种形式，我们实现了幼儿园与小学间的双向互动，深入探讨了幼小衔接阶段运动体育课堂的活动设计与实施细节，为后续的深入研究奠定了坚实的基础。

二、"3C"跟岗模式的实践过程

（一）Why

回顾幼小衔接共同体成立之初，我们始终在探寻推动项目实施的最佳路径。传统每年的 5、6 月份，幼儿园大班教师会带领孩子们以"我要上小学"为主题，实地参观小学，让孩子们从儿童视角出发，燃起对小学生活的向往，获得沉浸式的体验。然而，在这一过程中，我们不禁深思：作为课程实施主体的教师们，是否也获得了相应的体验感呢？

针对教师跟岗"体验感"不足的问题，我们不禁质疑：幼小衔接是否仅限于关注孩子发展的连续性过渡？是否仅限于被教育对象的培养？经过深入研讨，我们达成共识：教师不仅是幼小衔接项目的重要推手，更是课程的设计者和执行者。只有他们亲身体验，才能在课堂上传递更加生动、真实的感受，从而激活孩子们对小学生活的期待和向往。

（二）What

那么，如何确保幼儿园和小学教师都能获得深刻的体验感呢？经过多次幼小衔接联合教研的深入交流，我们共同认识到，跨学段互换课堂是有效的方式。这一做法让双方教师有机会面对不同的教育对象进行执教，亲身体验不同环境下的教学方式。因此，我们初步提出了适应幼小学段双向衔接的"3C"体验式跟岗模式。

"3C"模式涵盖三个核心要素：Capacity（知识能力）、Class（课堂实践）、Conversion（反思调整）。为了将这一模式常态化并提升实效性，我们深入研究了国内外学术文献，特别借鉴了荷兰研究者阿克尔曼（Akkerman）和巴克尔（Bakker）的跨界学习理论。该理论强调识别、协调、反思和转化四大学习机制，为我们的"3C"体验式跟岗模式提供了有力的理论支撑和深度提炼。

Capacity 知识能力——理论对接，业务跟进

Capacity，即知识能力，是教育实施不可或缺的基石。幼儿园和小学教师在实施"3C"体验式跟岗模式时，需深入研读幼小衔接的相关理论，包括指导性文件、专业书籍及幼教专家

的见解，从而深化对幼小衔接的理解。延长路东部幼儿园与中山北路小学的实践案例中，教师们通过理论学习，明确了幼儿发展的连续性表现，积累了丰富的理论知识，促进了业务水平的同步提升。

Class 课堂实践——角色翻转，课堂跟进

Class，即课堂实践，是实现理论转化的关键。为了加深教师对两个学段教学特点的直观感受，我们采取"双师制课堂教学"的方式，鼓励教师共同设计运动（体育）游戏活动，通过角色互换体验，实现了双向互补。在"一课多研"和交互实践中，教师们深入体验了不同学段幼儿的发展路径和需求。

Conversion 反思调整——经验转化，反思跟进

Conversion，即反思调整，是提升教学质量的必经之路。每次活动结束后，跟岗教师与观摩教师都会围绕《幼小衔接教学日志观察记录表》展开研讨，共同分析课堂设计，探讨实践困惑，并尝试从对方的角度梳理经验做法并进行转化。这种反思跟进的方式，有助于凝练双学段教育教学策略，优化原有学段的教学形式，从而更好地指导教学实践。

通过这样的螺旋式上升过程，幼儿园教师和小学教师得以对大班至小学一年级的情况进行纵向连续性观察，并在共研共享中不断调整教育实践，共同促进幼儿的健康成长。

（三）How

中山北路小学的教师们首次踏入幼儿园，通过跟岗体验，亲身观摩了大班幼儿的运动活动。这种沉浸式的观摩，让他们对幼儿运动活动的趣味性和游戏性有了全新的感悟。随后，他们将这些体验融入自己的教学实践，创新性地在学校开设了"立定跳远"体育课。

立定跳远：小学 VS 幼儿园

中山北路小学的徐家静老师以新颖方式开展了"立定跳远"体育课。他设计"小小特种兵"角色和自编韵律操"绝处求生"来激发学生热情（见图4-13），并通过一系列情境任务，指导学生掌握立定跳远的技巧。这启发了延长路东部幼儿园的老师们，他们也设计了一堂立定跳远课程。

图 4-13　学生表现

　　延长路东部幼儿园的陆奇老师以"勇闯鳄鱼湖"为主题，为中山北路小学一年级学生带来立定跳远活动。他化身"羚羊爸爸"，用自由练习、示范和挑战构建弹性学习框架，利用垫子高度差异增加活动挑战性。

　　活动后，教师们交流了翻转课堂组织的体验（见图4-14），实现了经验共享和相互促进，让学生感受到不同的教学风格，同时也让教师体验到幼小课堂实践的异同。

图 4-14　持物投掷：幼儿园 VS 小学

观摩幼儿园运动教学后，小学教师们跃跃欲试。

中山北路小学的张杰老师为大班幼儿带来了一堂名为"持轻物掷准"的公开课。课前，项目组依据《3—6岁运动教师参考用书》和《体育与健康课程标准（2022年版）》中关于幼小衔接的指导，对幼儿运动与小学体育内容进行了精心匹配。课堂上，张老师运用星际大冒险故事激发兴趣，并通过击掌、奖章等方式维持热情。

为体验不同教学，延长路东部幼儿园的陆奇老师组织"小兵日记"持物投掷活动，以游戏框架和角色代入引导幼儿参与，旨在促进幼儿身心健康发展，同时关注幼儿的情绪和成长，与课堂融为一体。

三、"3C"跟岗模式的实施成效

通过幼儿园与小学教师定期的跨学段跟岗观摩和沉浸式交互体验，双方对幼小衔接有了更深刻的理解，有效提升了衔接素养。未来，我们将继续以此为基础，在实证研究中不断实践、反思和优化。

（一）交互体验，提升幼小衔接科学认知

在"3C"体验式跟岗模式下，幼儿园和小学教师深入体验了幼小衔接的实际情况。幼儿园教师深化了对义务教育阶段课程方案和学科课程标准的理解，提高了运动活动的专业性；小学教师则基于《3—6岁儿童学习与发展指南》研究，构建了更连贯的体育课程理念。这种互动增强了双方对幼小衔接的科学认知，促进了教学策略的借鉴与融合。

活动结束后，教师们分享了翻转课堂体验。陆老师指出，面对小学生教学需更高回应能力，这不仅让学生感受了幼儿园老师的教学风格，也让教师深刻体会到幼小课堂实践的异同，实现了经验共享和相互促进。

基于反馈，教师们提出了以"玩、练、赛"为核心的课堂教学策略，并梳理出三类有效教学策略，以实现幼儿与小学体育教学的无缝对接。

1. 建立规则意识，兼顾运动教学中的游戏性和规范性

教师的角色身份	
幼儿园	小学
教师不仅创设生动的游戏情境，更以情境中的角色融入运动活动当中，以游戏伙伴的身份与幼儿一同参与。	教师多以权威的身份，在旁发布信号指令，如集合、稍息、立正等。或做出正确规范的动作展示，引发学生模仿学习。

教学策略 1

运动常规的建立，教师身份的弹性切换，强化运动中教师规则表述的准确度，增强大班幼儿运动游戏中的规则意识。

2. 分解动作要领，细化教学过程组织的连贯性

活动目标的制定	
幼儿园	小学
目标的表述上具有游戏化的成分，并且目标所指向的范围较广。例如，围绕"投掷"这一动作，会聚焦于"肩上挥臂投远、投准"等。	目标更加聚焦，更具针对性，强化技能习得的规范性。例如，围绕"投掷"这一动作，结合课标要求，具体到持轻物投掷的距离。

教学策略 2

活动目标的制定上需更具连贯性，将现有的目标进一步聚焦。

3. 活用情境教学，凸显动作指导中的适宜性

活动组织形式上	
幼儿园	小学
偏重运动兴趣的培养，在游戏化的情境创设中，通过师幼互动、幼幼互动等多种形式，渗透动作要领的学习。	偏重于动作技能的习得和掌握，通过教师示范、动作练习、团队竞赛等形式，进行多频次的练习动作。

教学策略 3

创设趣味性、挑战性的运动情境，将游戏化的活动形式与动作要领的掌握相整合，提升教师对基本动作的专业认识，科学有效地进行动作指导。

（二）保障聚力，推进幼小衔接长效开展

跟岗期间，形成了可推广的教师跟岗机制，例如：双师制课堂教学机制、交互式迭代验证机制等，并形成了研讨反思随笔、《幼小衔接教学日志观察记录表》、《幼小衔接跟岗"体验官"留言本》、跟岗教研照片故事等文本资料，保障了幼小衔接项目的系统推进。

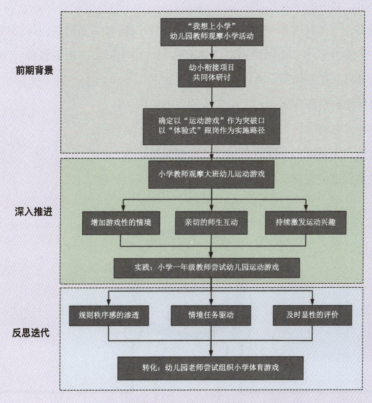

图 4-15　操作路径图

当然，我们也在不断思考，如何基于运动领域跟岗的实践体验，以运动为载体，形成幼小衔接共同体基础运动技能系列课程教学？

幼小衔接不是一蹴而就的，科学衔接，教师先行，愿我们每位教师在伴随幼儿成长的每个阶段，都能收获自身的专业成长，成为更好的自己！

（执笔：上海市静安区延长路东部幼儿园　潘蕾）

四、打造区域幼小衔接教师跟岗联盟体平台

为了构建更为科学、有效的幼小衔接教师跟岗机制，进一步提升区域内两个学段教师的创新力，提供开放的平台和丰富的实践资源，形成一定区域性的辐射作用，区域构建了幼小衔接创新联盟体跟岗交流模式（见图 4-16），为区域教师提供了一个交流学习、共同成长的平台，从而不断提升自身的专业素养和教育水平。同时，联盟体也有力推动区域内幼小衔接工作的深入开展，为孩子们创造一个更加优质、和谐的学习环境。

依托多方主体的实践平台和资源载体，幼小衔接教师跟岗联盟体得以建立与完善。在实践探索中，教师跟岗联盟体对区域内幼小衔接阶段的教师、学生创新力水平提升具有重要作用。具体的探索实践如下：

1. 发挥集群学校辐射作用，组建教师跟岗的联盟体。

2. 依托"创造学院"资源，完善教师跟岗实践培训。

3. 借助"少创联萌"优势，构建教师跟岗资源库。

4. 立足创造研究院实施载体，开展教师跟岗实训活动。

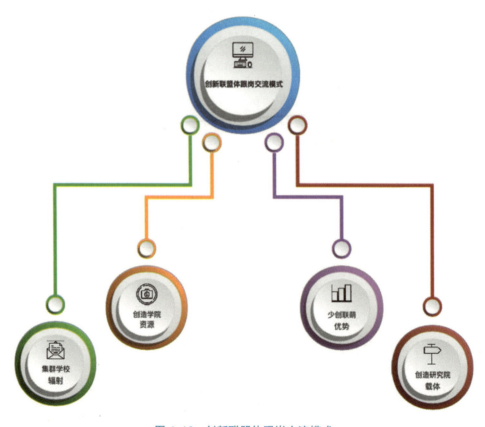

图 4-16 创新联盟体跟岗交流模式

【案例 8】

创新联盟体跟岗交流模式的实践与探索

上海市静安区和田路小学

一、幼小衔接教师跟岗联盟体的背景介绍

幼小衔接教师跟岗机制建设是提高这一阶段教师、学生创造水平的重要手段。然而，点对点的教师跟岗机制仍然存在一定的局限性：一是，幼小衔接教师跟岗交流的实践经验难以发挥区域性的辐射作用；二是，幼小衔接教师跟岗交流缺乏更加开放的平台和丰富的实践资源。

因此，为了构建更为科学、有效的幼小衔接教师跟岗机制，进一步增强区域内两个学段教师的创新力，本研究通过构建幼小衔接教师跟岗联盟体，为区域教师提供了一个交流学习、共同成长的平台，从而不断提升自身的专业素养和教育水平。同时，联盟体也有力推动区域内幼小衔接工作的深入开展，为孩子们创造一个更加优质、和谐的学习环境。

二、创新联盟体跟岗交流模式的实践探索

依托多方主体的实践平台和资源载体，幼小衔接教师跟岗联盟体得以建立与完善。在实践探索中，教师跟岗联盟体对区域内幼小衔接阶段的教师、学生创新力水平提升具有重要作用。

（一）发挥集群学校辐射作用，组建教师跟岗的联盟体

为了建立区域幼小衔接阶段的教师跟岗机制，本研究发挥集群学校的辐射作用，评选出一批具有探索精神和创新能力的教师组建教师跟岗联盟体，以期通过实践研究，提升幼小衔接阶段教师和幼儿的创新力水平。

1. 招募集群学校，形成区域教师跟岗联盟体

在静安区教育局的支持下，广泛招募区域内致力于培养学生创新力的集群学校和幼儿园，积极物色具有探索精神和创新能力的教师，共同组成教师跟岗联盟体。目前，已积聚了区域27 所集群学校和幼儿园，评选出 50 余名幼小衔接跟岗教师，初步构建成区域教师跟岗联盟体。

2.整合学校资源，组建"点对点"资源集合体

教师跟岗联盟体进一步整合集群学校资源，组建"点对点"资源集合体。"点对点"指的是学校与学校之间的精准对接，侧重于某一创新课程、创意活动等方面的研究。通过这种点对点的交流与研究，教师跟岗联盟体帮助学校深入挖掘教育特色与优势，实现了资源共享和优势互补，为教师跟岗提供资源基础。

3.发挥学校作用，组建"点对多"资源集合体

立足"点对点"的资源组合，联盟体又进一步发挥集群学校的主体作用，组建"点对多"资源集合体。这种集合体包括一所学校对多所校（园）的辐射作用，以及一位教师对一位或数位教师的引领与指导。联盟体鼓励集群学校的教师不仅在校内发挥示范引领作用，更要走出校门，对区域内其他学校教师进行指导和帮助，有效促进幼小衔接教育资源的均衡分布。

（二）依托"创造学院"资源，完善教师跟岗实践培训

"创造学院"是小学生的城市少年宫，为区域学生提供了近 20 大类活动项目，有几百种活动工具、材料和项目，比如绿色能源、未来城市、机器人总动员等，其中科创类活动占了 60%。

1.注重区域教师的紧密合作，共同指导学生创新力发展

依托"创造学院"资源，联盟体发动跟岗教师共同设计涵盖了艺术、科技、数字化等多个领域的创新活动内容，形成了富有特色的半日活动课程和创新实践活动，为区域内 10 万余名学生创造力培养提供优质服务。

2.共同设置半日活动的程序，形成高效的常态活动机制

为了构建高效活动机制，联盟体组织创造学院的志愿者教师和集群学校的跟岗教师组成联合指导团队。结合学院的艺术、科技、数字化活动室三大区域特点，每学期精心策划并开放多个活动室，为学生提供丰富多样的创新活动。在活动过程中，志愿者教师和跟岗教师分工明确，确保每个活动都能达到预期效果。

职能	
志愿者教师	◆ 策划活动方案 ◆ 组织活动流程 ◆ 引导学生参与活动，解答疑问 ◆ 收集学生对活动的反馈意见 ◆ 总结活动成效，提出改进措施
跟岗教师	◆ 协助策划，提供建议 ◆ 协助组织，确保活动顺利进行 ◆ 观察学生情况，提供个别指导 ◆ 协助收集反馈，与志愿者教师交流 ◆ 参与总结，提供改进建议

图 4-17 各教师职能示意图

3. 发挥志愿教师的专业优势，开展跟岗教师的系统培训

同时，联盟体还发挥"创造学院"志愿者教师的优势。志愿者教师结合自身的特长，提前设计了丰富的创造力训练内容和方案。通过讲座、案例分析、实践操作等多种形式，对集群学校的跟岗教师进行了系统的创造力培训，从而快速提升跟岗教师的创新力水平，广泛提升区域教师间的经验交流的频次和知识共享范围。

4. 扩大跟岗教师培训覆盖面，实施区域内资源上门服务

为了扩大教师培训的覆盖面，联盟体还实施了区域内资源上门服务。为此，联盟体选取了创造性劳动、"正在创造"等系列的创新教育资源，由相关的志愿者教师送到区域集群学校，联合集群学校的跟岗教师，为更多师生提供开展创新实践的机会。目前，开发的创新资源已为静安区 15 所学校、幼儿园送教上门。

（三）借助"少创联萌"优势，构建教师跟岗资源库

教师跟岗联盟体借助"少创联萌"平台，以创意资源、创意成果和创意经验的共享为核心，推广系列品牌活动，为幼小衔接跟岗教师提供了一个广阔的学习与交流平台。

1. 打破教师跟岗的信息壁垒，共享创意资源和成果经验

"少创联萌"平台打破了教师跟岗过程中的信息壁垒，为联盟体跟岗教师提供了一个开放、共享的创意资源交流平台。

联盟体跟岗教师通过上传自己的教学案例、创新实践成果，分享在幼小衔接教育中的独特见解和宝贵经验。此外，跟岗教师还可以通过浏览和学习其他教师的优秀创意资源，从中汲取灵感，丰富自己的教学方法和手段。

2. 开展区域师生的创新实践，推广系列创意品牌活动

"少创联萌"平台通过系列创意品牌活动的推广，为跟岗教师提供了开展创新实践、展示创新成果的机会，也加强了师生的创新力培养。连续三年推出的"劳动创造幸福"等特色品牌活动引起重大反响。而师生在品牌活动中产生的丰富的创意实践、创意成果又共享在"少创联萌"平台上，不断丰富幼小衔接教师跟岗的学习、交流资源库。

（四）立足创造研究院实施载体，开展教师跟岗实训活动

上海静安创造教育研究院（以下简称研究院）自 2020 年成立至今，一直致力于创造教育理念和实践成果的研究和推广。发挥研究院的资源、载体等优势，联盟体开展教师跟岗实训活动，为参训教师制订了系统、科学的培训计划。

1. 丰富创新实训形式，增强教师实践能力

联盟体依托研究院开设实地考察、工作坊研讨、专场报告等多种形式的专项实训。在实地考察中，教师们亲自感受了先进教育环境的氛围，对创新教育的实施有了更为直观的认识；工作坊研讨则让教师们围绕具体问题展开深入探讨，碰撞出思想的火花；专场报告则邀请了专家学者分享前沿的教育理论，拓宽了教师的视野。

2. 举办创新征文竞赛，激发教师创新热情

为了激发教师创新热情，联盟体还借助研究院的平台举办了"为培育时代新人而创新"的征文专项竞赛，吸引了来自区域、上海和其他各省市的中小学、幼儿园教师的积极参与。26位教师的优秀成果脱颖而出，展示了教师们在创新教育方面的独特见解和实践成果，为区域其他教师提供借鉴和参考。

三、实践成效

（一）构建教师跟岗联盟体

通过集聚区域内具有探索精神和创新能力的教师，初步构

建了幼小衔接教师跟岗联盟体，涵盖了区域 27 所集群学校和幼儿园，积聚了 50 余位幼小衔接跟岗教师，对校际合作产生了深远影响。从小学与幼儿园的角度，联盟体促进了双方教师的深度交流与合作，共同研究幼小衔接中的关键问题。

（二）搭建区域共享平台

联盟体充分利用"少创联萌"平台优势，搭建了区域共享平台，实现了创意资源和成果经验的共享。平台运行至今，已有十几万人次展示自己的研究成果，交流分享创新理念，为千名教师、学生举行了线上颁奖。

（三）提升教师创新能力

通过依托"创造学院"资源和完善教师跟岗实践培训等措施，联盟体有效提升了教师的创新能力。目前，50 余位跟岗教师每学期都已完成 1 节创新力公开展示课、1 次展示汇报和数次交流访问等创新活动。联盟体以此为基点，向静安区学校辐射推广，持续拓展创新教师队伍。

（四）发展学生创新意识

学生的创新意识也得到了显著发展，通过参与创新项目、竞赛等方式，不断提升创新水平和综合素质。据统计，在"劳动创造幸福"活动中，有近百名同学获得综合等第奖、最佳创造力和最佳表现力奖，"创造魔力营"线上线下优秀成果展示近 50 个。

（执笔：上海市静安区和田路小学　潘洪美）

第四节　幼小教师跟岗交流的保障措施

为了促进幼小衔接跟岗交流活动能更顺利地开展，区域制定了一系列幼小教师跟岗交流的保障措施。这些保障措施从政策引领与扶持、时间保障与支持、人员培训与指导、科学评价与激励、资源配备与共享五个方面给予了跟岗交流活动切实的保障，也为推动幼小衔接工作的整体发展提供有力的支持。

一、政策引领与扶持

为落实党中央、国务院《关于学前教育深化改革规范发展的若干意见》和《关于深化教育教学改革全面提高义务教育质量的意见》，推进幼儿园与小学科学有效衔接，依据《上海市幼儿园幼小衔接活动指导意见（修订稿）》和《小学入学适应教育指导要点》，根据《幼儿园教育指导纲要》《3—6岁儿童学习与发展指南》，制定静安区域政策《静安区教育局关于深入推进幼小科学衔接工作的实施方案》，为更好地推进《静安区幼小教师跟岗交流机制》指明方向。通过这些政策的指导和引领，使区域幼小教师跟岗交流的工作得到了各方面的支持和保障，确保了跟岗交流工作的顺利开展。

二、时间保障与支持

为确保教师跟岗交流活动的顺利进行，幼小衔接联盟体精心策划时间与安排。一般来说，跟岗交流的时间不宜过长或过短，以确保教师能够充分体验和学习到不同学校的教学风格和管理经验。参与交流的教师应在学期初或提前一个学期确定交流的具体时间，以便双方学校做好相应的教学安排。若因特殊原因需调整时间，应提前沟通并协商新的时间安排，尽量减少对正常教学秩序的影响。

三、人员培训与指导

在跟岗交流期间，为参与交流的教师提供必要的培训和指导。培训内容可包括跟岗交流的目的，如何观察学生学习特点、怎样观察教师的教学行为，确立观测点（教学技能、管理方法、学校文化等），以帮助教师更好地完成跟岗交流的任务。同时，安排经验丰富的教师或专家进行现场指导，解答教师的疑问和困惑。

四、科学评价与激励

建立科学的评价体系，对参与幼小跟岗交流活动的教师的教学工作进行全面、客观的评价。同时，为了鼓励更多教师参与跟岗交流活动，采取一定的激励措施。如对参与交流的教师给予一定的津贴补助、优先评聘职称等。同时，大力宣传跟

岗交流活动的成果和亮点，对表现优秀的教师进行表彰和奖励，激发教师的工作
热情和创造力。

五、资源配备与共享

教师跟岗交流的资源配备与共享是提升教师教育教学水平、促进教育资源均
衡发展的重要保障。通过共享教材与教学资源、课堂教学经验、教学设备与技术、
学科研究资料、教育政策与法规、学校文化与管理、教师专业发展，以及学生评
价与反馈等方面的资源和经验，可以有效促进教师之间的交流与合作，增加教学
效果，提高管理水平，推动幼小衔接工作的持续发展。

第五章 ／

指向儿童连续性发展的
幼小课程一体化机制

在《静安区教育局关于深入推进幼小科学衔接的指导意见》的引领下，各园校联盟体秉持区域多主体协同、系统推进的总体思路，紧密围绕儿童发展的连续性和整体性这一核心议题，深化幼小教师在课程教学衔接方面的交流与合作，及时解决入学准备与适应过程中的突出问题。为有效调和园校间"冲突"，积极回应幼小学段在课程目标、内容、实施及评价等方面存在的客观差异，区域内创新性地开展了跨校联动的幼小课程一体化设计和实施的探索，通过优化和完善幼儿园和小学的现行课程，为幼儿提供更加连贯、平稳的学习环境，构建指向儿童连续性发展的幼小课程一体化机制。

指向儿童连续性发展的幼小课程一体化机制，是以《静安区幼小衔接背景下支持儿童连续性发展评价指标》体系为科学引导，精准定位儿童发展能力水平，关注儿童发展的连续性和整体性需求，通过将原有的幼小阶段课程进行整体设计创新和迭代升级，探索出一条课程实施与优化的具体路径，力求实现幼小课程一体化设计与实施，为儿童提供连续的、顺畅的学习体验，真正实现从"让儿童做准备"到"为儿童做准备"的深刻转变。

第一节　指向儿童连续性发展的幼小课程一体化的内涵与现状

一、幼小课程一体化内涵

幼儿园和小学两个不同教育阶段的衔接，归根到底就是两个学段课程的衔接，通过对课程进行总体规划和衔接建构而形成相互联系、内在统一的整体。"幼小课程一体化"需要对课程目标、内容、实施、评价这四个要素进行跨学段一体化的设计与实施。"幼小课程一体化"一是实现纵向衔接，包括课程目标、内容、教学方式等要素的连续性和递进性；二是实现横向衔接，包括学科之间、学科与学习者之间的横向关联。"指向儿童连续性发展的幼小课程一体化机制"是指以《静安区幼小衔接背景下支持儿童连续性发展评价指标》为导向，通过优化课程目标、调整课程内容、协同课程实施、双向课程评价打通幼小课程一体化衔接通道。这种双向奔赴的机制运行，能够更准确地把握两个学段学生实际所需的知识与技能，并根据学情动态调整幼小学段的教学内容和方式，旨在实现幼儿园与小学之间的科学衔接，为儿童的连续性发展创造更加有利的条件。

二、幼儿园和小学课程差异的现状

通过查阅大量文献资料，结合一线教师的经验发现，幼儿园和小学在课程目标、课程内容、实施方式、课程评价等方面都存在显著的差异。

（一）课程目标的差异

课程目标编制上，小学依据教育部印发的义务教育课程方案和分学科课程标准（2022年版），而幼儿园则以教育部发布的《幼儿园教育指导纲要（试行）》《幼儿园入学准备教育指导要点》《小学入学适应教育指导要点》和《3—6岁儿童学习与发展指南》作为指导。目前幼儿园课程目标强调对"学习品质"的养成，学习品质主要指学习态度、行为习惯、学习方法等与学习密切相关的基本素养，具体包括儿童的"积极态度和良好行为倾向""好奇心和学习兴趣""积极主动、认真专注、不怕困难、敢于探究和尝试、乐于想象和创造"等内容。[①] 相较于幼儿园而言，小学课程目标依据各学科核心素养指向下分年段课程目标及学业质量目标制定，依托各学科核心概念或知识体系开展系统学习，体现教学评的一致性。

（二）课程内容的差异

在课程内容上，幼儿园与小学低年段也呈现出差异。小学有国家审定和统一发布的各学科课程标准及相关配套教材，以分科教学为主。课程内容的主体部分是学科知识，在培养核心素养的教育教学活动中，作为连接教师和学生的桥梁，承载着学科育人的重要价值，是学科知识与学生发展之间的一种意义关联。幼儿园则以教育部发布的《幼儿园教育指导纲要（试行）》为指导，教育内容是全面的、启蒙性的，可以相对划分为健康、语言、社会、科学、艺术等五个领域。幼儿园课程内容的选择往往根植于儿童的心理特点和规律，重视儿童的兴趣和发展需要，围绕儿童的生活和经验进行组织。可见二者在课程内容的系统性、综合性、经验性上存在较大的差异。

（三）课程实施的差异

幼儿园与小学课程在目标、内容上的不同，直接导致了两者在课程实施上各具特点。在课程实施上，小学以正式的课堂教学为主，在规定课时内由学习任务驱动，强化学生发现问题、解决问题、建构知识、运用知识的过程；幼儿园以游戏为基本活动，以综合主题活动为主，活动更多由幼儿的兴趣驱动。可以看出，

---

① 中华人民共和国教育部.教育部关于印发《3—6岁儿童学习与发展指南》的通知[EB/OL].（2012-10-09）[2024-12-01].http://www.moe.gov.cn/srcsite/A06/s3327/201210/t20121009_143254.html.

140

儿童在学前教育阶段所经历的学习方式更加符合其年龄特征，而在其进入小学阶段之后必然面临学习上的适应性问题。

（四）课程评价的差异

在评价方式上，幼儿园教师多采用行为观察、成长记录等方式进行过程性评价，其评价语言主要是具体的、描述性的，更关注全面了解幼儿的发展状况，关注幼儿的个体差异；而小学课程评价的方式倾向于伴随教学过程开展评价，促进"教—学—评"有机衔接[①]，围绕学习目标多采用课堂口头评价、作业评价、学业质量检测、学生成长手册等多种过程性与总结性评价相结合的评价方式，其评价目的更关注课程目标的达成，以及对学生学业质量的综合诊断及改进。

因此，厘清现状问题，应对幼小课程取向差异，通过"指向儿童连续性发展的幼小课程一体化机制"，尝试破解幼儿园与小学的课程衔接难题。

第二节　幼小衔接背景下支持儿童连续性发展评价指标体系的构建

客观存在的幼小课程差异，使得幼儿园和小学之间容易呈现断裂式的衔接陡坡。为切实解决幼小课程衔接上的问题，教育部在 2021 年的工作重点中就提出要进行科学的幼小衔接，为幼小衔接提供以"双向衔接""减缓坡度"为核心的指导方针。2022 年版《义务教育课程方案》更强调要以素养为导向，明确一、二年级的教育教学工作，并从课程安排、学习内容、学习方法等方面作了一体化设置，提升课程的科学性和系统性，促进学段间的衔接。[②]因此，幼小衔接的顺利过渡应当从素养、能力和习惯品质的培养等方面着手，注重学习内容与方式的协调与平衡，重视教学的连续性，而幼儿教育和小学教育中的共同价值观与核心素养（即素养导向下的儿童连续性发展）正是促进教学连续性的起点。《静安区幼小衔接背景下支持儿童连续性发展评价指标》（以下简称《指标》）的建构正是以核心素养作为导向的一种评价体系，以"儿童发展中心"为立场，充分遵循幼儿发展规律，为幼儿园和小学低年段儿童的连续性发展提供了科学衔接的依据，确保了教育全

① 中华人民共和国教育部. 义务教育课程方案（2022 年版）［M］. 北京：北京师范大学出版社，2022：2-4.

② 徐晨盈，胡惠闵. 幼小衔接：从课程与教学入手［J］. 全球教育展望，2022，51（7）.

过程的连贯性和高效性。

一、聚焦儿童连续性发展——《指标》的基本原则

儿童发展是一个连续的过程，幼小的科学衔接就是要缩小前后两个教育阶段儿童在身心适应、生活适应、社会适应和学习适应上的差异，减缓衔接坡度，帮助儿童顺利实现从幼儿园到小学生活的过渡。而幼儿园和小学进行课程一体化衔接设计的关键点，就在于双方都聚焦儿童连续性发展，以促进幼儿德智体美劳各方面的协调发展为核心，这也是《指标》建立的基本原则。

与此同时，《指标》支持了幼小课程评价的有效衔接，指引了幼儿园和小学的课程评价内容和评价方式，关注了幼儿学习和发展的整体性。同时《指标》多采用"观察行为表现"描述性语言对评价结果进行叙述，并以过程性评价为指向，注重课程实施过程中儿童持续性和进阶性发展的具体表现。

二、建立科学评价体系——《指标》的构建过程

一级指标：依据国家层面颁布的相关文件《幼儿园入学准备教育指导要点》《小学入学适应教育指导要点》，以促进幼儿身心全面准备为目标，围绕幼儿入学所需的关键素质，提出身心准备、生活准备、社会准备和学习准备四个核心内容，确定身心、生活、社会以及学习四方面作为《指标》评价的一级指标，帮助儿童逐步从幼儿园顺利过渡到适应小学生活。

二级和三级指标：依据教育部 2021 年发布的《幼儿园入学准备教育指导要点》《小学入学适应教育指导要点》文件中四个关键素质"身心适应""生活适应""社会适应""学习适应"下的发展目标提取二级、三级指标，与原有的《静安区小学生"活力发展"评价指标》和《静安区学前教育"活力开端"积点制保教质量监控与管理体系评价表》做出合并与调整，尽量保留了原有二级指标和三级指标（个别指标略有调整），最终目的是体现活力儿童的培养；各级指标阐述说明部分保留静安区"活力开端""活力发展"中的原有表述，但多数基于国家已有的相关文件和文献整理，进一步构建和优化评估指标中的二级指标和三级指标对应的阐述说明，阐述内容与《义务教育课程标准（2022 年版）》相吻合，充分尊重幼儿身心发展规律和特点，凸显幼小衔接的立场。

4 个水平的观察行为表现：依据上述国家级政策指导文件及实践调研，并参照《3—6 岁儿童学习与发展指南》（以下简称《指南》）、2022 年版《义务教育课程方案》及各学科《义务教育课程标准》等确定了 4 个观察行为表现。表现性

行为 1—2 中观察行为表现的表述参照《指南》，表现性行为 3—4 中观察行为表现的表述参照 2022 年版《义务教育课程方案》及各学科《义务教育课程标准》。以身心（一级指标）——热爱锻炼（二级指标）——快乐运动（三级指标）的观察行为表现为例，表现性行为 1—2 的表述来自《指南》"健康"领域中"身心状况""动作发展"中针对 3—6 岁的目标描述，表现性行为 3—4 的表述则参照《义务教育体育与健康课程标准（2022 年版）》中依据核心素养达成度对课程总目标细化出的四个水平目标中的"水平一"和"水平二"，侧重低年段儿童对基础知识的了解及游戏活动的感受。

表 5-1　幼小衔接背景下支持儿童连续性发展评价指标示例（详见附表）

幼小衔接背景下支持儿童连续性发展评价指标							
一级指标	二级指标	三级指标	指标阐释说明	观察行为表现			
				表现性行为 1	表现性行为 2	表现性行为 3	表现性行为 4
依据《幼儿园入学准备教育指导要点》《小学入学适应教育指导要点》静安《活力开端》《活力发展》指标				参照幼儿园《3—6 岁儿童学习与发展指南》		参照《义务教育体育与健康课程标准（2022 年版）》	
身心	热爱锻炼	快乐运动	喜欢参与体育活动，在充分享受运动乐趣时有安全意识，同时寻找自己感兴趣的运动项目。	1. 能用自己喜欢的运动器械和材料锻炼身体。 2. 在提醒下，安全地运动。	1. 乐于尝试不同的运动器械和材料，完成不同的身体动作，锻炼身体各部位。 2. 有初步自我保护的意识。	1. 正确使用运动器械，积极参与各种体育游戏，感受体育活动的乐趣。 2. 感受体育锻炼对健康的重要性，愿意参与校内外体育活动。 3. 有自我保护的意识。	1. 能够熟练使用运动器械，积极参与多种运动项目游戏，感受运动乐趣。 2. 了解体育锻炼对健康的重要性，积极参与校内外体育活动。 3. 有强烈的自我保护意识。

三、持续评估儿童发展——《指标》的使用价值

该指标体系可用于对大班和小学低年段儿童的连续性发展情况评估。幼小双方教师可根据指标阐述说明，并结合自己的观察，在 4 个观察行为表现上对幼儿园大班、小学低年段儿童的发展情况进行更为精准和科学的评价。与此同时，还可利用评估指标和其对应的观察行为表现，转化成与之对应的课程（活动）目标

和内容，通过课程（活动）的有效实施，促进幼儿主动学习和全面发展的能力。《指标》引导小幼教师双向奔赴，共同立足儿童身心发展规律，对每个儿童从幼儿园入学准备到小学低年级入学适应开展持续性评价。通过加强幼儿园和小学教师针对性、贯通式的评价，真正做到以评价促进幼小科学衔接的形成，为幼小课程一体化机制运行提供最有力的依据和保障。

第三节 指向儿童连续性发展的幼小课程一体化机制的实施路径

评价指标的产生除了可以用于评估幼儿园和小学低年段学生连续性发展的水平之外，更重要的作用是幼小联盟体可以根据《指标》中对应的具体观察行为表现，调整已有的幼儿园和小学课程，优化教育教学实践，进一步提高课程教学内容的连贯性、课程教学方式的衔接化、课程教学评价的一致性。具体的实施路径如下：

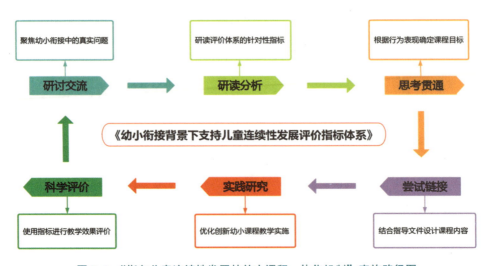

图 5-1 "指向儿童连续性发展的幼小课程一体化机制"实施路径图

一、研讨交流——聚焦幼小衔接中的真实问题

幼小课程一体化机制的实施，必须建立在深入剖析幼小衔接过程中真实问题的基础之上。幼小联盟体应组织幼儿园教师与小学低年段教师共同参与研讨交流活动，聚焦幼儿园儿童和小学低年段学生在学段衔接的过程中可能会遇到的某一

个真实问题，如人际交往的问题、情绪处理的问题、学习习惯的问题，等等，可以采用组织线下专题研讨会或者开展线上的网络会议等多种沟通方式，逐步厘清在面对同一个真实问题时，幼儿园和小学之间存在的共性问题及差异做法，明确幼小衔接的现状和起点，为后续的幼小课程一体化实施奠定基础。

二、研读分析——研读评价体系的针对性指标

从具体的真实问题出发，找到评价体系中的针对性指标，对这一指标内容进行深入研读分析。首先，阅读"指标阐释说明"，了解这个三级指标的内涵与概念。其次，应该重点关注的是"观察行为表现"中的表现性行为1、2、3、4，这4个表现性行为呈现了一个循序渐进的发展进程，可以对照行为1和行为2的具体表述，从《幼儿园教育指导纲要（试行）》和《3—6岁儿童学习与发展指南》中找到对应的内容，梳理出健康、语言、社会、科学、艺术等几个领域中有哪些对应的主题能够培养幼儿园儿童这方面能力，以此来确定幼儿园的活动主题；同时，对照行为3和行为4的具体表述，从《义务教育课程方案（2022年版）》和《义务教育课程标准（2022年版）》中，筛选出小学低年段中哪些学科的哪些教学主题能够培养小学生的这方面能力，以此来确定小学段的课程主题。

下面分别从身心、生活、社会、学习四大维度中选取了一个三级指标为例，介绍如何通过研读评价体系的针对性指标，梳理与之相对应的幼儿园活动与小学低年段课程。当然，列举出的这些课程与活动仅作为参考，各园校还可以根据自己的校本课程、特色活动等来确定合适的主题。

三、思考贯通——根据行为表现确定课程目标

在选取了某一个活动主题或课程主题后，幼儿园和小学低年段需要结合各自的课程特点分别确定具体的课程目标，要将课程教学的总体目标设定为促进儿童经验的连续性发展，实现儿童从幼儿园到小学的平稳过渡。幼儿园需要参考"观察行为表现"中的行为1和行为2的描述，以及《幼儿园教育指导纲要（试行）》中相关领域的活动目标，来确定某一个具体主题活动的目标。小学低年段需要参考"观察行为表现"中的行为3和行为4的描述，以及《义务教育课程标准（2022年版）》中的各学科课程目标及学业质量标准，整合相关单元结构和内容基础，以儿童经验的连续性和学生学科核心素养培养为导向，来制定某一节课具体的教学目标。通过思考贯通，根据行为表现确定出既符合儿童发展规律，又符合教育要求的课程目标，以此来确保幼儿园与小学之间课程目标的连贯性、一致性和递进性。

表5-2 某一指标对应的幼儿园活动与小学低年段课程样例

一级指标	二级指标	三级指标	指标阐释说明	观察行为表现				研读指标体系的针对性指标，梳理与之对应的课程（活动）主题			
				表现性行为1	表现性行为2	表现性行为3	表现性行为4	幼儿园	小学①		
									学科	一年级	二年级
身心向上	快乐向上	喜欢上学	愿意了解校园环境，积极参与校和班级的活动。	1. 能主动参加群体活动。 2. 面对新伙伴、新老师时，能适应所发生的变化，愿意参与活动。	1. 知道幼儿园和小学之间的差异，并对小学生活充满好奇和向往。 2. 面对新伙伴、新老师时，能较快适应新的人际环境，主动参与活动。	1. 能在引导下适应小学生活，并不排斥入校学习。 2. 愿意去了解新的校园和班级环境，并与新老师、同学交往。 3. 知道自己的校名、班级和小学生的身份。	1. 能较快适应小学生活，并喜欢入校学习。 2. 主动了解新的校园和班级环境，并主动与新老师、同学交往。 3. 对小学的新身份比较认同，并在学习、生活等方面保持良好心态。	四、适应集体 （二）关心身边人 《生活活动》 《学习活动》（3—4岁）《我的幼儿园》 《学习活动》（4—5岁）《幼儿园里朋友多》 《学习活动》（5—6岁）《我要上小学》 ……	语文	一上学习准备期：《我是小学生》	自主设计学科活动
									数学	一上《说一说》	二上第三单元《统计》
									英语	1A M1U2 My classmates	2A M1U3 A new classmate
									音乐	一上第一单元：上学 唱《上学》 创《上学去了》	二年级下第四单元《少年先锋队队歌》 二年级下第四单元 听《快乐的节日》
									体育	自主设计学科活动	自主设计学科活动
									美术	一上第一单元《画画我的幼儿园》	二上第一单元《我为老师跳支舞》
									自然	一上学习准备期：《走进实验室》	二上第一单元《儿童的成长》
								……	道德与法治	一上第一单元《开开心心上学去》《拉拉手，交朋友》 一上第二单元《我认识您了》《我们的校园》	二上第二单元《我爱我们班》

① 因此机制创制编时间在义务教育"双新"（新课程新教材）实施前，故此表中小学一年级课程样例采用的是旧版上海市中小学九年义务教育课本。

一级指标	二级指标	三级指标	指标阐释说明	观察行为表现				研读指标体系的针对性指标，梳理与之对应的课程（活动）主题			
				表现性行为1	表现性行为2	表现性行为3	表现性行为4	幼儿园	小学		
									学科	一年级	二年级
身心	快乐向上	喜欢上学							心理	……	……
									班会	……	……
									小主综	……	……
生活	喜欢劳动	劳动体验	感受参加各种形式班级和家庭劳动的乐趣，喜欢主动选择并运用安全的劳动工具和方法。	1. 在引导下，初步安全使用简单的劳动工具或用具，如剪刀、锤子等。2. 喜欢参加班级和家庭劳动，在过程中感受劳动的乐趣。	1. 能够尝试安全使用简单的劳动工具或用具，如铲子、锤子等。2. 喜欢参加各种形式劳动，在过程中感受和表达劳动的乐趣。	1. 参与简单的劳动，初步学会安全规范使用相应工具。2. 初步感知喜爱劳动的艰辛与乐趣，学会尊重他人的劳动付出。3. 喜欢劳动，具有主动劳	1. 能够安全规范使用各种常用工具，对工艺制作具有一定的好奇心。2. 懂得人人都要劳动、劳动成果来之不易的道理。3. 在劳动过程中遵守纪律，	《生活活动》一、做力所能及的事（二）我爱劳动	语文	自主设计学科活动	二上第三单元《口语交际：做手工》
									数学	一下《度量》	二上第五单元《几何小实践》
								《学习活动（4~5岁）》《常见的用具》	英语	自主设计学科活动	2A M3U2 In my room　2A M3U3 In the kitchen
								……	音乐	自主设计学科活动	二年级上第一单元创《小猫钓鱼》二年级下第一单元唱《我是一粒米》
									体育	一年级 理论《认真上好体育课》	二年级 理论《体育活动中的安全小常识》
									美术	自主设计学科活动	自主设计学科活动

续　表

<table>
<thead>
<tr><th rowspan="3">一级指标</th><th rowspan="3">二级指标</th><th rowspan="3">三级指标</th><th rowspan="3">指标阐释说明</th><th colspan="4">观察行为表现</th><th rowspan="3">幼儿园</th><th colspan="3">研读指标体系的针对性指标，梳理与之对应的课程（活动）主题</th></tr>
<tr><th rowspan="2">表现性行为 1</th><th rowspan="2">表现性行为 2</th><th rowspan="2">表现性行为 3</th><th rowspan="2">表现性行为 4</th><th rowspan="2">学科</th><th colspan="2">小学</th></tr>
<tr><th>一年级</th><th>二年级</th></tr>
</thead>
<tbody>
<tr>
<td rowspan="6">生活</td><td rowspan="6">喜欢劳动</td><td rowspan="6">劳动体验</td><td rowspan="6"></td><td rowspan="6"></td><td rowspan="6"></td><td rowspan="6">动、积极参加劳动的愿望。</td><td rowspan="6">不怕脏，不怕累。</td><td rowspan="6"></td><td>自然</td><td>一下第五单元第 8 课《许多材料可以回收再利用》</td><td>二上第三单元第 3 课《你可以用热来制造东西》
二下第六单元第 4 课《制作会动的玩具》</td>
</tr>
<tr><td>道德与法治</td><td>一下第 11 课《让我自己来整理》
一下第 12 课《干点家务活》</td><td>二下第三单元第 12 课《我的环保小搭档》</td></tr>
<tr><td>心理</td><td>……</td><td>……</td></tr>
<tr><td>劳动</td><td>……</td><td>……</td></tr>
<tr><td>班会</td><td>……</td><td>……</td></tr>
<tr><td>小主综</td><td>……</td><td>……</td></tr>
<tr>
<td>社会</td><td>交往合作</td><td>倾听沟通</td><td>在他人发表观点时，能够耐心倾听，理解其表达的</td><td>1. 在集体中能有意识倾听与自己有关的信息。
2. 愿意与</td><td>1. 在集体中安静倾听他人讲话。
2. 乐于参与讨论问</td><td>1. 能认真听他人讲话，努力了解讲话的主要内容。</td><td>1. 能认真听他人讲话，准确理解讲话的主要内容。</td><td>《生活活动》四、适应集体（三）学会交朋友</td><td>语文</td><td>一上第一单元口语交际《表说你做》
一下第一单元口语交际《听故事，讲故事》</td><td>二上第三单元口语交际《商量》
二上第 1 单元口语交际《有趣的动物》
二下第一单元口语交际《注意说话的语气》</td>
</tr>
</tbody>
</table>

一级指标	二级指标	三级指标	指标阐释说明	观察行为表现				研读指标体系的针对性指标，梳理与之对应的课程（活动）主题				
				表现性行为1	表现性行为2	表现性行为3	表现性行为4	幼儿园		小学		
										学科	一年级	二年级
社会	交往合作	倾听沟通	信息；主动发表自己的观点，乐于与他人分享。	他人交流自己感兴趣的话题，能较完整地讲述自己的经历和见闻。	2. 能在众人面前表达自己的想法，能使用连贯语言讲述自己的经历和见闻。	2. 能够较为清楚地表达自己的感受，表达交流时有自信。	2. 积极参加讨论，敢于发表自己的意见。	……	……			二下第三单元口语交际《长大以后做什么》 二下第八单元口语交际《推荐一部动画片》
										数学	一上《听着数数》 一下第三单元《时间的初步认识一》	二下第三单元《时间的初步认识二》
										英语	1B M1U2 Listen and hear	2B M1U3 What can you hear
										音乐	一下第四单元 开心童年 玩《请你和我相反唱》	二下第三单元 唱《洋娃娃和小熊跳舞》 二上第二单元 唱《郊游》
										体育	一年级 滚翻《各种滚动》	二年级 韵律 集体舞：欢乐的童年
										美术	自主设计学科活动	二上第一单元《用色彩画心情》 二下第七单元《画画我的休息天》
										自然	一下第三单元第2课《我的宠物》	自主设计学科活动

一级指标	二级指标	三级指标	指标阐释说明	观察行为表现				研读指标体系的针对性对指标、梳理与之对应的课程（活动）主题					
				表现性行为1	表现性行为2	表现性行为3	表现性行为4	幼儿园		小学			
										学科	一年级	二年级	
社会	交往合作	倾听沟通								道德与法治	一上第二单元《上课了》第8课《上课了》	二下第四单元《我能行》第13课《我能行》	
										心理	……	……	
										班会	……	……	
										小主综	……	……	
学习	好奇求知	观察发现	尝试对事物或现象从不同角度进行观察，寻找事物的特征，尝试发现规律。	1.能感知和发现生活中常见动植物生长变化的过程及所需的基本条件。 2.能初步感知和发现常见材料的溶解、传热等性质及现象。	1.能发现和了解典型动植物的外形特征，认识生活中常见的材料。 2.能了解常见物体的结构和功能，发现两者之间的关系。	1.认识常见物体的基本外部特征，认识生活中常见的材料和现象。 2.认识周边常见的植物和动物，能简单描述其外部主要	1.能描述常见自然现象（太阳升落、季节变化、日和月亮形状变化等），说出天气变化及其对人类生活的影响。 2.知道地球是人类	《学习活动（3～4岁）》	《不怕冷》《白天和黑夜》《小花园》《动物花衣》《雨天》《夏天真热啊》《好玩的水》	语文	一上第四单元《秋天》《江南》《四季》 一上第六单元《比尾巴》 一下第五单元《动物儿歌》 一下第六单元《要下雨了》 一下第八单元《小壁虎借尾巴》	二上第一单元《小蝌蚪找妈妈》《我是什么》《植物妈妈有办法》 口语交际《有趣的动物》语文园地一 二上第二单元《树之歌》《自然拍手歌》《田家四季歌》 二下第一单元《找春天》 二下第二单元《我是一只小虫子》 二下第六单元《雷雨》	

续　表

一级指标	二级指标	三级指标	指标阐释说明	观察行为表现				研读指标体系的针对性指标，梳理与之对应的课程（活动）主题			
				表现性行为1	表现性行为2	表现性行为3	表现性行为4	幼儿园	学科	小学一年级	小学二年级
学习	好奇求知	观察发现		在生活中的用途。3. 能感知和发现光、影、磁、摩擦等简单物理现象。	之间的关系。3. 能探索和发现光、影、沉浮、水等简单的形态等物理现象产生的条件或影响因素等。	特征和生长过程。3. 知道植物和动物的生存需要环境条件。	和动植物的共同家园。3. 知道自然物和人造物存在区别。4. 知道常见简单科技产品的结构决定了其功能，知道简单的制作与问题需要定义和界定。	《学习活动（4—5岁）》：《在秋天里》《在农场里》《水真有用》《寒冷的冬天》《在动物园里》《春天来了》《火辣辣的夏天》	数学	一上《分一分》	二下第五单元《质量的初步认识》 二下第六单元《几何小实践》
									英语	1A M4U1 On the farm 1A M4U2 In the zoo 1B M3U2 Weather	2A M4U1 In the sky 2B M3U1 The four seasons
									音乐	一上第三单元：快快长 听《风和雨》唱《小雨沙沙》听《小芽快快长》唱《小树快快长》创《我是一颗小芽芽》	二上第四单元 听《暴风雨》二下第一单元《水草舞》二下第二单元唱《我是一粒米》
								《学习活动（5—6岁）》：《有趣的水》《有用的植物》	体育	一年级 跑的游戏《移动小树苗》	二年级《欢乐的游戏》

续 表

一级指标	二级指标	三级指标	指标阐释说明	观察行为表现				研读指标体系的针对性指标，梳理与之对应的课程（活动）主题			
				表现性行为 1	表现性行为 2	表现性行为 3	表现性行为 4	幼儿园	学科	小学 一年级	二年级
学习习惯	好奇求知	观察发现						《春夏和秋冬》《动物大世界》	美术	一上第三单元第 3 课《雨后彩虹》一上第七单元第 2 课《我的太阳》	二上第四单元第 1 课《昆虫乐园》一上第七单元《连续的图形》二下第六单元《小人国里》
									自然	一上第三单元《天气变化》一下第三单元《宠物》一下第六单元《光和色彩》	二上第三单元第 1 课《热会使东西变化》一下第三单元第 2 课《昆虫》二下第九单元第 5 课《月相的变化》
								……	道德与法治	一上第四单元第 13 课《美丽的冬天》	二下第一单元第 4 课《试种一粒籽》
									心理	……	……
									班会	……	……
									小主综	……	……

四、尝试链接——结合指导文件设计课程内容

根据确定的课程目标，幼儿园与小学教师都需要深入研读相关的指导文件，并以此作为设计课程内容的重要依据。围绕课程目标，选择具有内在联系、层次递进的课程内容，确保课程内容能够支持课程目标的实现。幼儿园阶段的教育内容是全面的、启蒙性的，应从不同角度促进幼儿情感、态度、能力、知识、技能等方面的发展；小学阶段则应在此基础上进行深化和拓展，逐步引入更为系统、深入的知识体系，引导学生深入探究、主动思考，确保学生在关键能力与必备品格层面上的连续发展。同时，两个阶段的教学内容应相互衔接，避免重复和脱节现象的出现。因此，幼小联盟体应定期组织课程内容设计的研讨交流，分享各自的设计思路和经验，小学段应充分了解幼儿在学前段已掌握的知识与经验，将儿童感兴趣的事物、疑惑的问题及迫切的需要作为课程内容的核心议题，并以此为纽带整合不同学科，继而激活儿童已有认知结构，使学科知识与儿童经验相互联结，动态科学地调整教学内容，确保幼儿园与小学之间的课程内容既有连贯性和层次性，又能体现出不同阶段的特点和重点，实现幼儿园和小学之间课程内容的纵向衔接及各学科课程内容之间的横向衔接，促进儿童经验的连续性发展。[①]

五、实践研究——优化创新幼小课程教学实施

在教学实施阶段，幼儿园和小学低年段教师需要根据课程目标及课程内容来优化调整教育教学实践。在实施策略上，幼儿园和小学可以相互借鉴并实现双向靠拢。幼儿园应围绕选定的活动主题，在尊重幼儿身心发展规律和学习特点的基础上，设计有意义的、富有启发性的、具有结构化的活动，注重游戏化和情境化的教学方法，支持儿童在亲身体验和直接感知中进阶学科思维。小学低年段教师应结合学科特点和低年段儿童的认知水平，注重活动化、游戏化、生活化的教学设计，在设计课程内容与学习方式时，融合学科逻辑与儿童心理逻辑，要强化学生学习与生活世界的关联，创设生活情境，更多关注生活中的真实问题，支持学生在游戏、操作、体验等亲身参与的活动中获得具体直观的经验。[②]幼小联盟体应定期组织观摩教学、教学研讨等活动，相互学习、借鉴优秀的教学经验和做法，不断优化教育教学实践，实现幼小课程的科学衔接。

---

① 刘曲.幼小科学衔接落实的关键——课程一体化设计与实施［J］.家教世界，2022（27）.

② 徐晨盈，胡惠闵.幼小衔接：从课程与教学入手［J］.全球教育展望，2022，51（07）.

六、科学评价——使用指标进行教学效果评价

在幼小课程一体化机制的实施路径中，科学评价是确保教学效果和持续优化的关键环节。在评价时，教师应重点关注本课程内容所对应的评价指标中的某一个针对性指标，参照"观察行为表现"中的表现性行为1、2、3、4，再结合课程目标进行个性化的调整，通过课堂观察、学生作品分析、学生自评和互评、家长反馈等多种方式，分别对幼儿园儿童和小学低年段学生的连续性发展水平进行评价。同时，幼儿园与小学应正确认识并尊重儿童各方面发展的个体差异，不能将"观察行为表现"中的行为1和行为2直接作为大班儿童的发展水平，将行为3和行为4直接作为一年级儿童的发展水平，同一学段的不同学生在同一维度同一指标上的发展是存在差异的，同一名学生在不同维度不同指标上的发展也是存在差异的。因此，教师要根据儿童的实际情况，以观察行为表现水平为参照，客观地评估儿童在幼小衔接阶段的连续性发展水平，同时，评价结果也将作为调整和优化课程实施的重要依据，通过反馈评估，不断推动幼小课程一体化的完善和发展。

通过以上六个步骤的实施，幼小联盟体可以建立起有效的幼小课程一体化机制，促进儿童连续性发展，实现幼儿园到小学的平稳过渡，为儿童的全面发展奠定坚实的基础。

【案例9】

桥梁共建支持儿童连续性发展
——以"天气每天在变化"一课为例

上海市静安区南阳实验幼儿园
上海市静安区第一中心小学

南阳实验幼儿园与静安区第一中心小学地理位置相近，仅相隔300多米，这得天独厚的条件使得两校多年来能够通过各种形式保持紧密的沟通与协作，共同营造出一个充满活力的互动环境。为了进一步推动幼小教育的无缝衔接，南阳实验幼儿园与静安区第一中心小学的研究共同体深入探讨了幼小衔接的本质与价值追求，并以《静安区幼小衔接背景下支持儿童连续

性发展评价指标》（以下简称《指标》）为指导，积极开展幼小课程一体化实践和探索。

下面，我们将聚焦于《指标》中的"学习"领域，特别是"好奇求知"这一关键指标，以"天气变化"教学活动主题为例，详细阐述南阳实验幼儿园与静安区第一中心小学在幼小课程一体化研究方面的创新尝试与实践成果。

一、维度共鸣——探索幼小衔接的关键问题

园校"幼小衔接项目核心团队"聚焦《指标》，在学习（一级指标）—好奇求知（二级指标）—观察发现/积极探索（三级指标）下，找到学前段大班的主题活动"春夏和秋冬"与小学自然一年级上册第三单元"天气变化"遥相呼应。通过对第三单元中"天气每天在变化"这一节课的联合观摩研讨，我们发现了两个学段之间的一同三异，具体见表5-3。

表5-3　幼儿园"春夏和秋冬"主题和小学"天气变化"单元的一同三异

教学/活动主题		幼儿园"春夏和秋冬"主题	小学"天气变化"单元
相同		大班幼儿在主题中积累了常见天气现象的经验，与"天气每天在变化"教学目标存在重合。	
差异	教学目标	侧重幼儿观察自然现象的兴趣。	强调学生对天气现象知识的掌握。
	教学方式	以儿童直接经验为基础，渗透于一日生活中。	集体授课教学，在教室内进行。
	评价方式	注重过程性评价。	注重对学习成果的评价。

幼儿已有的经验与小学教学目标之间的重合，不能有效激发儿童的好奇心和探索欲。此外，幼儿园与小学在教学目标、教学方式和评价方式上的显著差异，可能会使儿童在适应新学习环境时感到困惑，进而影响他们的学习积极性和自信心，还可能导致儿童在感知事物、观察发现和积极探索等关键能力的发展上出现停滞甚至是退步。因此幼小衔接

的过程需要在两者之间建立桥梁，更好地支持儿童连续性发展。

二、指标深掘——识别幼小衔接的关键连接点

小学和幼儿园课程之间的一同三异正是我们推进课程一体化实践的切入点。通过对《指标》的进一步研读，我们发现《指标》中对儿童"学习——好奇求知"指标的评估分为感知事物、观察发现和积极探索三个方面，共四类表现性行为。其中表现性行为 1 和表现性行为 2 针对幼儿园大班儿童提出，表现性行为 3 和表现性行为 4 针对小学低年级学生提出。《指标》中关于"感知事物"的指标阐释说明是对各类事物、活动感兴趣，乐于参与实践体验，尝试对自然世界、社会生活和艺术作品中的事物和现象进行感知与回应；"观察发现"的指标阐释说明是"尝试对事物或现象从不同角度进行观察，寻找事物的特征，尝试发现规律"；"积极探索"的指标阐释说明是"乐于动手，大胆尝试，在实践中尝试用不同的方法积极探索感兴趣的事情"。

这意味着儿童连续性科学素养发展的核心并非单纯科学知识的积累，而是科学素养的全面提升，重点在于培养儿童的科学思维和探究实践能力，而非单纯传授科学知识，我们需要通过螺旋式上升的方式，逐步深化儿童的科学思维，增强他们的探究能力，并培养他们积极的科学态度，从而实现儿童科学素养的全面连续发展。因此，我们从调整活动目标、丰富教学方法、引入儿童自评三个方面入手，优化活动，使其更加符合儿童的连续性发展需求，在幼儿园与小学之间建立课程一体化链接，确保儿童在幼小两个学段的学习能够保持连贯性和一致性。

三、差异弥合——优化课程目标聚焦科学素养

我们对原有的小学一年级课程教学目标进行了优化升级，在充分尊重儿童已有经验的基础上，从侧重追求知识目标的达成，转变为更加注重能力目标的培养。在"天气每天在变化"这一课中，我们着重突出了对儿童观察能力的培养，具体教学目标调整如下所示。

表 5-4　　"天气每天在变化"教学目标调整对比

	调整前	调整后
目标一	通过观察，知道天气每天在变化。	通过"观察常见的天气现象"活动，知道地球上有各种不同的天气现象，感悟观察能帮助发现事物的特点和规律。
目标二	理解简单的天气符号，分辨晴天、多云、阴天等最常见的天气现象，并用符号进行记录。	通过"观察记录一周的天气情况"活动，能用简单符号、图画、文字等记录观察的天气现象，形成持续、细致观察的习惯和如实记录的科学态度。
目标三	关心每天的天气情况，知道天气和我们生活出行密不可分。	本课时删除（调整为第二课时教学目标）。

四、方法丰富——激发好奇求知的教学策略

以《指标》为导向，为激发儿童好奇求知的学习品质，我们运用了情境式教学、体验式教学和探究式教学等多元的教学方法，注重了活动形式的一致性和发展性，让儿童能够主动地进行学习，从而增强儿童观察发现和积极探索的能力。在"天气每天在变化"这一课中，具体表现为以下三点。

1. 情境式教学激发儿童学习兴趣。新增"天气魔法学院"的情境，通过"天气小侦探""天才设计师""天气记录员"三个关卡的闯关设计，激发儿童对天气观察的兴趣，提高儿童学习的主动性和积极性。

2. 体验式教学引导儿童多感官感知。保留原有的天气图片，在此基础上提供丰富的天气视频资料，并运用科技设备模拟雨、雪、风、雾等天气现象，同时提供了课后观察天气作业，让儿童能够充分运用不同的观察方法观察天气现象，即用不同感官（眼、耳、鼻、舌和皮肤等）感知天气的特征，积累科学观察的经验，增强观察意识和能力。

3. 探究式教学支持儿童主动探索。将原有的集体问答调整为小组探究，在观察天气环节提出"这是什么天气"的问题，以平板电脑作为学习载体，开展小组合作探索，支持儿童的自

主学习、深入探索。

五、评价改进——提升学习内驱力的多元评价

在《指标》的指引下，我们更加重视儿童连续性发展的规律，教师由注重学习成果的评价调整为关注儿童在学习过程中努力和进步的过程性评价，同时引入儿童的自我评价，我们鼓励儿童围绕"观察发现""积极探索"的具体行为表现开展正向的自我评价，通过师评自评相结合帮助儿童对"好奇求知"的标准和意义达成积极的共识，激发儿童的学习内驱力，支持儿童形成正向自我认知和自我评价观念，在情感上积极乐观、充满自信，在行动上积极主动、好奇求知。

在"天气每天在变化"这一课中我们采用"摘星星"的评价方式，在师评之外为儿童提供了三次自评的机会。每一次活动前，教师会明确本轮"摘星星"的要点（详见图 5-2），这些要点正是来源于《指标》中"好奇求知"这个指标的表现性

摘星星 1：观察常见的天气现象

活动要求	小组自评	老师评价
1. 用多种感官观察比较天气现象 2. 说出常见的天气现象 3. 相互合作、轻声讨论、及时整理器材	☆ ☆ ☆	☆ ☆ ☆

我们组摘到了_____ ☆。

摘星星 2：制作天气预报盘

活动要求	小组自评	老师评价
1. 设计天气符号 2. 利用身边的材料和工具制作天气预报盘 3. 相互合作、轻声讨论、及时整理器材	☆ ☆ ☆	☆ ☆ ☆

我们组摘到了_____ ☆。

摘星星 3：记录一周天气情况

活动要求	小组自评	老师评价
1. 喜欢观察天气现象 2. 用画图或文字的形式如实记录观察到的天气情况 3. 坚持观察与记录天气情况	☆ ☆ ☆	☆ ☆ ☆

我们组摘到了_____ ☆。

图 5-2 "天气每天在变化"评价单

行为3和4，通过这一方式帮助儿童明确每个环节中需要达到的目标。在每一次活动结束时，教师鼓励儿童开展自我评价，用不同数量的星星表示自己符合要求的学习过程，同时教师也会根据儿童的表现和自评结果进行师评。正向、即时的多元评价帮助儿童评估自己的学习态度、能力，增强自信心和胜任感，使得儿童更加积极主动地参与到学习过程之中。

六、反思前瞻——幼小衔接的挑战与机遇

在课堂实践中，园校团队基于课程设计调整后的儿童表现，观察到儿童在连续性发展支持下的明显进步，证实了课程一体化实践的有效性。然而，幼小衔接仍面临诸多挑战与机遇。调整课程目标，从知识传递转向能力培养，要求教师改变教学策略，丰富教学方法，增强专业能力。同时，引入儿童自我评价机制是一大挑战，需教师具备高度敏感性和观察能力，设计科学的评价体系。尽管存在挑战，但课程一体化也为我们提供了反思和改进的平台，有助于建立更连贯的教育体系，奠定儿童终身学习基础。未来，幼小衔接需全社会共同努力，构建灵活、开放、包容的教育环境，让每个孩子都能发挥潜力。我们需不断学习适应，尝试新方法，深入反思评估已有实践，在《指标》的引领下真正实现"维度共鸣"到"差异弥合"的转变，为儿童连续性发展奠定坚实基础。

（执笔：上海市静安区第一中心小学　周维丽/

上海市静安区南阳实验幼儿园　李祎超）

附教案：

3.1　天气每天在变化

上海市静安区第一中心小学　周维丽

一、教学目标

1. 通过"观察常见的天气现象"活动，知道地球上有晴天、下雨、刮风、下雪等不同的天气现象，具有探究天气现象的兴趣，领略自然界中气象的神奇。

2. 通过"记录一周的天气情况"活动，知道天气会发生变

化，能用简单符号、图画、文字等记录观察的天气现象，形成持续、细致观察的习惯和如实记录的科学态度。

二、教学重点和难点

重点：知道地球上有晴天、下雨、刮风、下雪等不同的天气现象。

难点：能用简单符号、图画、文字等记录观察的天气现象。

三、教学资源

演示文稿、教材《自然活动部分》、平板电脑、教具。

四、教学设计思路

本节课的教学特色有两点：一是活动符合一年级学生的认知水平，以观察为主，引导学生用第一单元学习过的感知外界事物的方法来认识天气，并用学生自己的语言表达观察结果和开展活动的过程，巩固并培养一年级学生探究学习的方法和习惯。二是借助丰富的图片和视频资源，拉近学生与天气现象的距离，为学生创设较为充分的观察、交流等科学思维培养的时空，在回忆和感受天气现象的同时，增强科学思维和表达表现的能力。

五、教学过程

（一）观察常见的天气现象

学生活动	指导要点
1. 观察：看"晴天"的视频。 2. 交流：晴天的特点、常在晴天做的事。 3. 观察：听风声、看"刮风"的视频。 4. 交流：刮风的特点。 5. 观察：看"云"的图片。 6. 交流：不同形状的云的特征。 7. 观察：看"下雨"的视频。 8. 交流：下雨的特点、雨天该提前做的准备工作。 9. 观察：看"下雪"的视频。 10. 交流：下雪的特点。 11. 观察：看"雾"的视频。 12. 交流：雾的特点。 13. 排序：天气名称。 14. 小结：地球上有晴天、下雨、刮风、下雪等不同的天气现象。观察能帮助我们发现现象。 15. 小组自评。	▲引导学生"用眼睛看""用耳朵听""用皮肤感觉""用鼻子闻"等方法认识不同的天气特征，与日常生活结合，在认识天气特征的同时了解一些注意事项，增强学生的自我保护意识。

（二）制作天气预报盘

学生活动	指导要点
1. 设计：天气符号。 2. 制作：天气预报盘。 3. 展示：天气预报盘。 4. 小结：可以用天气符号表示天气。 5. 小组自评。	▲将天气预报使用的气象符号和手工制作相结合，制作一个显示天气的装置，巩固已学的不同天气现象的特点，并引导学生认识常用气象符号，增强学生的建模意识。

（三）记录一周的天气现象

学生活动	指导要点
1. 记录：一周的天气情况。 2. 总结。	▲引导学生用简单符号、图画、文字等方式，完成记录。

六、板书设计

图 5-3　天气每天在变化示意图

七、活动任务单

教材《自然活动部分》第 12 页。

八、活动评价单

摘星星 1：观察常见的天气现象

活动要求	小组自评	老师评价
1. 用多种感官观察比较天气现象 2. 说出常见的天气现象 3. 相互合作、轻声讨论、及时整理器材	☆☆☆	☆☆☆

我们组摘到了_____☆。

摘星星 2：制作天气预报盘

活动要求	小组自评	老师评价
1. 设计天气符号 2. 利用身边的材料和工具制作天气预报盘 3. 相互合作、轻声讨论、及时整理器材	☆ ☆ ☆	☆ ☆ ☆

我们组摘到了____☆。

摘星星 3：记录一周天气情况

活动要求	小组自评	老师评价
1. 喜欢观察天气现象 2. 用画图或文字的形式如实记录观察到的天气情况 3. 坚持观察与记录天气情况	☆ ☆ ☆	☆ ☆ ☆

我们组摘到了____☆。

【案例 10】

拉"索"架"桥" 以"评"联贯
——指向儿童连续性发展的劳动课程一体化实践研究

上海市静安区中兴路小学　上海市静安区中华新路幼儿园

上海市静安区烽火幼儿园

参与劳动、热爱劳动，有助于培养儿童良好的劳动习惯，帮助儿童建立自信、融入集体、适应小学生活。2022 年，中华新路幼儿园、烽火幼儿园和中兴路小学组成了"一校两园"的幼小科学衔接研究共同体。通过联合教研的方式，我们以《静安区幼小衔接背景下支持儿童连续性发展评价指标》（以下简称《指标》）为导向，开启"我爱劳动行动计划"，优化和改造园校劳动课程，为儿童提供连续的、无缝的学习体验。

一、研讨交流——明晰园校劳动课程的异同

研究共同体对园校劳动课程的设置、实施及评价方式等进行调研，以线下专题研讨，线上调研交流的方式，逐步了解并分析园校劳动课程的差异及存在的共性问题，具体见表 5-5。

表 5-5 幼儿园和小学劳动课程差异及存在的共性问题

	幼儿园	小 学
差异	国家发布《3—6 岁儿童学习与发展指南》，没有"教材"（课本）。	国家发布义务教育课程方案和课程标准，四、五年级有"教材"（课本）。
	融入幼儿园游戏活动和一日生活中。	以劳动教育必修课及劳动实践活动的方式实施。
	直接感知、实际操作和亲身体验的实践活动设计。	活动化、游戏化、生活化的学习活动设计。
	以直观立体的日常展示性评价为主。	以纸上打星或写话的方式进行一课一评或实践活动评价。
共性问题	教育往往在模拟的生活情境中进行，儿童缺少真实劳动体验及对劳动价值的感悟。	
	劳动实践活动后，家庭教育没有跟进，学生缺少实践的真实生活环境。	
	同以《指标》为评价依据，缺少与《指标》相匹配的体现儿童连续性发展的家园校劳动任务、要求等的设置。	

二、研读分析——思考提取评价指标的贯通点

研读发现，《指标》中对儿童"生活——喜欢劳动"指标的评估分为劳动体验和劳动习惯两方面，共四类表现性行为。其中表现性行为 1 和 2 针对幼儿园儿童提出，表现性行为 3 和 4 针对小学低年级学生提出。通过解读"指标阐释说明"，我们发现，幼小衔接背景下的园校劳动课程内容设置应包括班级劳动及家庭劳动两方面。从两个三级指标的关系分析，劳动习惯的养成是以充分的劳动体验为前提的，因此，我们感到园校劳动课程的架构应聚焦劳动体验任务的设计与实施。为贯通园校评价指标，我们继续深入分析，提取了各类表现性行为间循序渐进的关键点，供园校在后续的劳动课程优化行动中对标：如对劳动工具使用的体验任务需体现"引导安全使用——尝试安全使用——学习安全使用——规范安全使用"四个进阶能力。

三、铸造"索链"——厘清及形成劳动课程任务清单

以《指标》为导向，研究共同体感到需从课程的目标、内容等维度整体设置家园校劳动任务群，厘清园校儿童劳动能力

发展水平，为劳动课程一体化实施与评价提供必要的支持。

针对园校在劳动课程实施中存在的共性问题，兼顾园校劳动教育的差异，研究共同体依据《3—6岁儿童学习与发展指南》及《义务教育劳动课程标准（2022年版）》等文件要求，形成《指向儿童连续性发展的劳动清单》（以下简称《劳动清单》），包括清洁与卫生、整理与归纳、烹饪与营养、传统工艺制作、农业生产劳动5个任务群，11项任务，关照到班级劳动及家庭劳动两方面；又以《指标》为指导细化了劳动任务的具体要求，体现出"简单——复杂——综合"的难度逐渐提升过程。以下以"清洁与卫生"任务群为例说明（见表5-6）。

表5-6 指向儿童连续性发展的劳动清单（清洁与卫生）

任务群	任务名称	具体要求1	具体要求2
清洁与卫生	扫地我能行	会尝试使用小扫帚扫地。	能规范安全地使用劳动工具将地面清扫干净。
	餐前摆一摆	尝试帮助保育员或家长分发碗筷。	能正确地将餐具摆放在餐桌上，在班中会自己拿饭盒与汤。
	餐后擦擦擦	饭后在保育员或家长指导下整理餐具、擦桌子。	饭后正确摆放餐具，擦拭桌面，在家中尝试用合适的洗涤用品清洗餐具。
	垃圾我会投	能在指导下，把常见的垃圾放入对应的垃圾桶。	能按垃圾分类的要求正确投放。

事实上，幼儿园及小学的劳动课程内容不限于"任务群"中所列任务内容及要求，本研究仅从儿童入学适应的视角出发选取相应的劳动任务。《劳动清单》的研制充分吸纳了家园校等多方意见，经历了课程优化主体从分项到聚合的过程，劳动任务从散点到统整的过程，教、学、评要求从模糊到清晰的过程。其中具体要求1指向幼儿，具体要求2指向小学生。

四、架设"桥梁"——寻找和构建"一刻钟"劳动实践圈

针对园校劳动课程从实践到评估都缺少真实环境的问题，

研究共同体始终保持开放的姿态，以"协同治理理论"为指导，积极与家庭、社区及专业团队紧密合作，形成多主体协同育人共同体，构建指向儿童连续性发展实践与评估需要的"园校家社企"共建的"一刻钟"劳动实践圈，即以"共建共享共赢"为原则，寻找园校及其向外"一刻钟"步行可达的友好劳动教育生态空间，与《劳动清单》的五方面任务群实践需要保持一致。其作用路径及地点设置如图5-4所示：

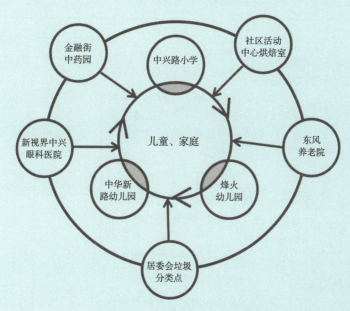

图5-4 "一刻钟"劳动实践圈

以"守护光明在行动——小小医生体验活动"为例，我们从《劳动清单》中选取"整理与归纳——物品放放好"任务，融入以新视界中兴眼科医院为实践点的各项实践活动。我们鼓励儿童积极参与劳动，在专业医生的指导下正确拼装眼结构模型，借助工具为父母测视力及眼压，并在此过程中获得因帮助他人而产生的快乐体验。

五、评估成效——设计和使用适合的评价工具

基于幼儿园与小学实施劳动课程的时长和途径等不同的思考，研究共同体以《劳动清单》中任务的具体要求为依据，对标《指标》，设计和使用不同的评价工具，对儿童的劳动实践成效进行评估，关注儿童在日常劳动和阶段综合劳动中的点滴変化和进步。

　　以上述"小小医生体验活动"为例，我们设计了"三位一体"的劳动任务评价表（详见表5-7），邀请家长及具备相关劳动专长的人士共同参与并观察、记录儿童的劳动表现，对儿童的劳动体验和劳动习惯水平做出评估，对儿童劳动领域水平的连续性发展给出指导建议。

表 5-7　"小小医生体验活动"任务评价表

任务名称	评价指标	主要表现特征		评价人		
		表现性行为 1—2	表现性行为 3—4	家长	医生	教师
为父母测视力及眼压	劳动体验	1. 能在成人的指导下尝试安全使用测量视力的常用工具。 ☆☆	1. 初步学会安全规范使用测量视力的常用工具。 ☆☆	√	√	
		2. 能感知测量视力的艰辛与乐趣。 ☆☆	2. 能感知测量视力的艰辛与乐趣，尊重他人的劳动。 ☆☆	√		
		3. 会表达在测量视力过程中的艰辛与乐趣。 ☆☆	3. 在测量视力过程中能遵守纪律。 ☆☆	√		√
正确拼装眼结构模型	劳动习惯	1. 喜欢参与小小医生体验的各项活动。 ☆☆	1. 积极主动参与小小医生体验的各项活动。 ☆☆		√	√
		2. 在成人的指导下有序把用具放回原处。 ☆☆	2. 能按用具的类别等放回指定位置。 ☆☆	√		
		3. 爱惜眼结构模型。 ☆☆	3. 爱惜眼结构模型。 ☆☆		√	

评价说明：不同评价人需参与的评价项目在上表中用"√"表示。请评价人根据儿童的具体表现在相应的水平表现栏圈出儿童可得的星数。

研究共同体拉"索"架"桥"，以"评"联贯的积极行动，强化了劳动与教育的有机统一，促进了园校劳动课程目标逐渐明晰、聚焦，有序递进、衔接；使劳动任务的内容设置更加统整，体现出为儿童连续性发展服务的教育价值取向。"一刻钟"劳动实践圈的构建，使园校及周边教育资源的利用更加充分，实现了园校劳动内容及劳动空间的衔接，推进了指向儿童核心素养发展的劳动实践内化。指向儿童连续性发展的劳动课程一体化实践研究刚刚起步，我们将循着区《深入推进幼小科学衔接的指导意见》不懈探索前行。

（执笔：上海市静安区中兴路小学　杨珏）

【案例11】

课程咬合运作　课堂交融共生
——以"不一样的校园"与"我们的校园"为例

上海市静安区闸北实验小学
上海市静安区芷江中路幼儿园教育集团

幼儿园到小学过渡阶段对儿童学习态度、能力和社交技能发展具有关键作用。2022年，静安区闸北实验小学和静安区芷江中路幼儿园组成了科学幼小衔接共同体。通过联合教研模式，以静安区《幼小衔接背景下支持儿童连续性发展评价指标》为指引，旨在有效促进儿童在情感、社交和认知方面的顺利过渡，提升教育质量，确保教育策略的有效实施，帮助儿童在面临新环境挑战时更加自信和做好充分准备。

一、联合教研　发现问题——研讨中发现园校过渡期中的问题

研究共同体通过问卷调查与反馈、专题交流与研讨等方式，寻找园校的环境适应问题。发现园校的环境都是为了满足学习成长的需求而设计的，但在具体情况上却存在明显差异，具体见表5-8。

表 5-8　幼儿园和小学教学形式和内容的异同

	幼儿园	小学
目标	促进儿童的全面发展	
教学方式	以游戏为基本活动，在一日生活中培养儿童的基本生活技能、情感发展以及社交能力。	结构化和系统的学术学习，偏向于传统的课堂讲授和书面作业，强调理论知识的掌握和学习习惯的养成。
课程内容	关注儿童成长经验，注重游戏互动、创意活动、户外活动。	关注语言、数学和科学等基础学科的教学，注重培养学生的自主学习能力。

　　从游戏和探索主导的学习模式向更加规范和系统的学科学习的过渡，给学生的心理和行为适应带来了显著挑战。尤其在初期阶段，孩子们可能会对小学的学习环境和方式感到陌生和不适应，这种突然的变化可能会影响他们的学习动力和社交行为，需要一定时间来适应更加规范的学习环境和复杂的社交网络。因此，了解这些教育内容上的差异，并认识到这些差异如何影响学生的心理和行为适应，对于设计有效的教育衔接策略至关重要。这不仅有助于教育者更好地支持孩子们在这一关键过渡期的适应，也可以帮助孩子们更顺利地融入小学的学习和社交氛围。

二、相连平衡　课程咬合——寻找并搭设课程中的"衔接点"

　　在幼儿园到小学的衔接工作中，指标体系的运用为我们提供了一个具体的框架，通过明确的评估和指导原则来确保教育活动的有效性和针对性。

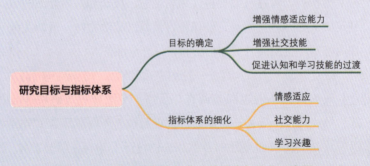

图 5-5　研究目标与指标体系的确定与细化示意图

这一体系通过细化具体的发展指标，帮助教师识别和满足幼儿在情感、社交以及认知发展方面的需求，从而设计出更具支持性和适应性的教育活动，具体见表5-9。

表5-9 指向学生环境适应的三个维度的达成目标、活动形式和预期效果

	达成目标	活动形式	预期效果
情感适应	幼儿对新环境的安全感和归属感。	定期组织幼儿参观未来的小学校园，参与小学生的互动活动。	增强幼儿对新环境的熟悉度和安全感。
社交能力	幼儿的互动技巧和集体参与能力。	在游戏中鼓励幼儿与同伴交往，产生合作意识、规则意识。	在控制的环境中观察和培养幼儿的社交互动能力。
学习兴趣	激发幼儿探索新知识和技能的兴趣。	激发幼儿的探索性和发现性学习，如探索型游戏或主题探索活动。	引导幼儿积极探索周围的世界，激发他们对学习的兴趣和热情。

通过深入研究《指标》，并结合"不一样的校园"和"我们的校园"等实践活动，我们全面分析了这一关键过渡期所面临的挑战与机遇。这些指标涵盖了从情感适应到社交参与等多个方面，为教师提供了客观科学的学生发展评估和指导方法。教师深入了解每个学生的具体需求后，能够据此调整教学策

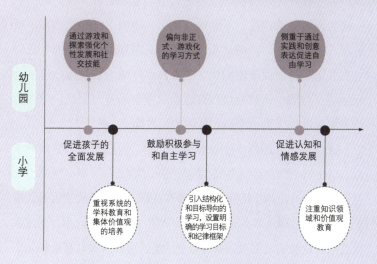

图5-6 小学和幼儿园儿童能力发展示意图

略，确保每个孩子在适应新环境时获得所需支持，从而顺利完成从幼儿园到小学的过渡。这种基于实证的教育实践不仅提高了教育质量，还确保了教育策略的有效实施，使孩子们在面临新挑战时能够保持自信和充分准备。

三、搭设桥梁　交融共生——从割裂、分离的课堂走向共融共生的课堂

为了优化课程设置，我们对校园内的两个教学单元进行了结构重组。通过搭建课程连接桥梁，使学生与教学环境实现无缝衔接，达到和谐共生的目标。

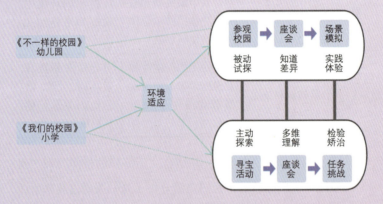

图 5-7　两个教学单元的结构重组示意图

1.幼儿课程优化——在模拟中体验小学

为了更好地帮助孩子们为进入小学做好准备，我们对"不一样的校园"课程进行了细致的优化。这项工作的核心在于通过深入的实践活动，使幼儿园孩子们认识并适应小学的生活环境和规则，进而促进他们社交技能和自理能力的发挥。这一过程强调了对幼小衔接阶段教育活动的重新思考与创新，旨在为孩子们提供一个更加顺畅和自信的过渡期。

通过对幼儿园到小学课程进行优化，我们看到了显著的成效。孩子们不仅在认知上对小学环境有了深入的了解，情感上也对即将开始的小学生活充满了期待和热情。社交技能的提升让他们能够更好地融入新的学习和生活环境。这些成果证明，通过系统性地设计和实施细致入微的教学活动，可以有效地帮助幼儿平稳过渡到小学阶段，为他们未来的学习生活打下坚实的基础。

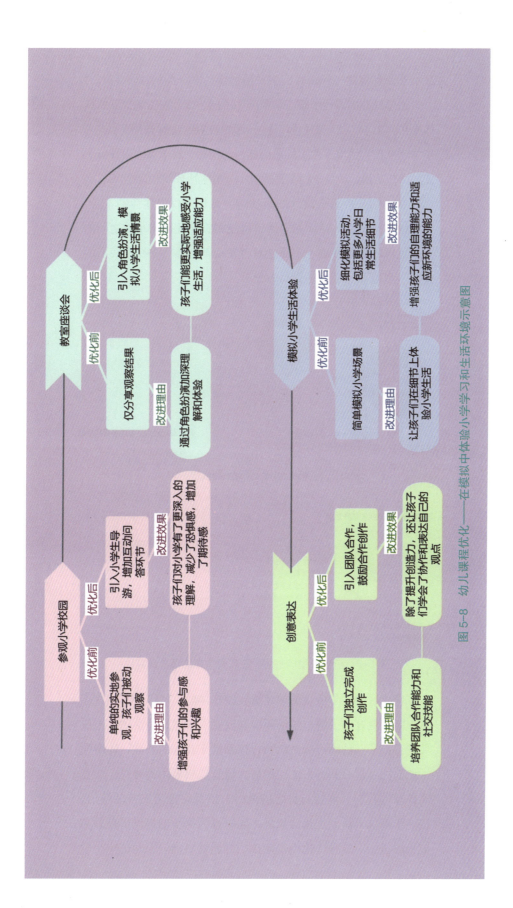

图 5-8 幼儿课程优化——在模拟中体验小学学习和生活环境示意图

2. 小学课程优化——在真实中矫治适应

通过幼儿园课程了解小学校园的不同，以及模拟场景下的具体操作，小学"我们的校园"这一课的教学更偏重于对孩子进入小学这个真实情境下的实际适应能力的检验、对于行为表现给予的激励与矫治，使孩子们真正适应小学的生活环境和规则。

在详细分析每个设计的活动时，我们不仅描述活动本身，还要说明选择这些活动的原因，以及根据幼儿园与小学之间的差异进行的优化方法。下面是对"发现新世界——探索我们的校园"主题下几个核心活动的分析：

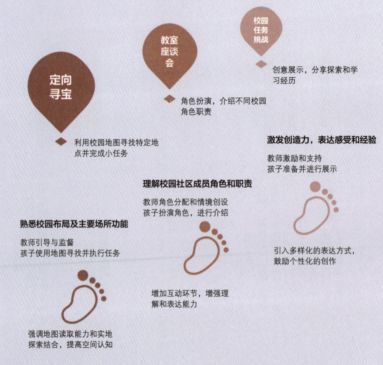

校园任务挑战
创意展示，分享探索和学习经历

教室座谈会
角色扮演，介绍不同校园角色职责

定向寻宝
利用校园地图寻找特定地点并完成小任务

激发创造力，表达感受和经验
教师激励和支持
孩子准备并进行展示

理解校园社区成员角色和职责
教师角色分配和情境创设
孩子扮演角色，进行介绍

引入多样化的表达方式，鼓励个性化的创作

熟悉校园布局及主要场所功能
教师引导与监督
孩子使用地图寻找并执行任务

增加互动环节，增强理解和表达能力

强调地图读取能力和实地探索结合，提高空间认知

图 5-9 小学课程优化——在真实中矫治适应示意图

优化后的教学活动更加注重实践和体验，使得孩子们在参与中能够更好地了解小学的环境和规则。通过这些活动，不仅促进了孩子们情感目标、认知目标和社交目标的发展，还增强了他们的自信心和自主性。最后，通过成果表达的方式，如真实体验的检验、表扬与肯定的激励，以及讨论与支持的矫治，进一步确认了活动优化的效果，同时也为孩子们提供了反思和成长的机会。这种优化不仅让孩子们能够更加轻松地适应小学

生活，还为他们的综合能力发挥打下了坚实的基础。通过这样的系统性优化，我们不仅解决了从幼儿园到小学过渡的需求，还为孩子们的未来学习和生活提供了宝贵的准备。

通过共同体的深入反思和总结，我们认识到在幼小衔接过程中，重视学生的环境适应能力和提供细致周到的支持与保障是至关重要的。这不仅需要教育工作者的专业指导和精心设计，也需要家庭与学校之间的紧密合作。通过共同的努力，我们可以为学生打造一个平滑、无缝的过渡平台，促进他们在新的学习阶段取得成功。

（执笔：上海市静安区闸北实验小学　盛春　王姝）

【案例 12】

指向交往合作水平提升的课程一体化的实践研究
——以语文口语交际课《我们做朋友》设计为例

上海市静安区彭浦新村第一小学
上海市静安区彭浦新村幼儿园

本研究团队由彭浦新村第一小学与彭浦新村幼儿园联合组成。研究团队通过前期调研，从学生交往需求出发，以《幼小衔接背景下支持儿童连续性发展评价指标》（以下简称《指标》）为指引，围绕"交往合作"这一主题，挖掘现有课程的生长点，形成纵向递进、横向勾连的学习活动链，营造家校社共建的学生交往合作水平提升的生态域。

一、基于指标的现有课程再挖掘

1. 调研分析，梳理已有课程

现有交往课程的异同分析对比。通过对幼儿园与小学指向交往水平提升的课程进行梳理发现，幼儿园一日生活的四大板块以及小学现有课程中，所有指向交往能力提升的活动均在幼儿园的一日生活及小学的各科教育教学活动中渗透开展。由此可见，基于《指标》从现有课程中寻找关联课程内容，挖掘可教学的内容是首要任务。

2. 解读指标，确定关联学科

研读《指标》发现："社会"（一级指标）下"交往合作"（二级指标）细化为"倾听沟通"与"协作参与"两个三级指标以及 4 类表现性行为，结合目标阐述，进一步明确两项指标的内涵与外延，发现其与以培养言语能力为目标的语文、英语学科以及培育健全人格为目标的道德与法治学科关联性强，同时，渗透于所有学科的学习实践活动中。

3. 锚定维度，确定切入课型

针对《指标》中"倾听沟通"这一维度的具体描述，梳理现有课程，定位以言语能力发展为目标的语文学科，结合语文课程标准中"表达与交流"学段要求，梳理小学低年段教材中的学习内容发现，在口语交际这一课型中有大量的教学内容直指学生倾听与交流水平的提升。

4. 梳理内容，寻找贯通连接

基于"倾听沟通"这一指标阐述，研究共同体针对幼儿园集体教学活动"做名片"与一年级上册口语交际课"我们做朋友"进行了目标、任务的分析对比。

表 5-10　幼儿园"做名片"与小学"我们做朋友"目标、任务对比

学段	幼儿园	小学
主题	做名片	我们做朋友
目标	1. 了解名片功能与日常人际交往中的作用。 2. 制作名片，体验用名片和大家做朋友的快乐。 3. 开展丰富的想象，大胆自信地向同伴介绍自己，收集更多有关同伴的信息。	1. 能向他人做自我介绍，并能引起话题。 2. 知道与人交谈时，"看着对方的眼睛"是一种基本的交际原则和交际礼仪。
主要任务	借助绘本故事及"同学信息大搜集"的游戏，让幼儿通过游戏中介绍自己的名字和相关信息，同时基于对文字的初步认识，进一步了解幼儿的联系方式和居住小区等信息，获得对朋友的更多关注和了解。	依据一定的句式进行说话的练习，并提供一些真实的问题进行辨析，让学生了解如何交朋友，该怎样进行相处；在活动中进行一些交际倾听经验的总结，明白交友要尊重对方。

续 表

学段	幼儿园	小 学
能力阐述	侧重于引导学生明白交友中要了解对方的性格特点，关注主动交往的情感激发。	侧重于交流技巧的学习实践，有条理地把话说清楚及交往礼仪的学习。

通过梳理两节课的能力指向与组织形式，发现两节课在各个维度上的递进性不突出，衔接性体现不明显。

二、基于评价的实践活动再设计

1. 对比中优化目标，能力指向更明确

通过对于《指标》中"倾听沟通"下4类表现性行为阐释的对比分析，可以发现：幼儿园在交往中更侧重于幼儿自我表达需求的关注，形成一种自觉的意识；小学阶段的要求则引导学生从幼儿的"自我表达"向"倾听他人"过渡，体现在倾听上从"安静倾听"向"把握他人说话的主要意思"进阶，表达上实现从"乐于说""说清楚"到"积极说""敢于说"的提升，基于以上认识，对于本课教学目标进行进一步优化。

表 5-11 调整前后目标对比

调整前	调整后
1. 能向他人做自我介绍，并能引起话题。 2. 知道与人交谈时，"看着对方的眼睛"是一种基本的交际原则和交际礼仪。	1. 能向他人做自我介绍，并就感兴趣的话题与对方交流，说清楚自己的观点，增强主动交往的意识。 2. 知道与人交谈时，眼睛要看着对方，注意倾听、了解别人讲话内容。 3. 激发学生交流的兴趣与愿望，使学生积极主动地参与口语交际活动，感受交际的乐趣。

2. 活动中弥合差异，情境体验更突出

基于教学目标，关注幼小教学方式的原有差异，研究团队依托学习活动单的设计研发，搭设学生自主探究的支架。遵从生活化、游戏化、活动化原则，设计"奕奕小讲堂""校园微镜头""点亮星星榜"等活动模块，贴近生活实际，创设活动情境，引导学生开展交际实践，引发情感共鸣。同时，激发

学生们通过主动探索、发现问题并寻求解决方案，利用小组合作、角色扮演等方式促进生生间的交流和合作。

图 5-10 "我们做朋友"学习活动单

3. 评价中提升水平，成果形式更可视

《指标》引发团队思考与认识学生成长过程的动态发展性。基于《指标》，结合教学实际，设计课前、课中、课后的各类活动单细化能力发展要求，记录学习经历。课前小调研，了解能力起点；课中评价表，明确实践要点，如《指标》中"有表达交流的信心"，课堂评价细化为"自我介绍要微笑，看着对方眼睛说"；课后"小妙招"，借助家长资源，提供更丰富的成长经历。多样化的活动设计、细化的评价指向，促进学习成果及能力发挥的可视化呈现，分属不同交往特质的三类活动，助力学生个性化的发展需求。

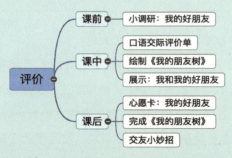

图 5-11 "我们做朋友"课堂活动架构

图 5-12　口语交际评价单

三、基于能力提升的活动实践再思考

1.基于指标，优化课程开展

对照《指标》，通过对于《3—6岁儿童学习与发展指南》及学科课程方案的梳理寻找实施着眼点，参考各指标阐述，明确能力起点，从而优化目标指向，实现幼小能力发展的衔接。同时，依据《指标》进行活动及评价单设计，确保课程实施的完整性和一致性。

2.凸显经历，提质课程实施

经验是儿童学习知识的起点，经历是能力习得的路径。《指标》明晰了儿童经验的起点，明确了能力习得路径。团队秉持"在生活中发现问题、在辨析中提升思维、在情境中丰富体验、在经历中习得能力"的理念，通过模拟真实生活场景，游戏化地组织实践活动，引导儿童在"做中学""做中思""做中得"。通过小组合作、任务驱动等方式，促进儿童间的交流协作，使儿童相互学习、相互启发，在交往中学习交往，在合作中实践合作，实现水平提升。

3.家校协作，增值课程育人

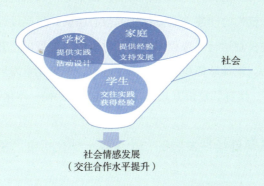

图 5-13　家校协作共建幼小衔接示意图

基于《指标》指引，激活内驱动力，构建家校共建的幼小衔接生态域。鼓励学生走向社会，鼓励家长走进校园。

形成有利于交往水平提升的家校社稳定实践场域。通过丰富多样的交友实践体验，拓展水平提升途径，实现资源共享、优势互补、协同育人的新机制和新格局。

（执笔：上海市静安区彭浦新村第一小学　张玲玲）

第四节　指向儿童连续性发展的幼小课程一体化机制的保障措施

为切实落实指向儿童连续性发展的幼小课程一体化机制，园校联盟体可从组织、制度和资源三个层面建立保障措施，成为机制运行的重要组成部分。

一、"指向儿童连续性发展的幼小课程一体化机制"的组织保障

在区域层面，基于协同治理理念，建立支持儿童连续性发展的评价指标体系，并定期组织培训学习，由教育专家及教研员全面指导，确保机制顺利运作。在校级层面，由园长和校长协同建立联盟体研究核心团队，顶层设计与决策，协调园校合作，全面推动机制运行。课程团队引导教研组研读指标，开展调研，组织教学活动并反思总结。教师队伍积极参与教学研讨，聚焦儿童发展的真实问题，优化课程目标、内容、实施和评价方式，共同推进幼小课程一体化进程。

二、"指向儿童连续性发展的幼小课程一体化机制"的制度保障

一是将"幼小课程一体化机制"纳入园校的课程实施方案，建立健全联合教研制度，通过园校联盟体的定期沟通与联合教研，精细化调整课程目标、整合课

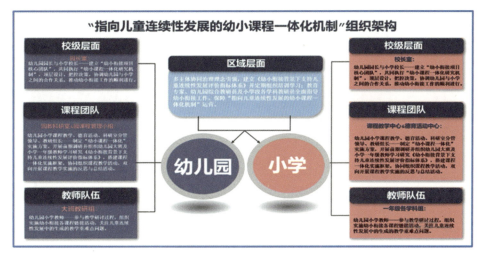

图 5-14 "指向儿童连续性发展的幼小课程一体化机制"的组织架构

程内容、协同课程实施、开展双向评价，确保课程的一体化实施。二是建立园校联盟体示范引领制度，在"幼小课程一体化机制"运行过程中，各园校联盟体及时总结研究经验，通过案例分享、教学展示、课例研讨等方式在区域层面引领辐射。三是建立落实"幼小课程一体化"的激励制度，鼓励核心研究团队和教研组积极参与研究，定期开展研讨交流或教学展示，并将研究成果纳入绩效奖励和教师评优方案中。

三、"指向儿童连续性发展的幼小课程一体化机制"的资源保障

确定专项负责人员，负责统筹协调和整合各方资源，如幼儿园、小学课程与活动资源的共享和整合，为落实"幼小课程一体化制度"提供教学活动资源保障；此外，构建多主体协同治理，鼓励家长积极参与教学活动及评价反馈，并充分利用社区资源，开展校内外综合实践活动，形成园、校、家、社等多方共同参与的协同管理格局。

第六章 ／
教师幼小衔接水平提升的培训资源开发

教师是落实幼小科学衔接工作的关键因素。访谈发现，一些青年教师因为缺乏工作经验，抓不到幼小衔接的要点。基层学校对区域幼小衔接水平提升下教师培训提出新的要求，既希望增强对儿童发展行为解读的理论与技术培训，更希望有一些主题鲜明、便于借鉴的衔接案例学习。依据区域推进幼小科学衔接的顶层设计，基于"区域幼小衔接能力提升下教师专项培训制度"和"幼小主题式联合教研制度"，区教研部门着力开发幼小科学衔接的培训资源。

第一节　培训资源开发的背景与意义

一、培训资源开发的背景

2021 年 3 月 30 日，教育部发布《关于大力推进幼儿园与小学科学衔接的指导意见》，针对长期以来存在的幼儿园和小学教育分离、衔接意识薄弱、过度重视知识准备、衔接机制不健全等问题，提出了一系列有针对性的重要举措。

2022 年 9 月 30 日，上海市教育委员会颁发《关于深入推进本市幼小科学衔接工作的实施意见（试行）》，提出促进儿童顺利实现过渡、营造幼小科学衔接新生态、建立幼小科学衔接长效机制的工作目标，强调了提升教师实施幼小衔接专业水平的工作举措。意见指出：各区教研部门要面向幼儿园和小学教师开展专题培训，帮助教师理解幼小科学衔接工作的意义、任务、内容与要求，掌握有效实施的方法与途径，提升教师幼小科学衔接的实施水平以及家庭教育指导水平。将幼小科学衔接培训课程纳入幼儿园和小学教师培训学分管理体系。

区教育学院学前及小学教研员开展常态化的幼小衔接调研，问需一线教师幼小衔接的典型问题与难点工作，结合学院"教师关键行为"课题研究，精心征集和遴选研究主题，开发区域幼小衔接水平提升教师培训课程。

二、培训资源开发的意义

对于区域幼小科学衔接工作来说，开发教师培训资源，具有承上启下的重要意义。培训资源开发的过程，也是区域幼小衔接工作经验再提炼、再反思、再提升的过程，也是鼓励区域幼小衔接的优秀教师共同参与开发与培训的循环过程。

第一，梳理阶段性研究成果。各基层学校积极推进幼小科学衔接工作，积累了较多成功的经验。区教育学院对区域经验进行梳理，聚焦入学准备、入学适应中的一些关键问题，开发培训资源，也有利于区域幼小科学衔接工作阶段性研究成果的积累与形成。

第二，丰富培训资源库。通过收集和整理区域内现有的培训资料、典型案例、实践成果等，利用虚拟现实、在线学习平台等新技术丰富资源形式，鼓励一线教师分享自己的专业知识和实践经验，将其转化为区域共享培训资源。

第三，形成可供借鉴的培训经验。培训资源主要以微课的形式呈现，顺应现代科技应用方式，采用便捷的学习方式，教师可以在手机上观看与反馈。有助于教师更好地理解幼小衔接的要点，优化教学方法，提高教学质量。

第二节　培训资源开发的目标与原则

一、培训资源开发的目标

第一，增强教师对幼小衔接重要性的认识。进一步明确区域以素养培育为导向的工作要旨，为培养儿童终身发展的习惯和能力奠定基础。

第二，提升教师幼小衔接的教育教学水平。聚焦生活、身心、社会、学习的衔接要求，遵循儿童学习发展的心理逻辑，积极开展贯通式主题课程设计，促进教师儿童发展支持水平的提高。

第三，促进教师对学生个体差异的理解和关注。准确把握儿童学习发展特点，通过倾听理解儿童成长过程中的想法，顺应满足基于发展差异的个性化需求，就优化教学方式、关注多元评价等方面开展重点培训。

二、培训资源开发的原则

第一，双向性原则。幼小衔接不仅仅是幼儿园向小学的过渡，也是小学向幼儿园的衔接。因此，培训课程应考虑到两个阶段的双向性，既让教师了解幼儿园的教学特点和要求，也让他们熟悉小学的教学环境和需求。

第二，全面性原则。幼小衔接涉及幼儿的认知、情感、社会性和身体发展等多个方面。因此，培训课程应全面涵盖这些方面，帮助教师全面了解幼小衔接的全貌。

第三，实践性原则。理论知识的学习是重要的，但实践操作更是关键。培训课程应设计实践环节，让教师在实际操作中掌握幼小衔接的技巧和方法。

第四，系统性原则。幼小衔接是一个系统的过程，涉及多个领域和方面。培训课程应构建一个完整的知识体系，帮助教师从整体上把握幼小衔接的规律和特点。

第五，互动性原则。培训课程应注重教师的参与和互动，通过小组讨论、案例分析等方式激发教师的思考和交流，增加培训效果。

第六，持续发展原则。幼小衔接是一个不断发展的过程，新的理论和实践经验不断涌现。因此，培训课程应注重更新和升级，保持与时俱进。

第三节　培训资源的主题与内容

一、培训资源的主题

通过一线调研和教师访谈，聚焦教师开展幼小衔接的困惑问题，我们提炼出如下七大培训主题：

- 幼小衔接的理论与原则。
- 幼儿（儿童）心理发展特点及需求。
- 幼小衔接的教学方法与策略。
- 班级管理与幼儿（儿童）引导技巧。
- 与家长的有效沟通与合作。
- 幼小衔接活动的设计与实施。
- 衔接活动中的幼儿（儿童）评价。

这七大主题涉及身心、生活、社会、学习四个领域，分别指向《幼儿园入学准备教育指导要点》《小学入学适应教育指导要点》的相关内容。我们对七大主题进行了细化，第一期微课主题见表6-1。

表 6-1　静安区幼小衔接微课主题汇总

领　域		主　题
身心	热爱锻炼	在快乐活动中掌握和提升跳绳的本领。
	快乐向上	幼小衔接阶段可能出现的情绪问题及其控制。
生活	喜欢劳动	养成良好的整理书包的劳动习惯，树立热爱劳动的意识。
	自我管理	关注儿童时间观念的养成，建立自我管理的意识。
社会	理解包容	在德育活动中树立正确的价值观。
	交往合作	帮助幼儿尽快适应新环境，增强入学安全感。
学习	好奇求知	在观察活动中培养和增强探究学习的兴趣和能力。
	乐学善用	让幼儿在多感官的体验活动中，增强专注力。

二、培训资源的内容

每个微课视频课程 10 分钟左右，包括现象描述、理论解析、教育实例、专家点评四个模块。现象描述，坚持"从学生中来"，直接呈现幼小衔接的典型问题；理论解析，运用幼小衔接的理论和教育学心理学的知识，对学生产生的现象进行具体分析；教育实例，展现生动形象的教育场景，让教师可以迁移运用；专家点评，聚焦课程主题，总结经验做法，适度拓展延伸。

第四节　培训资源的特色与说明

一、培训资源的特色

第一，适切性。基于区域教师幼小衔接工作现状，从一线教师的实际需求出发，开发教师"迫切需要"的培训主题。

第二，生动性。关注学生的行为表现，通过具体的教育实例，以视频方式生动展现课程内容，让教师"喜欢观看"。

第三，实操性。注重幼小衔接操作方法的介绍，让一线教师通过课程学习可以"实际运用"。

二、培训资源的说明

第一，培训资源的开发。培训课程由基层学校开发，区教育学院进行遴选与整合，形成区域幼小衔接的培养课程资源包。微课制作的基本流程为：① 编写培训设计方案。组织专家团队编写针对性的幼小衔接培训设计方案，包含理论知识和实践案例。② 制作视频课程。录制优秀教师的示范课，供其他教师观摩学习。③ 开发在线平台。搭建在线学习平台，提供丰富的学习资源和交流空间。

第二，培训资源的完善。第一期，推出八个微课。持续更新培训资源，提供最新的教育理念和方法，不断充实微课资源。

第三，教师培训的管理。一是建立教师交流社群，促进经验分享和问题解决。二是设立考核机制，检验教师的学习成果。一线教师完成课程观看与相关作业，可以获得相应的培训学分。

附件

附件一 区域层面的政策引领

多主体协同支持每一个活力儿童的连续性发展
—— 静安区关于深入推进幼小科学衔接的指导意见

幼小科学衔接是建设高质量教育体系，落实立德树人根本任务，实现儿童连续性发展的重要领域改革。静安区在实践研究过程中，坚持儿童为本，深化"多主体协同治理"样态下幼小衔接的机制创新，以多主体协同过程中的问题为导向，提升幼小科学衔接的品质，促进儿童的连续性发展。为深入推进区域幼小科学衔接，现提出如下指导意见。

一、基于协同治理理念，注重多主体协同推进。坚持关注儿童发展的连续性、整体性和可持续性，以问题为导向，丰富多维协调与沟通、建立信任、加强过程投入、达成共识、阶段性成果共享等多主体协同"五环节"的内涵及创新支持机制建设，聚焦育人理念、课程实践、教育资源等领域，形成惠及全体、优质丰富的幼小衔接教育生态。

二、基于园校学段差异，加强多维协调与沟通。关注学段教育特质，对幼儿园与小学的课程设置、教育教学方式等差异，开展深入沟通强化衔接意识，并利用现代信息技术等手段，畅通沟通渠道，丰富沟通形式；通过线上与线下相结合的家园校沟通与协调平台，增进多主体间的相互理解与支持，增强合作紧密度，实现幼小科学衔接的同向同行。

三、基于儿童身心发展规律，建立双向信任与结对。遵循"双向选择、自由结对、自主发展"原则，建立多模态的结对，加强园校间儿童发展连续性研究。健全共同体组织架构，保障研究团队成员覆盖小学各学科教师、幼儿园各年龄段教师；尊重儿童原有经验和发展差异，构筑园校共同发展愿景，开展主题式联合教研；均衡教育资源，加强结对主体间的互动与合作，帮助儿童做好身心全面准备和适应。

四、基于园校重点工作，加强过程投入。将幼小衔接工作纳入园校重点工作，整体规划，整体实施，确保教师有足够的精力投入到研究中。探索通过幼小主题式联合教研机制、跟岗交流观摩机制及指向儿童连续性发展的课程一体化研究机制等，实现不同路径、内容及活动方式的深度对接与融合，为儿童搭建从幼儿园到小学过渡的阶梯。

五、基于儿童连续性发展评价，不断达成共识。以《静安区幼小衔接背景下支持儿童连续性发展评价指标》（以下简称《指标》）为导向，厘清园校儿童发展能力水平，理解差异。对标《指标》，从衔接理念、目标、课程及期望结果等维度，形成园校支持共同体，充分吸纳教师、家长等多方意见，为儿童提供连续的学习体验，呈现儿童连续性发展的实际效果，形成教、研、评一体化的良好成效。

六、基于应用实践，共享阶段性成果。园校共同体学习区域优质案例汇编，合力研究并完成每季度《静安区"幼小科学衔接"研究动态采撷》；园校及时提炼幼小衔接成果，开展跨学段成果推广；教研室提供幼小衔接微课资源包并组织相关研修；区域提供专家指导、学术季等平台，向全区推广阶段研究成果，推动区域幼小衔接工作科学且持续发展。

通过在幼小科学衔接中推进多主体的协同治理，以期在区域内实现各主体间的协调与合作，营造幼小科学衔接新生态，使儿童在入学准备和入学适应中得到更好的支持与关爱，健康、快乐、平稳地完成幼小过渡。

附件二　区域层面的制度保障

制度1：幼小衔接共同体结对制度

为加强幼儿园与小学在儿童发展、课程、教学、管理等方面的研究交流，及时解决入学准备和入学适应实践中的突出问题，提高幼小科学衔接的品质，特制定静安区幼小多模态结对制度。

一、各幼儿园与小学应遵循"双向选择、自由结对、自主发展"原则，立足园情、校情，以集团化结对、主题式结对、近邻式结对、交错式结对、公民办跨体制结对等发挥各自优势的结对方式，建立幼小衔接共同体，开展幼小衔接交流研讨与实践探索。

二、各幼小衔接共同体应组建由幼儿园、小学管理人员共同领导的幼小衔接领导小组及由幼儿园、小学教师共同参与的核心共研团队。各幼儿园、小学应根据园情、校情组建园级、校级幼小衔接研究团队。幼小衔接多级管理网络健全，工作责任落实到人，充分体现幼儿园与小学的主体性。

三、各幼小衔接共同体要聚焦儿童发展的连续性与可持续性，在多维协调与沟通的基础上确立研究主题，在一段时间内，可以集中精力攻克一个难题，也可以双主题并行。

四、各幼小衔接共同体应根据实际情况研究制订共同体幼小衔接工作方案，并根据研究主题，每学期制订共同体幼小衔接工作计划，确保每月至少开展一次幼小主题式联合教研活动。各小学、幼儿园要将幼小衔接工作纳入每学期工作计划中，将幼小衔接与学校各类工作紧密结合。

五、各幼小衔接共同体要积极探索幼小教师跟岗交流机制、幼小主题式联合教研机制、指向儿童连续性发展的课程一体化机制等幼儿园与小学科学衔接的长效机制，持续更新教师对儿童发展连续性、可持续性的理解，促进儿童德智体美劳全面发展和身心健康成长。

六、各幼小衔接共同体应注重资源的开发和整合利用，多主体协同推进幼小衔接工作。

七、各幼小衔接共同体应关注幼小衔接工作过程质量，依据幼小衔接背景下支持儿童连续性发展评价指标，设计和使用不同的评价工具，完成对共同体幼小衔接工作的自我评估，形成幼儿园与小学集体诊断、自主改进的合力。

八、各幼小衔接共同体要及时凝练幼小衔接工作成果，利用每季度的幼小衔接动态采撷、每年度的静安学术季等平台，分享研讨幼小衔接工作经验，营造积极向上的幼小衔接共研氛围。

制度2：幼小主题式联合教研制度

为实现幼儿园与小学对话的同频共振，找到儿童连续性发展在不同学段的契合点，整合小学与幼儿园不同学科领域的教师资源，及时发现、解决幼儿入学适应实践中的问题，特制定幼小主题式联合教研制度。

一、教研内容

围绕幼儿发展的5大领域（语言发展、身心健康、社会交往、艺术感知、科学认知），从儿童发展、课程教学和入学准备三大主题开展理念、方法、资源等的共享、共研与共建。

二、教研对象

主题式联合教研活动在区教研室的指导下进行，参与对象涵盖教研员及幼小衔接研究共同体全体成员，包括校园长、分管领导及相关教师。

三、教研时间

原则上共同体每月联合教研不少于一次，同时区教研室积极整合区域优质资源，每两个月开展全域教研交流展示，互动分享，协同研究，破解幼小衔接中的关键问题，稳步推进幼小衔接工作有序发展。

四、教研形式

主题式联合教研从教研室开始到各研究共同体，有教研计划，含时间和研究方向等内容。共同体以观摩互访、多主体伙伴式、沙龙式、跨学段同课异构等形式进行教研，具体活动由2个学段共同参与，依次主办。

五、教研策略

共同体确立"问题导向，多方联动，整体推进"的研究策略，每学期围绕1—2个主题，开展循证研究，形成问题链，确保幼小衔接的关键点得到精确识别和细致梳理。

制度3：幼小教师跟岗交流制度

为引导幼小衔接研究共同体内教师树立科学衔接的理念，促进跨学段、不同学科的教师相互学习，增进了解，打破学段间的壁垒，支持儿童持续性、完整性发展，特制定幼小教师跟岗交流制度。

一、加强交流研讨，明确跟岗交流的要素

1. 时间安排：为了确保参与教师的时间得到充分利用，交流研讨应安排在教师相对空闲的时间段（非上课时间）进行，如集中某个工作日的上午或下午。同时，应提前公布交流研讨的活动时间表，以便参与教师合理安排自己的工作日程。

2. 地点选择：地点的选择应考虑到交通便利性、环境舒适性和设施完备性。可以选择设有专门会议室的学校或教育机构作为交流研讨的地点，确保参与教师能够在一个安静、整洁的环境中进行研讨。此外，如果条件允许，也可以选择一些具有幼小衔接教育特色的示范园或学校进行观摩，以便参与者能够更直观地了解幼小衔接教育的实际情况。

3. 内容策划：交流研讨的内容应围绕幼小衔接的主题展开，围绕幼小衔接教师跟岗交流的主旨展开，具体包括几个方面：第一，幼小衔接教育的理念与原则。第二，跟岗交流的经验分享。第三，案例分析与讨论。第四，教学策略与方法的探讨。此外，参与教师也可以提前提交议题或问题，以便在交流过程中得到解答或探讨。

4. 形式创新：在形式方面，可以采用以下方式以增加交流研讨的效果。第一，分组协作。针对某一主题或问题进行深入讨论，然后各小组分享讨论成果，促进思想的碰撞和交融。第二，专家引领。邀请幼小衔接教育领域的专家或学者进行现场指导。第三，观摩实践。组织参与者参观具有幼小衔接教育特色的学校或机构，加深对幼小衔接教育的理解和认识。第四，互动研讨。设置互动环节，如提问、答疑、游戏等，增强参与教师的参与感和归属感。

二、制定素养要求，遴选跟岗交流的人选

1. 教育理念先进：具备现代教育观念，热爱儿童，关注儿童的全面发展，注重培养儿童的综合素质。

2. 教育技能熟练：具备一定的教育教学方法，能够根据儿童的特点进行有效教学。

3. 幼小衔接理念清：理解幼小衔接的重要性和意义，能够根据儿童的特点进行个性化的教育。

4. 课程设计能力强：具备一定的课程开发能力。能根据儿童的特点和需要，制订科学合理的教育计划和课程安排，不断改进和完善课程设计。

5. 有研究意识与沟通能力：具备一定的教学研究能力，具有良好的沟通能力和表达能力，能够与观察者进行友好深入的沟通与交流。

三、细化流程内容，推进跟岗交流的实践

1. 内容主题确定：根据各个协作共同体的研究主题确定教师交流观察的主要内容。

2. 制订跟岗计划：根据协作体间园校的教育教学安排，细致地制订推进计划，帮助教师明确交流观摩的目标。

3. 跟岗人数分配：根据学校的教学需要和教师的个人意愿，确定参与跟岗交流的教师人数。在确定人数的基础上，根据教师的专业背景、教学经验和学科特点进行分配，确保每个跟岗小组都能够得到全面的指导和交流。

4. 跟岗方式选择：在选择跟岗方式上，根据实际情况和需要，采取"一对一"或"小组制"等方式进行。对于新入职或教学经验较少的教师，建议采取"一对一"的方式，由经验丰富的教师进行个性化指导；对于有一定教学经验的教师，则可以采用"小组制"的方式，进行集体研讨和经验分享。

5. 跟岗时长规划：跟岗时长的规划将充分考虑教学进度和教师的工作负担。建议跟岗时间不宜过长，以免影响正常的教学秩序；同时也不宜过短，以确保教师能够充分了解和掌握观摩对象的教学方法和经验。具体时长，可以根据跟岗主题内容及任务进行设定，如短时任务可以是一周至二周，中长时任务可以一个月或一个学期。此外，具体时长还可以根据任务的进展情况进行灵活调整。

6. 交流分享心得：及时地组织幼小衔接研究共同体教师交流跟岗心得，制订个人教育教学行为改进规划，形成幼小衔接教师行为备忘录。

7. 感悟应用实践：积极将反思运用于教学实践中，落实个人的教育教学行为改进计划，持续增强幼小衔接的教育教学组织与能力。

四、组织成果分享，推广跟岗交流的经验

1. 组织参与跟岗教师的经验推广与辐射，向家长、未参与的教师群体普及幼小衔接的理念和方法，提高教师和家长的育人水平。

2. 梳理总结研究共同体的跟岗交流机制，与市、区其他学校开展交流与合作，分享幼小衔接的经验和做法，共同推进幼小衔接工作的完善和发展。

制度4：幼小衔接一体化课程研究制度

为促进幼儿园与小学之间的教育衔接，优化和改造幼儿园和小学现行课程，为幼儿提供更加连贯、平稳的学习环境，支持幼儿完整性、连续性发展，特制定幼小衔接一体化课程研究制度。

一、研究架构

1. 成立幼小衔接一体化课程研究领导小组，负责整体规划、监督和评估。

2. 建立跨校工作小组，包括幼儿园和小学教师、教育专家，负责日常研究、实施和反馈。

二、主要举措

1. 凝聚共识，建立全方位引领机制

成立由双方校园长、教科研部门和德育活动部门主要负责领导、年级组长、教研组长组成的共研项目组。

组长：制订并领导推进课程研究运行机制以及策划课程与活动框架。

副组长：制订课程实施方案。

项目组：共同落实课程和活动的实施。

核心团队通过定期组织联合研讨、建立微信工作群、实地参观指导等方式发现问题、解决问题，协同管理开展幼小衔接活动。

2. 深度融合，贯通一体化课程建设

以"贯通式一体化课程建设"为纽带，尝试进行跨校联动的幼小一体化课程设计和实施的探索与实践，将原有的幼小衔接课程进行整体设计创新和迭代升级。

根据自身园校文化和实际情况，确定一体化课程的模块和活动主题。

通过多样化的主题活动设计改变学生学习方式和交往方式等。

3. 双向靠拢，构建协同式研究路径

在运行的过程中形成协同式研究路径、深化衔接活动，使双方在活动目标、过程、环境、评估等多方面发挥协同作用，为支持儿童发展的连续性奠定坚实的基础。

4. 实现贯通，形成课程评价伴随制度

以《静安区幼小衔接背景下支持儿童连续性发展评价指标》体系为依据，优化和创新跨校联动的幼小一体化课程教学、活动相关的评价指标设计、评价行为观察与评价证据分析与反馈等。

三、支持保障

1.完善支持体系

加强幼儿园与小学双向联系，以幼小衔接一体化课程研究目标为导向，建立友好协作关系和教师、儿童互访机制，组织开展幼儿园、小学一体化课程相关活动，增进幼儿园与小学相互了解、双向衔接。

2.加强教师培训

围绕教育部发布的《关于大力推进幼儿园与小学科学衔接的指导意见》，分析幼小衔接活动开展中存在的困难和问题，组织开展专题培训、小幼研究共同体研讨会，帮助教师理解幼小科学衔接工作的意义、任务、内容与要求，掌握有效实施的方法与途径，提升教师幼小科学衔接的实施水平。

3.建立监督保障

依托研究共同体加强幼小衔接活动实施质量的过程监控，对幼儿园、小学实施幼小衔接活动的规范性与效果等进行评估、分析与调整，根据评价结果优化课程，使其能够更好地满足儿童发展的连续性需求，确保幼小衔接教育的有效落实。

制度5：幼小衔接能力提升下教师专项培训制度

为夯实优化教师幼小衔接工作指导与实施能力，明显转变教师的教育观念与教育行为，帮助儿童实现从幼儿园到小学的顺利过渡，特制定幼小衔接能力增强下教师专项培训制度。

一、培训目标和任务

1.通过开展专项培训，帮助教师进一步明确幼小衔接工作的重要性，以素养培育为导向的区域工作要旨，为培养儿童终身发展的习惯和能力奠定基础。

2.坚持"儿童为本"的理念。加强对儿童成长的连续性和整体性的研究；关注幼儿园和小学之间儿童发展目标、教育方式的贯通与递进。以系列化、模块式的研修为抓手，为促进教师在衔接教育中儿童研究与支持能力的增强，提供强劲动力和保障。

二、培训对象

幼儿园大班教师、小学低年段任课教师。

三、培训内容

1.儿童发展教育理论培训

从儿童发展教育基础理论入手，通过专家引领、自主学习，主动吸收和借鉴国内外相关知识和理论成果，对教师实施针对性培训，提高理论知识水平。

- 儿童身心发展阶段的学习
- 儿童学习发展特点的学习

2. 教师专业能力培训

树立让儿童准备走向为儿童准备的理念转换的认知，准确把握儿童学习发展特点，通过倾听理解儿童成长过程中的想法，顺应满足基于发展差异的个性化需求，就优化教学方式、关注多元评价等方面对教师进行重点培训。

- 环境创设能力
- 倾听理解能力
- 入学适应活动设计能力
- 游戏设计能力
- 观察评价能力
- 沟通合作能力

四、培训形式

1. 集中培训

利用区域上下贯通的教研模式，幼儿园和小学既关注本学段的工作重点进行相关研究，同时聚焦"身心、生活、社会、学习"四大领域，开展跨学段主题式联合教研。

2. 自主学习

利用市、区两级幼小衔接课程资源库，支持教师灵活开展基于个体需求的学习。通过理论吸收到实践应用，不断获得科学开展衔接工作的专业能力。

3. 联盟研修

各联盟体内部围绕共同聚焦的研修主题开展形式多样的研究活动。

五、培训周期

一年。

六、其他事宜

1. 建立教师专项培训机制

建立以园（校）本培训为基础的教师专业发展培训制度，规范管理，保证培训工作顺利开展。区教育学院教研室负责教师集中培训的组织，师训部负责教师自主学习的管理，各联盟校负责教师联盟研修的开展。

2. 搭建对话交流平台

定期组织家、园、校多方面的对话活动，在共同讨论和交流中，让教师获取更多儿童成长中的信息，支持教师不断开展反思性的实践。

3. 开展相关课题研究

鼓励教师通过培训和研究，积极撰写论文、经验、总结，对研究成果进行梳理。

4. 加强培训考核

教师考核内容主要包括两个方面：一是参与教研的出席情况，二是自主学习课程资源的完成情况。达到要求的教师，可获得相应的培训学分。

附件三　培训资源设计

培训资源1：五彩小健将

基本信息	课程主题	在快乐活动中掌握和提升跳绳的本领
	对应指标	身心——热爱锻炼
	课程开发	上海市静安区中山北路小学
课程目标		1.通过跳绳运动，了解学生的运动能力。 2.帮助学生快速适应体育学习由丰富多彩的游戏转变成按照国家要求进行的系统课堂学习。 3.掌握鼓励学生积极参与体育活动的一般方法。
现象描述		通过观察发现，大多数幼儿园升入一年级的儿童在体育运动中面临三个主要问题。运动情绪不稳定，很难长时间坚持一项体育锻炼；运动安全意识较为薄弱，不能很好地在体育活动中保护自己；运动能力较弱，很难正确运用已经学过的运动知识。因此，为了让学生平稳地从幼儿园过渡到小学阶段，提升体育运动情绪，保障运动安全，降低运动风险，增强基本运动技能是全面夯实幼小衔接快乐运动的坚实保障。 跳绳是小学体育最基础、最有代表性的身体素质项目，也是全国学生体质健康测试项目之一。同时，跳绳也是一项中国传统的民间体育活动，通过不断深入学习跳绳能了解中国传统体育文化。但是跳绳运动相对单一，对于一年级的学生来说比较枯燥，难以长期坚持。我们以一分钟跳短绳为载体，推出以"五彩小健将"为主题的系列活动。帮助学生了解跳绳、爱上跳绳，逐步养成最基础的运动习惯，提升精神属性，尽快适应小学的体育运动生活。
理论解析		在"幼小衔接"的大背景下，考虑幼儿升入小学之后的身心适应，相较于传统的体育课堂的各个环节作出优化和调整。幼儿园阶段在体育活动过程中更注重活动的趣味性和体验感，淡化技能要求和结果评价。但是小学阶段却较为重视学生评价，考虑到幼儿的身体接受能力和心理抗压能力，我们在保留趣味性和游戏性的同时，将评价融入整个活动，通过多样的评价形式激励学生长期坚持参与体育活动，从而在幼小过渡阶段能更平稳地融入小学体育生活。 一、评价激励学习　养成运动习惯 　　在"五彩小健将"的系列活动中，我们根据学生一分钟跳绳的成绩由低到高设置了"白绳—黄绳—蓝绳—红绳—彩绳"的等级制度，学生只要在课堂评价中达到相应的成绩就可以获得对应的等级称号。并且在班级门口的彩绳评价版面上进行展示，激励学生向更高的等级攀登。

为了让整体评价体系更完善更系统，我们增设年级评价，主要针对在班级中获得彩绳的学生，对这部分学生进行进一步的嘉奖，同时也激励其他学生积极进步，初步形成良性的竞争环境。以年级为单位，在获得"彩绳之星"称号的学生中，按跳绳个数的多少，排名前30%的学生可以获得一枚定制的彩绳章，每月一次，每个学期最多可以获得四枚。随着年级的升高，彩绳章的不断累积，满8枚彩绳章可以兑换一枚"超级彩绳之星"奖章。通过这样丰富的评价形式来激励学生不断提升自己的跳绳水平，同时有趣的称号、新颖的彩绳章也能帮助一年级学生更快投入参与，积极体验。同时，我们在教室门口的展示版面上增设"彩绳之星评价榜"，每一面评价榜由不同的主题来展示每一个跳绳等级，有的是用太空主题，有的是海洋主题，有的是奥运主题，有的是射箭主题，等等。每个班级的评价主题都是不同的。每月会根据学生跳绳成绩进行升降级，鼓励没有获得彩绳的同学利用放学后的时间，保持每天运动的好习惯，让跳绳运动融入生活，收获自然而然地会在"彩绳之星评价榜"中体现。

二、依托主题情境，体验趣味课堂

幼儿来到小学，相对比较规整的大班化教学环境必定会出现一些心理落差。所以在课堂设计上，通过融入主题式教学情境，课堂练习环节与情境结合，让学生成为故事中的主角，在这种充满童趣的课堂中，逐步掌握具有一定技术难度的动作方法，让学生的身心平稳地软着陆。

理论
解析

通过幼儿园实地考察了解到，幼儿园的教学方法是相当有童趣的，非常注重幼儿自身的运动体验，尊重每一个幼儿的个体差异。所以，作为一年级的小学教师，也要考虑每一个学生的心理感受，用丰富的课堂形式使学生逐步适应小学体育课堂教学的形式和节奏。在课堂上教师创设"我们都是风火轮"的主题情境，把我们跳绳时的身体姿态比喻为"风火轮"。根据一分钟跳绳的个数，设置三个等级，分别是"初级风火轮""高级风火轮"和"无敌风火轮"的称号评价。学生通过集体练习和分组挑战，达到一定个数就可以获得相应的称号。通过主题情境激发学生对于跳绳运动的兴趣和争取好成绩获得自己想要的"风火轮称号"的进取心。同时，教师还可以运用分层教学法，让获得"无敌风火轮"称号的学生做小老师，通过一对一的生生指导环节，帮助技术动作掌握较慢的学生提升自身的跳绳水平，同时也激励那些获得"无敌风火轮"称号的学生继续努力，持续进步。丰富的课堂形式，让学生逐步适应小学的体育课堂节奏，感受到小学的课堂有意思且有收获。

三、注重校外锻炼，培养坚持品质

为了进一步增加一年级学生的跳绳练习效果，充分发挥家庭运动的作用，初步建立运动习惯，形成终身运动理念的雏形。我们把课后家庭练习作为课堂练习的一个延伸，鼓励学生做到每天回家跳绳一分钟，同时也可以带动自己的家庭成员参与到这项活动中来。通过录制视频的方式，第一时间和老师进行互动交流，分享自己的运动瞬间。在这个过程中，学生不仅仅增强了跳绳这项技能，还促进了亲子关系的良性发展，同时也能初步体验到坚持带来的成就感和荣誉感。

区域推进幼小科学衔接的机制创新

教育实例	实例一：完善比赛机制，增强跳绳兴趣
	课堂中，教师根据学生跳绳等级的不同，分成人数均等的"五彩梦之队"，保证小组内每个跳绳等级分配均衡。由拥有"彩绳之星"奖章的同学担任组长。教师组织学生进行"跳绳持久之星"比赛。首先由教师来做裁判员，各个"五彩梦之队"的组长作为参赛队员，20秒的时间，看看哪个同学能够不失误坚持到底。其他组员明确比赛的规则和要求，为接下来自己参赛做好准备，同时也是小小监督员，看看哪个小组能坚持到底。比赛分为三局，每一局的获胜者可以获得一枚彩虹粘纸。得彩虹粘纸最多的同学可以获得"耐力之星"的称号。组长比赛结束之后，由组长来作为小裁判，教师作为计时员，决出各小组内的"耐力之星"。最后根据各小组"耐力之星"称号的个数多少，评选出最佳跳绳小组，在课后给予实物奖励。通过丰富的课堂评价激励学生积极参与跳绳活动，打造良好的班级跳绳氛围。
	实例二：关注个体差异，增强跳绳能力
	小张同学性格活泼，模仿能力强，但是跳绳总是不能达到理想成绩。他的问题是手脚节奏不协调，容易急躁，一味地想要加快速度，导致失误过多。由于成绩不是很理想，导致自信心受挫。针对这个问题，我调整了课堂练习方法。首先运用双手摇双绳的方法提升学生的摇绳节奏，同时绳子打地的一瞬间根据节奏进行跳跃，可以增强学生手脚协调能力。再配合节奏感强，速度适中的音乐进行辅助练习，一段时间后，我发现小张的失误减少了，跳绳的节奏感逐步增强，随之跳绳的能力也得到了增强。在整个实践活动过程中，我们针对学生的个性化问题进行有针对性的教学，帮助学生提高跳绳个数，获得成功体验。
	实例三：加强家校联动，提升评价仪式感
	有一次，课间休息时，小王同学开心地跑过和我说："老师，我昨天回家在爸爸的带领下，一分钟跳了120个，成功从红绳升级为彩绳了，我能来换绳子吗？"为了不打击学生的积极性，我说："今天回家，把和爸爸跳绳并且达到彩绳标准的跳绳瞬间用视频的形式记录下来，并且在钉钉班级圈内和老师分享，如果个数没问题，明天在课堂上给你举行换绳仪式。"小王愉快答应。当天晚上7点左右，我在班级圈看到了小王的视频，视频中他的跳绳情况相比刚入学时，进步相当明显，当即我留言表扬小王和他的爸爸。第二天的课堂上，给他举行了换绳仪式，并且鼓励其他学生充分运用课余时间参与跳绳活动。
专家点评	一、童心向未来，注重衔接
	在一系列的课堂教学中，教师从学生的角度出发，关注学生的身心发展水平。注重学生的身心适应，消除他们从幼儿园升入小学的身心焦虑，让他们快速适应小学和幼儿园完全不同的学习生活节奏。从小小的跳绳出发，通过"五彩小健将"的系列活动设计，学生可以逐步适应小学阶段的评价体系，慢慢养成良性的竞争意识。通过多样的评价，有趣的课堂，让孩子们平稳过渡幼升小的初期阶段，让他们用更积极向上的态度迎接未来人生路上更多的挑战。
	二、家校共培育，合作共赢
	我们以学生为主体，通过校内设计、趣味课堂、家庭延展、多样评价的模式，充分发挥家校双方的优势，实现学生在家庭生活、学校活动中角色从从属到主导的转变，构建有利于其"优势发展"的个性化的家校共育教育生态圈，既促进了学生的发展，也实现了家校间的互信互通。

专家点评	**三、全面性评价，关注发展** 　　在课程实施和评价过程中，我们发现评价的全面性还有待提高。我们把主要的评价形式大多都集中在能力较强的学生身上，对于能力中等的学生的鼓励和激励做得还不够全面。应当根据各个彩绳等级的学生的实际情况，设定分层分级的评价机制，而不是只集中在彩绳阶段的学生。 　　再如，针对一年级学生的评价形式还需更加丰富。我们应该继续淡化跳绳成绩的概念，设置更多跳绳小称号，运用这些跳绳小称号鼓励不同能力水平的学生。此外，在关注学生个体差异的同时，也要关注每一个学生的身心适应能力，从学生的角度出发，设计更合适的活动内容，让他们能够更愉悦地投入小学体育活动。 　　　　　　　　　　　　　　　　　　　　　　　　　　　　　　　　　（盛朝晖）

培训资源 2：小情绪，大问题

基本信息	课程主题	幼小衔接阶段可能出现的情绪问题及其控制
	对应指标	身心——快乐向上
	课程开发	上海市静安区闸北第一中心小学
课程目标	1. 知道幼小衔接阶段可能导致学生出现情绪问题的主要原因。 2. 理解学生出现情绪问题的主要原因和基本特征。 3. 掌握控制学生情绪问题的一般方法。	
现象描述	在幼儿园阶段，一些孩子各方面都表现出色，深受老师夸奖，做事也积极主动。然而，进入小学阶段后，他们却逐渐出现了学习兴趣下降、注意力不集中、集体观念薄弱等问题。德国的哈克教授指出，儿童在从幼儿园过渡到小学的过程中，面临着六大心理上的断层，即学习环境、学习方式、行为规范、关系人、社会结构和期望水平的断层。 　　由于小学和幼儿园的学习环境和教学方式差异较大，儿童可能会出现适应性困难。幼儿园通常采用以游戏为主的教学方式，全面启蒙孩子的发展。然而，小学则以课堂教学为主导。因此，一年级的小学生在面对要求严格、期望较高的教师时，往往会产生危机感；对于以学习系统知识为主要内容的教学，也会感受到学业压力的增加。 　　从幼儿园过渡到小学，儿童无论是生理还是心理都面临着巨大的变化。能否顺利从"幼儿"转变为"小学生"，对儿童的学习习惯和态度的养成，乃至终身教育都有着深远的影响。然而，研究显示，在适龄学前儿童中，有16%—35%的儿童未能达到入学要求水平。实践调查研究还表明，入学适应问题会对儿童核心素养的发展产生影响：一方面制约着学生的学习进步，导致他们失去自信心，产生厌学情绪；另一方面，也影响着学生心理素质的健康发展。 　　这些不适应，使得学生在学校的学习生活中面临一定的困难，影响了他们对学习和生活的态度，甚至可能对其未来的学业成绩和社会成就产生影响，导致同学之间的差异。因此，家长和教师应该充分了解孩子，尊重他们表现出的不适应，注重引导和鼓励，教会孩子控制情绪，使他们能够准确表达自己的想法，帮助儿童顺利完成幼小衔接。		

理论解析	1. 关于幼小衔接的理论研究 从幼儿园过渡到小学是幼儿人生的首个转折点，不仅是个体接受教育的初级阶段，而且对他们生理和心理有重大的影响，所以衔接不是幼儿园的事，仅仅依赖幼儿园来快速解决儿童的小学入学适应性问题变得不现实，幼儿园、小学、家长应紧密配合，三方一起积极主动沟通，分清职责，积极地帮助儿童适应小学生活而努力，为孩子的成长尽力尽责。 2. 关于幼小衔接存在的问题研究 目前，大部分的研究是站在成人角度，很少从儿童的角度进行研究；其次，很多小学在儿童进校的第一周就开始直接进行正规的学科教育，小学教师对待儿童用对待中高年级学生的方式，没有考虑到刚步入小学的学生对环境的陌生感、畏惧心理，容易使孩子产生抵触心理，不利于新角色的转换。另外，园校合作的衔接工作存在衔接的表面化以及单向化，不仅违背孩子生理和心理的发展规律，而且导致对小学课堂产生厌倦的情绪；还有部分家长意识到了幼小衔接这个问题，为了缓解孩子的小学入学适应困难问题，让孩子参加一些入学前的课程培训，但是培训机构大多数只是提前让孩子学习小学课程，并未从根本上解决问题。 3. 幼小衔接的策略和途径研究 2021年3月，教育部下发的《关于大力推进幼儿园与小学科学衔接的指导意见》明确了做好幼小衔接工作的指导思想、基本原则和主要目标，并对幼儿园如何开展入学准备教育和小学如何开展入学适应教育提出了具体的要求，明确指出建立幼小协同合作机制，改变衔接意识薄弱的现状；改变超标教学，超前学习的状况，做好科学衔接；整合多方资源，建立行政促进、教学和研究支持，以及教育机构和家长的共同参与，以实现有效衔接。 综上所述，幼小衔接阶段现有的主要问题，集中在环境适应、学习适应、行为习惯适应、人际交往适应这四方面。其共同点是不论在哪方面出现了问题，儿童所直接表现出来的，都首先是郁闷、焦虑、情绪低落等异常心理情况。因此，我们应该重视情绪控制在解决幼小衔接问题方面的巨大作用，使儿童有一个适应小学学习和生活的心理空间，更加关注儿童自身的心理需求，帮助他们更顺利地融入小学课堂。
教育实例	**（一）环境适应上的情绪控制** 案例1： 佳佳，在幼儿园伶牙俐齿，能说会道，遇到老师都会有礼貌地打招呼，因此佳佳被称为幼儿园的"社交牛娃"。可是，进入小学第一天，就因为不熟悉环境找不到厕所而哭闹起来，第二天甚至不愿意来校上课。 根据相关研究，儿童在适应环境方面，有接近70%的学生对于新环境没有探索和了解的兴趣，30%的学生曾经有上学哭闹的情况，每个班级都有人走错教室或者找不到教室，接近30%的学生会找不到学校厕所。研究数据表明，大部分的孩子还是喜欢小学生活的，有一部分同学由于小学与幼儿园环境的差异，他们身体和心理上不能很快跟上小学的步伐，产生上学哭闹、对新环境不感兴趣的情绪。

　　积极向上的情绪有助于儿童适应小学生活，要让儿童面对新环境不紧张、不焦虑。最好的办法也是最容易的方法，就是小学阶段的环境设置要幼儿园化，如图所示。

（二）学习适应上的情绪控制

案例2：

　　玲玲，幼儿园小班就已经在社会培训机构超前学习，但由于不注意正确的书写姿势，进入小学后才被老师发现，老师试图对她的握笔姿势以及书写姿势进行矫正，效果并不理想，反而让玲玲越来越害怕上学，总是担心自己写字被老师批评。

　　在幼儿园时期，幼儿的手部肌肉不发达，幼儿很难做到正确握笔，但由于"幼儿园小学化"现象，提前教给幼儿写字似乎已经司空见惯，书空是学前儿童入学的准备，如果过早写字，又不注意正确的书写姿势，等步入小学再纠正握笔姿势以及书写姿势就比较困难了。

学生从熟悉的环境进入新的班级会产生陌生感，由于儿童本身还不具备适应这种突然变化的能力，所以从幼儿园进入小学，面对新的环境、教学方式、规章制度，容易出现恐惧、紧张、学习积极性下降等不良问题，因此，一个活泼宽松的班级氛围能够使儿童以积极向上的态度参与到新环境中；其次，由于小学和幼儿园存在差异，教师教学方式、方法，课堂要求的变化对儿童的入学适应性会产生不同的影响。比如，一些教师在课堂为了完成教学任务，保证教学进度，采用灌输式的教学方式，忽视了学生学习的阶段性和连续性，虽然从表面上来看，教学效果可观，但是不利于孩子长远的发展以及良好习惯的培养。

（三）行为习惯适应上的情绪控制

案例3：

越越，是一个聪明的孩子，反应快，但是上课坐不了几分钟，就开始挪动凳子，不一会儿就站起来了，或者在自己的座位上折纸玩，导致桌子下面全都是垃圾，他还经常回过头去和后排的同学说话。

儿童年龄小，性格活泼好动，自我控制能力差，往往较难约束自己的行为，没有足够的自制力去规范自己，往往出现课堂上不遵守纪律的情况。

孩子们在进入小学的初期，将经历许多新的挑战，这对他们的行为习惯和情绪控制能力提出了更高的要求。他们可能会感到焦虑和紧张，因为他们不熟悉新的规则和要求。这种情绪可能会导致他们表现出反抗、抵触或情绪失控的行为。因此，我们需要帮助孩子们学会如何通过情绪控制来应对这些挑战。此外，我们还可以指导他们如何通过积极的自我对话来改变负面的情绪态度，并提醒他们控制自己的情绪反应，以避免冲动和不恰当的行为。我们鼓励教师多采用鼓励和奖励的方法，以促使孩子们养成积极的行为习惯，并帮助他们建立稳定的情绪控制能力。类似的方法还有提供良好的示范和角色模型，以帮助孩子们学习和模仿正确的情绪控制行为。

（四）人际交往适应上的情绪控制

案例4：

同学们下课都走出教室活动，只有成成一个人孤孤单单坐在座位上，老师上前询问，成成说："童童是我在幼儿园时最好的朋友，她现在交到了新朋友，不跟我玩了，我很难过！"

从幼儿变成一名小学生，是赋予了儿童新的角色，也对他们提出了更高的要求，儿童需要独自面对各种新的环境、新的任务、新的老师和同学，因此才会出现各种不适应。在孩子进班级的那一刻起，教师应充分地了解学生学前和入学后的基本情况，遵循他们的身心发展规律，采取不同的班级管理方法，比如本案例中的孩子，进入小学后因为好朋友交到了新朋友，就变得不愿意与他人交流，不爱说话，胆小，常常对集体生活没有归属感和安全感，总是喜欢一个人，像这样的学生，教师就应给予更多的关心，鼓励他参与各种集体活动，及时表扬他勇于参加的勇气，增强他的自信心，真正帮助学生实现幼儿园到小学的顺利过渡。

因此教师要多留心部分交往不畅的同学，关注学生产生的不良情绪，帮助学生进行疏导。可以通过创设各种活动，增强学生的归属感与认同感，帮助学生快速融入集体，通过多种多样比赛的形式增加班级与班级之间的沟通联系，增加同学与同学之间的互相了解，使学生对学校更加熟悉，为学生快速适应新环境创设有利的条件。

教育实例

<table>
<tr><td rowspan="1">专家
点评</td><td>

本微课主要涉及幼小衔接领域幼儿情绪控制的问题。在幼小衔接阶段，学生需要适应新环境和建立良好的关系，以便更好地适应学习的过程。为了帮助学生适应新环境，需要培养他们的自信心和积极心态，并给予他们积极的支持和鼓励。同时，教师还可以通过组织团队活动、合作学习等方式促进同学之间的交流和合作，帮助新生融入班集体。

对于情绪控制的方法，本微课提出了几点建议。一是要增强孩子的自信心，关注他们的优点和长处，并给予表扬和鼓励。二是要培养孩子的沟通技巧，引导他们如何表达自己的感受和需求，并学会倾听他人的意见和建议。三是要教育孩子正确面对挫折，认识到失败是成功之母，并指导他们寻找解决问题的方法。四是要培养孩子的自我调节能力，指导他们如何在面对不良情绪时进行自我调节，并营造一个温馨和谐的家庭氛围，让孩子感受到家庭的关爱和支持。如果情绪问题严重影响学习和生活，可以寻求专业帮助进行心理疏导和治疗。

整体而言，本微课提出了一些有效的方法和建议，帮助幼小衔接阶段的学生适应新环境和控制情绪。这些方法包括培养自信心、沟通技巧、面对挫折的正确态度、自我调节能力和营造良好的家庭氛围。这些都有助于学生在幼小衔接阶段顺利过渡并享受到快乐学习的过程。

（王慧）

</td></tr>
</table>

培训资源 3：小书包我会理

<table>
<tr><td rowspan="3">基本
信息</td><td>课程主题</td><td>养成良好的整理书包的劳动习惯，树立热爱劳动的意识</td></tr>
<tr><td>对应指标</td><td>生活——喜欢劳动</td></tr>
<tr><td>课程开发</td><td>上海市静安区万航渡路小学</td></tr>
<tr><td>课程
目标</td><td colspan="2">1. 掌握幼小衔接阶段组织学生整理书包的方法和步骤。
2. 指导培养学生整洁意识、卫生习惯和热爱劳动意识的衔接策略。</td></tr>
<tr><td>现象
描述</td><td colspan="2">

当幼儿园的孩子步入小学时，家长们都会为孩子精挑细选一个书包，这也是陪伴一年级新生每天学习的伙伴。

早上，孩子们会背着整洁的书包来校，但是这些书包到了放学时候就远不如它们进校时的状态了。有书包开口敞开不关的，也有书包鼓鼓囊囊像是吃撑的，还有体育课用的跳绳像是尾巴一般挂在书包外的……各式各样不整洁的书包伴随着新生离开校园。但是，即使如这般不整洁的书包，也已经花费了新生不少的时间去整理。在整理书包的时候，有的同学不管不顾，一股脑往书包里使劲塞；有的英语书放好后，将英语本子塞进还没整理的语文书的文件袋中……每天放学提前留出 10 分钟给新生整理书包，对有些同学仍然不够。

新生的书包问题不仅发生在校园内，同时不整洁的书包还给学生回家后的学习留下了后遗症。在校门口，经常听到家长的批评：书包里杂乱无章，学习用品丢三落四，整理书包耗时太多……

</td></tr>
<tr><td>理论
解析</td><td colspan="2">

一、引起充分重视

一年级学生正处于幼小衔接的关键时期，整理书包是入学适应教育中生活适应的第 2 点"自理能力：学会及时收纳、分类管理好自己的物品，做好课前准

</td></tr>
</table>

理论解析	备"的要求。面对上面的现象，如果不引起足够关注，新生、老师、家长往往要耗费更多的精力和努力去应对学生做不好整理和做不对整理引发的一系列问题，学生也将错失在第一时间学习并掌握整理书包的方法和步骤的机会。 **二、注重幼小衔接** 　　面向幼小衔接，现在幼儿园大都开展了引导幼儿学习整理的活动。但在幼儿园的学习过程中，有的是整理玩具，有的是整理衣物，是偏向日常生活化的指导，没有指导学生系统学习整理书包的环节。而在小学阶段，则更注重学习生活的指导。开展书包整理，要基于幼儿园已开展的成果，基于学生的身心特点，学校校本化地开展相关教育活动的设计与实施。 **三、关联劳动教育** 　　依据劳动课程标准，劳动课程通过十个任务群的分解设立，旨在树立正确劳动观念，增强必备劳动能力，培养良好劳动习惯，塑造基本劳动品质。"整理与收纳"就是十个任务群之一，"指导学生在劳动课程学习与实践中掌握整理与收纳的基本方法……督促、鼓励学生在家中不断练习整理与收纳并长期坚持实践，养成习惯"。本课程通过学习整理书包的方法和步骤，掌握整理书包时的注意事项和规则；养成良好的整理书包习惯，增强自理能力和责任心；养成学生的整洁意识和卫生习惯，树立珍惜物品和热爱劳动的意识。
教育实例	**实例一：课堂学方法，以赛代练** 　　课堂上，学生通过交流分享，学习到整理书包有妙招，可以按学科分类、按大小摆放、按用途归类……从学生的生活实际出发，提示学生留心观察，发挥他们的主观能动性，他们自发找到整理的要点，学习分类收纳、合理摆放的理念，学会整理书包的方法和步骤，掌握整理书包时的注意事项和规则。 　　在学习后，可以展开"我是整理小能手"的比赛。绝大多数同学都能在2分钟内整理好自己的小书包，甚至优秀的同学能做到在1分钟内能完成整理小书包的劳动任务。完成任务的同学整理好的小书包是符合优秀标准的：教科书按要求有序收纳在文件袋中；文件袋中无论是书本还是学科练习都是四角平整，干净整洁。甚至有不少的同学已养成了良好的整理习惯，在相应课程完成后已习惯第一时间将学科用品收纳在书包中，初步掌握了有条理地做好力所能及劳动的能力。通过整理自己的小书包，做好自己力所能及的劳动，让学生有劳动的成就感，充满劳动热情。 **实例二：尊重主体性，巧问启智** 　　通过小组合作探究的学习活动，学生发现了有些物品无须每天带，自己的小书包按照课表进行整理，这是一个有效的好方法。与此同时，做好定期清理、发现损坏及时修理，不仅养成良好的整理书包习惯，更是增强了自身的自理能力和责任心。 　　课堂中"书包到底谁来理"这一问题引发了学生的辨析和反思。幼小衔接过程中，许多学生对于自身身份的改变了解不足，他们还沉浸于幼儿园期间事事家长包办的状态。通过一个问题的提出，学生通过探究和反思能自然发现"我"是学习的小主人。通过"学习—应用—反思—再学习"这一螺旋式上升的学习形式，学生更能自发、主动整理好书包，做到自己的事情自己做。 **实例三：评价促发展，自成习惯** 　　在学习了整理书包后，绝大部分学生整理书包的水平大幅提高，但是也有像小李同学一样，为了显示自己整理书包的速度快，贪图方便，直接将书、本、册散在书包中，将书包的整理简化为了将物品塞入书包的行为。

教育 实例	从结果看,好似小李同学完成了物品入书包的目的,但是本质上却是将"整理"一词抛到九霄云外了。在这样的情况下,易发生学科类的物品没归拢在一起,做课前准备的时候容易有遗漏,导致影响后续课堂听课学习;或是到家后不得已再次花费一倍的时间将混乱的书包规整到位。 小李的上进心值得肯定,但是他没有意识到整理的意义是使自己的学习生活更加顺畅,劳动让生活更美好。一心求快带来了家长误解其不爱整洁、不爱劳动;自己重复劳动,费心费力。于是老师和小李单独沟通,说清第一次将物品规整到位,每次将物品放回原位,整理注重"分类收纳、合理摆放、按需携带、定期清理",重速度的同时更要重质量。还和小李制定了"21天整理书包小达人养成计划"。不仅是小李,还有其他同学关注到这一挑战,也都跃跃欲试,个个争当"整理书包小达人"。

"21天整理书包小达人养成计划"学习评价单				
评价 内容	等级标准			他人 评价
	★ ★ ★	★ ★	★	
会整理	能用课堂学到的方法整理自己的书包,并一直保持书包的整洁。	能用课堂学到的方法整理自己的书包。	能在他人的帮助下整理自己的书包。	☆ ☆ ☆
乐坚持	能坚持21天主动整理自己的书包。	能坚持14天以上主动整理自己的书包。	能在他人的带动下坚持14天以上整理自己的书包。	☆ ☆ ☆

专家 点评	**一、关注幼小衔接,发挥学生的主体性** 万小学生在入学前已收到学校准备的《万宝全书》的入校指南,在万宝全书中,本就已明确学生应做到的物品准备和书包整理。因此,在学生有初步概念的基础上,"小书包我会理"课程是对其的补充和完善,学生能有更多的实操练习。微课致力于幼小衔接,既注重实践,又提升认识。 **二、重视学科育人,体现教学评一致性** 通过学生夸夸自己的小书包,使其感知书包在日常学习生活中的作用很大,再通过学习分类收纳、合理摆放、按需携带、定期清理等整理方法,在渗透分类思想的同时为学习如何整理书包奠定基础。再借以情境辨析,让学生意识到作为一名一年级小学生,要养成自己事情自己做的良好习惯,让意识引领行为转变。通过"21天整理书包小达人养成计划"的有效打卡练习,进一步巩固课堂所学,使其能将学到的知识技能应用到实际生活中,知行合一,也体现了教学评的一致性。 **三、注重家校共育,促成劳动教育的落实** 在学校学习到的知识、方法和能力,需要给学生充足的锻炼机会。学生的锻炼场域应从学校拓展延伸至学生家庭。以学校为课程的引领,指导开展家庭教育,将所知应用于所学,将所学还原回生活,让学习到的知识带动学生养成良好的学习习惯、生活习惯。在这个过程中,促成劳动教育的落地,学生素养的提升。

（朱莉敏）

培训资源 4：感知时间

基本信息	课程主题	关注儿童时间观念的养成，建立自我管理的意识
	对应指标	生活——自我管理
	课程开发	上海市静安区威海路幼儿园

课程目标	1. 了解幼小衔接中，幼儿感知时间的学习方式，关注儿童时间观念养成的经验连续性。 2. 帮助幼儿建构时间观念，建立自我管理的意识，培养儿童从容有序的生活。

现象描述	幼小衔接是幼儿从幼儿园到小学的重要过渡阶段。在这一阶段，幼儿需要适应新的学习环境、学习方式和生活节奏，这对其身心健康发展具有重要意义，同时也面临着考验。良好的幼小衔接有助于幼儿更快地适应小学生活，减轻他们适应的压力，建立愉快的情绪体验，为他们未来的学习和生活奠定坚实的基础。 　　在此过程中，通过多途径的调研发现，大部分的幼儿在学习能力（知识的准备、工具使用等）方面已经有了较为充分的准备。然而，当涉及生活习惯、学习习惯和自我管理能力时，他们却显得有些力不从心。主要表现为：有的幼儿不按时作息，晚睡晚起，经常迟到不守时；有的幼儿做事漫不经心，边做边玩缺乏自律性，一件简单的事会拖上几个小时才完成；有的幼儿不能合理安排时间，做事情毫无头绪和章法，常常会在某一环节花费大量时间，最终来不及完成任务。很多家长也会不由自主地代替幼儿来管理时间，却较少让幼儿自己支配时间。日复一日，逐渐把儿童培养成自我管理意识薄弱、不催不动的孩子，缺乏学习的主动性。这些生活中的点滴行为，无不告诉我们"时间管理"的重要性。而"时间管理"下的三个关键核心经验：守时、准时、合理的时间安排，背后指向的关键能力也正是幼儿的秩序感、自主性、自我管理能力的发展。因此，我们需要从生活点滴入手，帮助孩子建立起正确的时间观念。我们可以让幼儿从日常生活中的小事做起，比如规定起床时间、用餐时间、学习时间等，让孩子们在规律的生活中感知时间的流逝。同时，我们还可以引导幼儿制订计划，合理安排时间，让他们学会在有限的时间内完成任务。通过这样的方式，可以逐步养成幼儿的自我管理能力，让他们成为时间的主人。当幼儿能够自如地掌控时间时，他们就能更好地应对学习和生活中的挑战，能更从容有序地生活，从容不迫地迈向更广阔的未来。

理论解析	对幼儿来说，掌握基本的时间管理有助于他们更好地安排学习和生活，提高学习效率，形成良好的生活习惯。此外，时间管理能力还有助于培养幼儿的自律意识和自主发展能力，为他们在未来面对更多挑战做好准备，也能为他们能更好地、更从容安排自己的生活打下基础。 一、基于儿童发展特点的时间感知 　　由于时间看不到、摸不到，是一个极其抽象的存在，如何让3—6岁的儿童感知时间。有学者（侯海凤，2009）认为儿童时间观念的教育要"取法自然"。"钟表时间"并不是衡量幼儿时间观念的唯一合理尺度。幼儿具有自然赋予的内在精确的时间表，这种自然的时间具有内在性、无意识性，是幼儿转变生长的条件，是幼儿创造性潜能发挥的前提。因此，幼儿在幼儿园的一日活动就是幼儿获得良好时间观念关键经验的重要途径。幼儿自然的时间观念渗透于幼儿的日常生活之中。《3—6岁儿童学习与发展指南》中也指出幼儿的学习是以直接经验为基础，在游戏和日常生活中进行的。

二、家园协同，做时间的小主人

幼儿到底有没有正确的时间观念，一直是我们在关注儿童建立时间观念中经常探讨的一个问题。我们发现，婴儿在肚子饿的时候，就知道这一段时间属于喝奶的时间，这个就是婴儿的节律，也是时间观念。这种对时间的认知主要来源于生理上的条件反射，也就是由生物钟提供时间信息，衡量时间的流逝。如果沿用这种生理上的时间信息，那么上学、吃饭等事件都可以为幼儿提供时间信息。正如蒙特梭利所说，幼儿实际上是"有着内在的精确的时间表的人"，这种内在时间表才赋予幼儿主动、真实的时间体验，即幼儿以自身的兴趣、需要和本能冲动为时间流转的基点，幼儿自然的时间观念渗透于幼儿的日常生活之中。同时，时间概念的形成是一个漫长而又复杂的过程，幼儿对于时间概念的经验尚在形成中，但不表示他们没有对于认识时间的需求，而小年龄孩子内心对建立稳定秩序的需求会直接影响到他的情绪是否稳定，幼儿需要通过实际操作与感知逐步形成时间观念，并且操作的内容应是建立在幼儿每日生活中形成的直接经验之上。我们会告诉他某件事完成后就能回家，例如起床吃完点心就回家了，以此将"事件"和"时间"加以连接。

理论解析

幼儿发现每个时间段都有比较固定的内容，需要按时完成，这有助于他们形成有序的生活习惯和良好的自我管理能力。这种能力的发展，不仅有助于他们对时间的感知与规划，还体现在他们自我安排的有序性、问题解决与调整能力，以及自主性的提升上，幼儿逐渐学会自我规划、自我调整和自我控制，这种自我管理能力是幼小衔接中至关重要的一环，能帮助幼儿更好地适应小学独立自主的学习和生活环境。同时，这些能力的增强，为他们的日常生活和学习奠定了坚实的基础，并有助于他们更好地适应未来的生活挑战。

三、时光流逝，感知生命的变化

时间是什么？对于年幼的孩子来说，时间就像一个谜，1分钟、1小时、1天、1年，这些都藏在哪里？今天和明天又有多遥远？只有对时间有了感知，知道它是什么，在哪里，才能去管理它。

幼儿对时间的理解与他们的生活经验是密切相关的，他们对时间的认识是从和生活联系紧密的"一天"开始的，然后向更长或更短的时间延伸。

密切联系日常生活来进行环境的创设，让幼儿在环境中实际感知时间，通过每日、每月、每年有规律性的活动，例如：一日活动、威海十件事、同心圆课程，在潜移默化中形成时间的概念，理解"时间"一直在我们身边，与我们息息相关。

实例一：快快慢慢的游戏

教育实例

一次户外运动的放松环节，老师选用了一段奥尔夫音乐《开始与停止》，在此过程中，教师让幼儿不只是跟着教师做动作，同时也关注到音乐，当音乐停止的时候幼儿会瞪大眼睛看同伴和老师。借由幼儿的兴趣，我们尝试用音乐代替抽象数字，帮助幼儿感知时间。

结合幼儿的兴趣，我们找了一些快快和慢慢的音乐，先让幼儿感知，为了让幼儿对音乐节奏进行充分了解，我们采用了多样的形式，"听音画线""听音起舞"，教师会组织班级中大年龄的幼儿在感知的基础上一同讨论，哪段音乐配给哪个环节。

最后，经过讨论，孩子选择在吃饭的时候可以配一些钢琴曲，因为吃饭的时候要慢一点，于是我们选了《秋日私语》《记忆》两首乐曲；玩游戏、收玩具的时候，选择节奏较强的《加油鸭》乐曲；散步的时候选择节奏舒缓的《大丰收》乐曲；通过这样的活动，我们明显发现，幼儿能根据音乐的节律动了起来。

在"快快慢慢的游戏"的案例中，老师利用音乐与时间的相同特点：有开始与结束，是连续的，也是具有节律特征的。通过身体感知，帮助幼儿在自身节律与外界环境节律之间达到一种发展适应性的平衡。在身体感知的基础上，鼓励幼儿尝试表征自己感受到的节律。由于我园是混龄编班，对于大年龄的孩子，老师会鼓励他们尝试选择合适节奏的音乐去匹配活动环节。正如在案例中幼儿所经历的，不论是大年龄还是小年龄的幼儿，看似体验的是快和慢的问题，但其所指向的根本问题，或许还在于"什么才是幼儿的合理时间"。只有在幼儿充分感知和体验的基础上，才能发展起自我管理能力，这也是研究所要追求的根本。

实例二：一日生活卡

在一日生活中，孩子们常常会询问："接下来我们做什么？"小班的孩子会常常询问老师："爸爸妈妈什么时候会来接我？"为了帮助他们了解自己一天的活动，班级发起了"一日生活卡"的活动。

老师为小年龄的孩子提供了幼儿园一日生活的小插片，他们慢慢地也知道喝完水后，换上外套这一具体事件发生后，就是回家的时间到了。到了大班教师会先与孩子一同回忆，将一天中经历的事件利用图片的形式呈现出来，让他们把这些"时间"放入圆盘中，再利用环境中提供的时钟，进行观察。通过对时钟的观察，孩子提出了一个有趣的观点："我觉得，这个圆形的画纸就像教室里的钟，我们可以加上时间数字。"

为了让时间与事件的感知具有持续性，老师同步通过家园共育的方式，引导孩子们在生活中继续观察时钟，并与家长一起帮助幼儿了解时钟的作用。双休日与节假日，也请孩子们回顾一日生活的内容。每天上午、下午、晚上，老师与家长都会利用聊天时间，与幼儿一起讨论可以做的事情，让他们在心里形成有序的时间概念。

一段时间后，通过时钟与事件的反复感知与对应，老师发起了第二次绘制作息表的活动。幼儿除了能够表征钟面结构，尝试在大致的时间范围内对应具体的内容，同时还能将时间较长的事件对应较长的时距，时间较短的事件对应比较短的时距。

"一日生活卡"的案例，就是通过时间与事件之间反复的感知，让幼儿把经常发现的事件与时钟上的数字产生对应。在活动中，教师强调反复感知，加强链接，让幼儿对时钟的认识、对事件与时间之间的关联从幼儿园扩展到家庭中，并利用家庭时间，更完整地体会一天中发生的事件与时间的关联。老师提供的系列活动，让幼儿在反复感知后再次表征圆盘。通过一段时间感知，幼儿不仅对时钟、时间、事件之间有了身体的直观感受，更是在事件的发展过程中，感受到了不同事件需要的时长也不同，从而反馈到了第二次的"一日生活卡"表征上。针对班级中小年龄的孩子，教师也提供了一日生活插插卡，让幼儿对自己一段时间中需要做的事情进行排序。

实例三：时光流逝、春华秋实

在丰收季活动中，幼儿将一颗小小的种子埋入泥土。经历了漫长的等待与幼

教育实例

教育 实例	儿的精心照顾，终于在 10 天后的一个午后，种子发芽了。大班的孩子一起在月历上做好标记，在第十天的地方打上五角星。就这样，每天散步时值日生都会给它浇浇水，观察泥土的变化，期待着幼芽长大。孩子们感慨地说："种子发芽的时间可真长呀！""那有没有更长的时间呢？"根据孩子们的提问，我们结合每日午后散步活动，发起了一场"寻找时间秘密"的活动。我们每日与幼儿徜徉在午后的校园里，幼儿把自己的发现记录下来。一段时间后，老师组织了一场分享秘密大会。 孩子们说："时间藏在身高里，开学时我的身高刚好在第 8 块砖，现在更高了。""时间藏在自画像里，一层色彩是一岁，数一数我几岁啦！""时间藏在校园里，小草变黄了，树叶变红了，幼儿园的四季可真美呀！""我已经为石榴树过了两次生日了，我还知道再过 4 个月石榴树又要过生日了。" 经过散步中的观察、寻找、发现、记录、分享，幼儿发现了更多时间的秘密，使得时间在幼儿面前更具象化了，小班孩子在分享之后知道了"起床吃完点心就回家"这句话还不够具体，我们还要换衣服、排队，然后才是放学时间。可是在分享中，我们出现了更多的困惑：我们班有三名大班孩子在国外没有回来，可每次看到他们都是穿着短袖在海边玩，这么冷的天他们不冷吗？ 在案例中，从期待成长的等待中，幼儿体验了更多关于时间秘密的探索与发现。在寻找时间的秘密活动中，幼儿在观察中发现，在发现中记录，从记录中感受，原来时间与我们的生命息息相关。这不仅激发幼儿对于植物生长的探究兴趣，更是在亲近自然的过程中感受生命的神奇和轮回，感受生命的美好，从而让幼儿更加热爱生活，热爱生命，进而养成惜时、守时的时间观念。
专家 点评	3—6 岁幼儿的时间意识是模糊的。因为对于这个年龄的幼儿而言，"时间"看不见、摸不着，很难通过解释说明、辨识等方式让他们建立时间概念，更难确立起对待时间的态度以及管理时间的意识。3—6 岁幼儿的学习方式又是独特的，他们通过直接感知、实际操作和亲身体验获得经验。因此，本课程关注幼小衔接中幼儿时间感知的连续性，聚焦一日生活中的真实体验，旨在支持幼儿感知时间、培养惜时和守时的观念，培养自我管理能力，养成从容有序的生活习惯，从而促进幼儿顺利过渡到小学生活。 在课程模块的设计上，本次课程采用了现象描述、理论解析和教育实例相结合的方式，全面而系统地展现了幼儿时间感知的培养过程。现象描述部分，通过对幼小衔接阶段幼儿生活习惯和学习习惯的观察，揭示了时间管理对于幼儿成长的重要性。理论解析部分，则从儿童发展特点出发，深入探讨了幼儿时间感知的特点和培养策略，为教育实践提供了有力的理论支撑。教育实例部分，通过具体的幼儿园活动和家园共育实践，展示了如何在实际生活中帮助幼儿感知时间、建立时间观念。同时，在课程的设计中，也体现了教育者对于幼儿个体差异的尊重和对于教育情境的巧妙利用。这些活动不仅激发了幼儿对于时间感知的兴趣，更让他们在亲身参与中体验到了时间的流逝和生命的变化，从而培养他们的时间管理能力和生命意识。 相信通过本次课程的学习和实践，能让重视幼小科学衔接的一线教师，在教育教学策略上获得更多的启发。 <div align="right">（符芳）</div>

209

培训资源 5：幸福五彩环

基本信息	课程主题	在德育活动中树立正确的价值观
	对应指标	社会——理解包容
	课程开发	民办上海上外静安外国语小学

课程目标	1. 培养幼小衔接年龄段学生对社会主义核心价值观的认知和理解。 2. 引导学生养成良好的行为习惯、学习习惯，适应小学生活。

现象描述	从幼儿园到小学，无论是学习环境、学习内容，还是学习方式，都有较大不同，如何帮助儿童更好更快地融入新环境，养成良好的学习习惯，是教师幼小衔接工作的重点。在强调学习习惯养成的同时，有些教师忽视了对学生理想信念教育。 部分家长和老师对小学一年级学生的理想信念教育存在认识上的误区，认为在这一阶段，学生的主要任务是学习基础学科知识，而理想信念教育可以等到高年级或成年后再进行。这种观念忽视了理想信念教育在学生成长过程中的重要作用。 另外，小学一年级理想信念教育的内容可能过于笼统和抽象，缺乏与学生实际生活和心理发展特点相结合的针对性内容。这使得学生在接受教育时难以产生共鸣和认同感。一些教师可能仍然采用传统的讲授式教学方式，缺乏互动性和参与性。这种单一的教学方法难以激发学生的学习兴趣和积极性，也无法有效地培养学生的理想信念。 针对这些教育难点，我校特别为一年级新生设计了"幸福五彩环"特色课程。该课程巧妙地将社会主义核心价值观教育融入德育活动中，通过丰富有趣的实践体验，旨在帮助儿童树立正确的价值观，培养良好的学习习惯、积极乐观的生活态度和高尚的道德品质，成长为有理想、有责任、有担当的新时代好少年。

理论解析	社会主义核心价值观是当代中国精神的集中体现。对儿童进行社会主义核心价值观启蒙，不仅要继承和弘扬中华民族的传统美德，还要认识和了解当代中华民族的精神风貌，增强儿童对富强、民主、文明、和谐的国家形象和国家建设目标的认同，对自由、平等、公正、法治的社会形象和社会构建目标的理解，初步培养具有爱国、敬业、诚信、友善的个人品行。 心理学研究表明，幼小衔接年龄段的学生正处于个人价值观念的萌芽阶段，迫切需要父母、老师有意识地进行价值观的引导，使孩子在社会交往中能做出正确的价值判断。然而，若只是教条式地灌输社会主义核心价值观知识，孩子不仅难以理解其丰富内涵，更无法获得情感认同，难以内化为自身的精神品质以及生活中的一言一行。 因此，在"幸福五彩环"特色课程设计中，我们遵循"以生为本"的育人理念，通过趣味性的实践体验活动，使学生在潜移默化中感知社会主义核心价值观的精神内涵；通过多主体的评价激励，培养学生良好的行为习惯；通过跨年级伙伴结对，一年级孩子在高年级哥哥姐姐的陪伴下开启幸福的小学生活。 一、趣味化实践体验，理解价值观精神内涵 对一年级学生而言，诵读记忆 24 字的社会主义核心价值观并非难事，而要理解其背后的精神内涵，并转化生活中的价值判断才是根本目的。这就需要贴近孩子的认知特点，通过设计趣味化、情境化的活动，让学生在亲身实践中获得情

感体验，理解社会主义核心价值观的丰富内涵。为此，我们开展了"带着国旗去旅行""画一画我眼中的社会主义核心价值观"等有意义的活动，鼓励学生关注生活中弘扬正能量的好人好事，用照片、画笔记录表达自己对社会主义核心价值观的理解。充满童趣的活动受到了孩子们的欢迎，取得了良好的活动成效。

二、多主体评价激励，养成良好的行为习惯

"幸福五彩环"系列活动贯穿一年级第一学期，每月一色手环，侧重对应社会主义核心价值观中的一项内容。例如，9月礼绿色"礼仪"手环，对应的价值观是"文明"。在这一个月中，重点关注学生三个方面的礼仪表现：集会礼仪、用餐礼仪和课堂礼仪，老师、学生对照评价标准进行评价，符合标准的学生能获得相应的"集会礼仪章""用餐礼仪章""课堂礼仪章"，集齐三个章即可获得绿色"礼仪"手环。其余四色手环，也都有相应的评价标准。多主体、重过程的评价方式，不仅使活动更具仪式感，还激发了孩子持续进步的内驱力，进而养成良好的行为习惯和学习习惯。

三、跨年级伙伴结对，开启幸福的小学生活

"学校，是孩子寻找伙伴的地方。"这是我校的育人理念。从孩子进入上外静小的第一天开始，他们就多了一位特殊的"大伙伴"——五年级结对班的哥哥姐姐。为了帮助一年级弟弟妹妹更快更好地适应小学生活，学校策划了"大手牵小手"系列活动——"找找好榜样"，一年级孩子走进五年级课堂，近距离看一看哥哥姐姐怎样上课、写作业，寻找自己的学习榜样，促进良好学习态度、习惯的养成；"赠送暖心礼"，五年级学生来到一年级教室，向结对班的弟弟妹妹赠送亲手绘制的心愿卡和小礼物，加强情感交流，提升一年级新生的幸福感；"伙伴微课堂"，五年级学生走进一年级课堂，带领弟弟妹妹一起诵读社会主义核心价值观，讲述生活中正能量的小故事，阅读红色绘本……在哥哥姐姐的陪伴中，孩子们感受到了关爱、温暖和满满的幸福感，对小学生活充满向往与期待。

理论
解析

"幸福五彩环"简介

时间	幸福五彩环	社会主义核心价值观
9月	绿色"礼仪"手环	文明
10月	红色"爱国"手环	爱国
11月	黄色"微笑"手环	友善
12月	紫色"劳动"手环	敬业
1月	蓝色"安全"手环	和谐

教育
实例

9月——绿色"礼仪"手环

9月是幼儿进入小学的第一个月，了解并遵守小学生行为规范，培养良好的礼仪习惯尤为重要。本月绿色"礼仪"手环，重点关注三个方面：集会礼仪、用餐礼仪、课堂礼仪。每一种礼仪都有具体的评价标准，通过师生评价、生生互评，增强学生的规则意识、礼仪意识，养成良好的礼仪行为习惯。

10月——红色"爱国"手环

10月，结合国庆节，设计了"祖国妈妈'十'知道""带着国旗去旅行""画一画我眼中的社会主义核心价值观"三项活动。"祖国妈妈'十'知道"，五年级结对班的哥哥姐姐走进一年级课堂，带着弟弟妹妹们一起读红色绘本、讲红色故事，了解祖国名称、国旗、国歌、首都、国家领导人、少先队等基本红色知识，激发学生的爱国之情。"带着国旗去旅行"，孩子携带中国国旗，陪伴自己游览祖国大好河山，将爱国之情根植于心，体会作为中国人的自豪感。"画一画我眼中的社会主义核心价值观"，鼓励学生留意生活中有正能量的好人好事，用自己的画笔记录真善美，并在班级中交流分享。

11 月——黄色"微笑"手环

一年级孩子进入小学，面对的是新的学习环境、学习伙伴，紧张焦虑情绪在所难免，需要及时调整好心态，以乐观阳光、积极向上的心态迎接每一天，以谦虚、友善的态度对待身边的同学。因此，我们在 11 月开展了"微笑小天使"活动，当老师在校园里、走道中，看见微笑问好、阳光热情的孩子，就会在孩子的手背上贴上一枚笑脸贴纸。一个月后，比一比谁的笑脸贴纸最多，谁结交了更多的好朋友。这个月，一年级孩子还收获了特别的惊喜，那是由五年级的哥哥姐姐赠送的手绘"祝福卡"和暖心"小礼物"，这份珍贵的"伙伴情"将陪伴孩子，成为照亮幸福小学生活的灯塔。

12 月——紫色"劳动"手环

劳动教育具有树德、增智、强体、育美的综合育人价值。目前，劳动素养已纳入学生综合素质评价体系，更凸显了劳动教育的迫切性、重要性。

12 月，围绕"劳动教育"开展两项评比活动：活动一"岗位小标兵"，学生根据自身兴趣和特长，自主报名班级小岗位，每周一次为班级服务，在劳动中接受锻炼、磨练意志，培养学生正确的劳动价值观和良好的劳动品质。活动二"家务小能手"，每名学生向家人学习一项力所能及的家务劳动，并能坚持为家庭服务。

1 月——蓝色"安全"手环

一年级学生正处于身心成长的重要阶段，面对各种危险时通常缺乏应对的能力。通过安全教育，可以帮助孩子认识到各种潜在的危险，增强自我保护的意识和能力，使他们能够应对突发事件，减少受伤害的风险。

因此，1 月开展"安全宣传月"活动，每个星期围绕一个主题，如"用电安全""交通安全""饮食安全"等，学生以小组合作的形式，结合课外知识和自己的生活经验，向班级同学宣传介绍安全知识。此外，每班还特邀一位家长来校上安全课，讲授丰富、专业的安全知识，在孩子的心中埋下一颗安全的种子，过一个安全、快乐的寒假，保证家庭与社会的和谐、安定。

实例一：

10 月，结合国庆假期，学校组织了两项"红色"主题活动，激发学生的爱国之情，树立正确的价值观。

活动 1：带着国旗去旅行

小丁同学对五年级哥哥姐姐们讲述的红色绘本《井冈山上炮声隆》印象特别深刻，绘本故事的学习让他对井冈山产生了兴趣。于是趁着假期和家人踏上了井冈山红色之旅。在短短四天的旅游行程中，先后参观了井冈山烈士陵园、革命博物馆、八角楼、黄洋界保卫战旧址等红色教育基地，了解中国革命的奋斗历程，感受革命英雄的坚定信仰，革命前辈艰苦奋斗的品质。吃水不忘挖井人，星火传承井冈情。旅行的最后，小丁决定在井冈山地标——井冈红旗雕塑前与国旗合影，喜悦自豪之情溢于言表，并许下了发奋学习、长大为成为共产主义接班人的宏伟志愿。小郭同学在国庆假期中去首都北京游览，攀登了雄伟壮观的万里长城，观摩了庄严肃穆的升旗仪式，看着五星红旗在天安门前冉冉升起，作为一个中国人的自豪之情油然而生，他激动地用手平展着国旗，在五星红旗下拍照留念，祝福祖国妈妈永远繁荣富强。

活动2：画一画我眼中的社会主义核心价值观

孩子们在老师的引导下留心观察生活，展开丰富想象，纷纷用画笔表达自己的所思所想。小王同学画了许多架挂着国旗的飞机在天安门上空盘旋，他认为飘扬的五星红旗在向人们展示着"富强，未来中国能造出越来越多厉害的大飞机"。小黄同学画的是很多女孩在操场上手拉手的情景，她认为"民主、公正，就是大家在一起商量怎么玩游戏，每个人都有机会轮到玩"。小孙同学画的是消防员冲进火海营救的场景，他认为"消防员不顾自己的安危，爬上高高的梯子灭火，消防员叔叔很敬业！"小郭同学画了他向爸爸坦白不小心打碎水杯的事，他明白"诚信，就是勇于认错，不说谎"。……孩子们创作出独一无二的画作，用自己独特的方式诠释着社会主义核心价值观，并将其内化为自身行为处事准则。

实例二：

对刚刚成为小学生的一年级孩子来说，走进全新的校园，面对陌生的周围，最需要的一定是一位熟悉环境的，可以依赖，值得信任的贴心好伙伴。学校特地为每一个一年级小朋友准备了一份特殊的"礼物"，这份"礼物"就是五年级哥哥姐姐们"一对一"的关爱和照顾，把哥哥姐姐"送给"他们，做专属于他们的"守护天使"。9月，一年级新生会收到来自五年级哥哥姐姐们的邀约，邀请他们前往五年级各个教室，走进去看一看哥哥姐姐们的课堂礼仪，学一学哥哥姐姐们读写姿势，摸一摸、翻一翻哥哥姐姐的作业本，观察一下哥哥姐姐是如何又快又安静地排好整齐的队伍。近距离地观摩学习后，学生在班主任的带领下，在自己班级展开讨论，积极分享参观后的感受。在这样一个实践体验的过程中，一年级新生形成了更清晰的"小学生"概念，对小学的校园生活和文明礼仪也有了更好的认识和更多的了解。11月，五年级哥哥姐姐们走进了一年级的教室，"检验"弟弟妹妹们两个月的"入学成果"，看一看他们的课堂常规和文明礼仪，互相交流一下学校活动和班级趣事，为他们的进步和成长点赞，除了给到最贴心的问候和真诚的鼓励外，还给弟弟妹妹们送上亲手写的小卡片和精心准备的小礼物，用行动诠释"友善"，用责任和爱心谱写珍贵的伙伴情，让一年级孩子充分感受到校园生活的温暖与幸福。

教育实例（左侧栏）

一、立足儿童视角，注重活动设计的趣味性

对于刚从幼儿园进入小学的儿童来说，什么是社会主义核心价值观，是很抽象的概念。通过"幸福五彩环"德育活动，将五色手环与社会主义核心价值观中的五个基本要素"文明""爱国""友善""敬业""和谐"一一对应。每月侧重一个要素，从儿童视角出发，通过设计兼具趣味性与实践性的学习活动，引导学生在"做中学""玩中学"，潜移默化地形成对社会主义核心价值观的感性认知和正确理解。

二、重视过程评价，提高知行合一的自觉性

将多元评价融入"幸福五彩环"活动的全过程，根据每月不同的活动主题，灵活采用老师评价、生生互评、家长评价等多主体交互的评价方式。从"积极参与""乐于分享""自信成长"等多个维度对学生进行过程性评价，激发学生参与活动的积极性，鼓励学生以个性化的方式分享自己的活动体验与成长收获，将对

专家点评（左侧栏）

专家点评	社会主义核心价值观的高度认同,自觉转化为生活中的行为准则,做到学思践悟、知行合一,促进良好行为习惯、学习习惯的养成,更好地适应小学生活。 **三、借助伙伴力量,激发持续成长的内驱力** 跨年级伙伴结对是"幸福五彩环"德育活动的一大特色。大手牵小手参观校园;尝试做"小老师",为新生上一堂红色绘本课;走进一年级课堂,为弟弟妹妹的进步点赞、送礼物与祝福……五年级学生用爱心和行动,让一年级孩子从进入小学的第一天开始,就感受到暖暖的关爱和温馨的陪伴,感受到榜样的力量,以此激发自身的内驱力,促进持续成长。 "幸福五彩环"是上外静安外国语小学一项富有创意且具有深远意义的教育实践活动。通过趣味化实践体验、多主体评价激励、跨年级伙伴结对等方式,让学生在实践中感知、理解、内化社会主义核心价值观,养成良好的行为习惯和学习习惯,为学生的健康成长和未来发展奠定了坚实的基础,为国家培养出具有正确价值观和社会责任感的学生。 (周云燕)

培训资源6:学会交往

基本信息	课程主题	帮助幼儿尽快适应新环境,提升入学安全感
	对应指标	社会——交往合作
	课程开发	上海市静安区常熟幼儿园
课程目标		1.愿意结交新朋友,愿意与大家分享和交流高兴的或有趣的事。 2.面对新伙伴、新老师时,能较快适应新的人际环境,主动参与活动。
现象描述		首先,从幼儿园到小学,孩子们的社交环境发生了显著的变化。在幼儿园时,孩子们通常参与各种群体活动,多以游戏活动形式开展。 其次,孩子们在社交态度上也发生了一些变化。在幼儿园时期,孩子们通常以自我为中心,更注重自己的需求和感受。 通过调研分析发现:大多数孩子能够适应这种变化,但也有一些孩子面临社交挑战。在入学后会缺乏心理安全感,造成学习倦怠,害怕环境、老师、集体,从而产生一系列的不适应。一些孩子可能表现出内向、胆怯或回避人际交往的倾向,他们可能更倾向于独自完成任务,不愿意参与集体活动。还有可能因为无法适应新环境而表现出冲突和攻击行为。 综上所述,幼儿入小学后的社会交往呈现出多种特点和变化,既有积极的方面,也存在一些挑战。因此,幼儿园从身心全面培养孩子,帮助幼儿认识小学,适应小学环境。在"我要上小学"主题活动中,开展参观小学、模拟课堂体验、比比看看不一样的学校等活动。通过各类教学活动初步了解小学和幼儿园的不一样,建立幼儿入学愿望。心理适应发展培养上,仅有大班第二学期的活动渗透还是不能达到幼小衔接目标,因为幼小衔接是一个长期性而非一时性的活动,所以从幼儿进入小班开始,就存在着适应问题。因此,连续性地开展满足幼儿情绪情感、培养适应能力、增强交往能力的"适应周"活动以及大班"乐优游"自主选择性课程,以不一样的活动体验让幼儿更快建立入学适应,提升幼小衔接的安全感,尽快适应小学生活。

理论 解析	幼小衔接的关键不是知识的衔接，而是各方面能力的衔接。培养幼儿的人际交往能力，同时让孩子尽快适应新环境，是其进入小学陌生环境的重要途径。"如何运用适宜的方式结交新伙伴，与老师建立和谐的师生关系，灵活处理同伴交往中的问题？""当学习环境发生变化时，孩子怎样才能从容面对，独立进校，并能更快建立班级归属感？"考虑到幼儿这些适应问题，我们在幼儿园期间就需要从小开始培养幼儿的适应能力，建立不同环境的"安全感"体验。 　　1. 小班注重情感上的舒适感。从小班入园开始，教师就开始关注幼儿个体以及在班级中的情绪情感，在校园环境、班级环境的创设上，凸显温馨、舒适、安全感。过程中利用早教低龄化环境的介入，让幼儿从游戏化的活动中感受幼儿园活动的多样和快乐，避免长时间集中。因为松散的环境、自由的空间可让幼儿体验到舒适快乐。 　　2. 中班注重环境上的仪式感。升入中班后，园所发生变化，通过"园内八景打卡""小眼睛看大校园""园内寻宝"等活动，帮助幼儿认识新校舍，发现喜欢的校园一角，从情感上赢得幼儿对新环境和人的信赖。在活动设计上，通过"我长大了""我是中班的小朋友""班牌传递仪式"等体验活动感受成长的快乐，逐步形成新的中班学习生活的概念。过程中，运用自主探索、任务驱动、快乐分享，让中班的孩子真正熟悉新园所。 　　3. 大班注重课程的体验感。进入大班后，是幼儿幼小衔接关键期。教师更是有意识地将情绪管理、社会交往、任务意识渗透于幼儿的一日活动中。为了支持幼儿循序渐进地适应小学生活，我们通过"乐优游"大班自主选择性课程，用走班制的形式鼓励幼儿适应不同的教师、活动内容。通过对小学活动的调研，我们发现：小学每一门学科都是不一样的老师，和幼儿园一班两教一保的教师模式差异很大；同时，在小学课程模式中是分学科形式和社团形式的活动。因此，创设了"乐优游"自主选择性课程，让幼儿在入学前就体验不同教学模式、面对不一样的老师，同时活动过程中还能和不同班级的伙伴交往合作。由于是自主活动，还需要自己根据选择找到不一样的活动点。活动后，有教师对幼儿的评价"集章"，更有孩子对参与活动的评价表征记录。
教育 实例	实例一： 　　中班入园第二天，老师和孩子们谈论新园所。通过介绍，孩子们简单认识了图片上的幼儿园八景。于是，老师组织孩子们开展"小眼睛看大校园"的活动。活动中为孩子们准备小画板和儿童相机，走走看看校园，带着小问题：看看和小班校园有哪些不一样的地方？喜欢大校园的哪一角？孩子们很好奇，有的发现幼儿园里有一个小池塘，里面养着小金鱼；有的发现校园里有更高更大的长廊，要走高高的台阶爬上去；还有的发现操场很大，有个大大的绿草坪和小菜园。走走逛逛让孩子们主动熟悉校园，寻找过程中孩子和老师、同伴自由结伴，宽松的体验活动让孩子们没有负担不紧张，更快地融入新环境。 实例二： 　　开学典礼上由园长妈妈为各班小代表颁发"班牌"，并让孩子们了解自己班牌的变化：小班变成了中班；中班变成了大班。拿到新班牌后，老师组织幼儿以传递的形式将班牌从原来一楼的教室传送到新教室门口。最后大家很高兴地看着老师把班牌挂上新教室。传递结束后，老师和孩子分享了活动感受，讨论"班牌从哪里传到新教室，经过了哪些地方"。通过这样的传递活动不光让孩子们认识

教育实例	了自己班级的班牌，还帮助孩子熟悉了自己新教室的位置。以老教室为参照，更快熟悉自己的班级，方便他们独自入园，更快适应环境。不仅仅给孩子们提供了解决寻找新教室的方法，更重要的是让孩子们知道自己长大了，建立对集体的归属感。 实例三： 　　年龄越小的孩子更多是以自我为中心，他们对"同伴"的概念比较模糊，为了帮助他们关注他人、有交朋友的意愿，我们开展了"我的朋友圈"活动。孩子们将自己的爱好用绘画、照片的形式记录在自己的"相册"里，并制作简单录音。我们将他们的这些相册以孩子"朋友圈"形式布置在环境中。在分享交流的过程中，让孩子们倾听同伴的爱好，发现共同兴趣。在日常自由活动时，孩子们可以通过录音笔点读，听听看看其他朋友的"相册"故事。经过一段时间的投放，孩子们能清楚地说出朋友的名字，知道朋友的爱好。隔三差五就会三三两两聚在"朋友圈"前看看说说。这个活动，通过环境支持不仅让孩子能认识自己，同时也能认识他人，找到孩子之间互动沟通的桥梁，帮助他们尽快熟悉他人，在关注自己的同时认识新朋友。 实例四： 　　大班开展"乐优游"选择性课程前，老师详细介绍每个活动室的活动内容。并通过自制地图以及楼内自主定向活动的形式，让孩子们去寻找活动室位置，地图与室标匹配。孩子们每周通过自己的意愿和对课程内容的喜好自主选择参与。有很多课程，都是需要孩子们互相合作的，比如：快乐足球、乐高机器人、小脑袋大发现等。由于孩子的选择不同，所以他们会遇到各个活动室的老师，尝试不一样的学习氛围；同时，每一次合作的朋友也会不同，他们会交到很多不同班级的朋友，不一样的学习同伴需要他们互相适应。慢慢地孩子们认识的老师变多了，交友面也广了。他们期待着每一次"乐优游"活动。对环境的适应、对老师的信赖、对同伴的熟悉，让他们自信成长！
专家点评	幼小衔接阶段是儿童社会性发展的重要时期。学前期个体的社会化是儿童社会性发展的基础，《3—6岁儿童学习与发展指南》指出：人际交往和社会适应是幼儿社会学习的主要内容，也是其社会性发展的基本途径。 　　交往能力，是让孩子适应社会、进入社会的一个重要能力。儿童喜欢交朋友，是幼儿社交心理需求和探索世界好奇心的一种最直接映射。人际交往能力强的孩子，往往能收获良好的友谊，促进其身心健康发展，他们对集体的归属感也会增强，有益于学习。由此可见，人际交往对于孩子的未来发展，有着至关重要的作用。 　　该课程指向衔接过程中儿童社会适应能力的发展，通过激发儿童主动参与活动的愿望，增强其在新环境中的人际互动，从而提升入学的安全感。 　　该课程的设计体现系统性，课程内容丰富。现状描述部分，梳理了入学过程中儿童社会交往与适应中的真实的问题；在相关的理论解析中，重点对衔接过程产生的情绪、交往、适应等问题进行了分析，并提出了心理适应是帮助幼儿尽快适应新环境、结交新伙伴的基础。在教育案例的描述中，再现了真实的儿童在园体验活动，体现出以小班为起点的一体化教育实施。 　　通过该课程的学习，为教师有效开展入学准备教育，增强儿童社会适应与交往能力提供了实践思路。 <div align="right">（斯菲）</div>

培训资源7：天气每天在变化

基本信息	课程主题	在观察活动中培养和增强探究学习的兴趣和能力
	对应指标	学习——好奇求知
	课程开发	上海市静安区第一中心小学
课程目标		1. 了解幼小衔接年龄段学生的科学观察能力。 2. 掌握培养学生用不同的感官观察自然现象的能力。
现象描述		"观察发现"指向儿童用科学的眼光对事物或现象从不同角度进行观察，寻找事物的特征，尝试发现规律，增强低年段学生的观察能力，有利于他们在未来的生活中更好地认识和理解世界。幼儿园到小学的转变，儿童需要适应新的学习环境和教学方式，如果课程内容和教学方法过于单一，可能无法满足儿童多样化的探究学习需求，影响他们对探究学习的兴趣。为激发儿童好奇求知的学习品质，我们以"天气每天在变化"中观察天气现象为载体，让儿童能够主动地进行学习，从而增强儿童观察发现和积极探索的兴趣和能力。

理论解析		一年级教学设计要符合一年级学生的认知水平，设计以能力为导向的教学活动。"天气每天在变化"以观察为主，一是要引导学生用小学自然一年级第一单元学习过的感知外界事物的方法（说出人的感觉器官有眼、耳、鼻、舌和皮肤；知道人的感觉器官是认识事物的工具）来认识天气，并用学生自己的语言表达观察结果和开展活动的过程，巩固并培养一年级学生探究学习的方法和习惯，充分发挥学生的主体性，注重学生的主体性和实践性。二是教师要采用多元化的教学方法，建立科学的评价体系，以帮助学生增强观察能力和科学思维能力，为将来的能力发展打下基础。
		
		一、情境式教学激发儿童学习兴趣
		  首先，要激发学生对观察自然现象和主动学习的兴趣。一年级学生对天气现象充满兴趣，要通过生动有趣的活动和丰富的教学资源，引导学生认识到观察的重要性，并让他们体验到观察带来的乐趣。教师在教学中设计"天气魔法学院"的情境，通过"天气小侦探""天才设计师""天气记录员"三个关卡的闯关设计，激发学生对天气观察的兴趣，提高学生学习的主动性和积极性。
		
		二、体验式教学引导儿童多感官感知
		  教师要借助丰富的图片和视频资源，拉近一年级学生与自然现象的距离，为学生创设较为充分的观察、交流等科学思维培养的时空。教师可以在课堂上提供天气的视频资料、模拟天气的现象，也可以组织户外观察天气的教学活动和课后观察天气作业，创设观察机会，提高科学思维和表达表现的能力。特别要鼓励学生使用不同的天气观察方法，用不同感官感觉天气，即"看到""听到""皮肤感觉到"等，还要注意提醒学生观察自然现象的同时，也要注意保护自己的感官。
		
		三、探究式教学支持儿童主动探索
		  在幼小衔接时，教师要重视组织各类探究活动，尤其是小组探究活动。在观察天气环节，提供平板电脑作为学习载体，让学生进行小组合作探索六种不同的天气现象，支持学生自主学习、深入探索。教师还提供了课后观察天气作业，积累科学的观察方法，增强观察意识和能力。教师可以组织学生对天气的观察结果进行讨论和分享，让他们交流自己的观察结果和感受，增强学生的表达能力，从他人的观察中学习到新的知识和方法。观察天气后，教师鼓励学生记录他们的发现。在学生知道不同天气现象的特点和观察方法的基础上，将观察和记录相结合，通过绘画、天气符号等方式，持续地如实记录一周天气的主要变化。

教育实例	实例一： 　　课堂中，教师借助数字媒体资源和科学实验教学资源，一是提供天气的视频资料，二是运用科技设备模拟雨、雪、风、雾等天气的现象，引导学生"用眼睛看""用耳朵听""用皮肤感觉""用鼻子闻"等不同方法认识常见天气的特征，让学生能够充分运用不同的观察方法观察天气现象，即用不同感官（眼、耳、鼻、舌和皮肤等）感知天气的特征，增强真实体验，形成乐于探究天气的意识，并与日常生活结合，增强学生的自我保护意识。 实例二： 　　教师在课堂上以"帮助幼儿园小朋友认识天气"为问题导向，创设情境，形成与幼儿园生活的链接，引导学生自行设计天气符号，将天气预报使用的气象符号和手工制作相结合，制作一个显示天气的装置，巩固已学的天气现象的特点，为下一步观察记录天气现象作准备，增强学生合作能力和解决实际问题的能力。 实例三： 　　教师通过"摘星星"环节，鼓励学生用不同数量的星星表示自己符合要求的行为，让评价内容具有明确的指向性。"天气每天在变化"每一个环节开始前，教师都会出示本轮摘星星的要点，例如"认真观察、轻声讨论、爱护器材""设计合理简捷、安全使用工具、保持桌面整洁"等，使儿童能够在环节开始前，就明确需要做到的目标。在"记录一周的天气变化"活动开展前，教师提出活动要求：分工合作、按时记录、记录真实；坚持观察与记录6—7天可以得到3颗星；坚持观察与记录3—5天可以得到2颗星；坚持观察与记录1—2天可以得到1颗星。用明确的观察要求，让学生更好地完成观察任务，培养实事求是的科学态度。
专家点评	低年级的儿童对周边的事物充满了好奇与求知，渴求认知这个世界的方法。针对小学生的这一特点，利用自然课上"天气"这一主题，教师结合教材本身的特点，通过引导学生认识天气的变化情况，培养学生的观察能力和思维品质。在这节课中，教师首先创设了符合学生年龄特征和认知水平的趣味性情境，以此激发学生的学习兴趣；其次，教师在教学中通过各种体验方式，调动学生的触觉、视觉等多种感官，深入观察天气带来的变化，引导学生掌握观察事物的方法；最后，教师能够放手让学生运用课堂上学到的观察方法，主动探究生活中的事物，寻找规律，用自己喜欢的方式表现学习的成果。在教学设计上，教师充分关注了学生的已有知识储备，运用多种教学手段，循序渐进有意识地培养学生的观察方法和能力，为今后的学习奠定基础。 （沙惠健）

培训资源8：快乐"1+N"活动

基本信息	课程主题	在多感官的体验中提升专注力水平
	对应指标	学习——乐学善用
	课程开发	上海市静安区延长路西部幼儿园
课程目标	1.关注活动过程中儿童专注力的感官表现形式。 2.从认知与情感视角形成提升专注力水平"1+N"活动的经验链接。	

现象描述	能够集中注意力、抗干扰地参与活动，遇到困难时能坚持不放弃，对于学前阶段儿童来说存在一定的挑战。 通过研究发现：儿童专注力发展有其独特的发展规律，年龄越小注意力集中的时间也就越短。儿童还存在专注力持久性较弱、分配力较低、转移速度较慢及选择性较差的特点。同时从玩童到学童的过渡，环境、人际、节奏、主要任务都发生了明显的变化，适应的时期比较敏感、紧张，也是影响儿童专注力的一个重要因素。 实践发现：幼儿园阶段，单纯的集体教学活动对幼儿专注力培养的效果不够凸显，因此我们希望通过"'1+N'活动"的设计来提高幼儿专注力水平，并且考虑到学前阶段大班幼儿的年龄特点，以看、听、动的模式，分别指向视觉专注力、听觉专注力，以及运动中的专注力，多感官激发幼儿对"'1+N'活动"的参与度，渐进式、多角度提升幼儿专注力水平，帮助幼儿做好从玩童到学童的准备。
理论解析	在推进双向深度融合幼小科学衔接的背景下，通过对大班与一年级儿童学习外部因素差异情况分析，选择相同的活动背景，聚焦专注力视角，分别在视觉、听觉、运动中提升儿童的专注力水平，并针对不同专注力水平的儿童给予分层指导，通过小学承上、幼儿园启下的对接摸索，融合不同领域、不同学科建立一个促进儿童专注力螺旋式上升的活动体系。在"'1+N'活动"中"1"指的就是专注力这一核心关键，"N"指的是不同领域、不同学科的融合。"'1+N'活动"是指以专注力为核心，融合不同领域、不同学科的内容，促进儿童全面而和谐的发展，为儿童从幼儿园到小学的平稳过渡做好准备。 **一、注重多种感官的全面互动，转变专注力培养方式** 专注力的培养离不开多感官的调动，在活动过程中，我们通过视、听、说等多种感官引导儿童参与不同的活动，提升其专注力水平。这样既可以满足儿童的爱玩之心，符合这个年龄段的儿童身心发展特点，又可以培养儿童养成良好的习惯，做到寓教于乐。同时也考虑到一年级学生在课堂上需要完成不同的学习单，我们在设计快乐"1+N"活动的时候也以菜单方式呈现，并且伴随自主阅读图符的任务，这样能够从形式上与小学课堂接轨。 指向视觉专注力培养的快乐"1+N"活动，以小小任务单为载体，幼儿在规定的20分钟内需要自主阅读任务单上的信息，在幼儿园内开展寻宝为主题的活动，根据局部图片发现操场各个角落的玩具。活动在引导幼儿主动探究和学习的同时，也促进幼儿在视觉注意上的发展，有助于幼儿专注力水平的提升。除此之外，还能够利用本园场地优势，根据四季变化，借助任务菜单，让幼儿在园内寻找不同的植物、花卉，不同的寻宝内容，能够一次次激发幼儿的视觉专注度。同时在菜单的设计上注意寻宝数量的递增，以及寻宝时间的递减，并且结合幼儿之间的差异性提供个性化菜单，满足幼儿分层专注力增强的需求。 指向听觉专注力培养的快乐"1+N"活动，幼儿通过小游戏，根据语音提示的内容勾选菜单上相应的答案，语音内容从词语到段落再到故事，由易到难，从听觉方面来考察幼儿专注力的持续时间，鼓励幼儿愿意仔细倾听，并且抓住语音中的重要信息，提升幼儿的专注力水平。 指向运动中专注力培养的快乐"1+N"活动，运用了幼儿熟悉的运动材料——呼啦圈。活动中将幼儿分成4组，每组传递1到3个呼啦圈。幼儿手臂勾着手臂，单脚站立，用脚依次传递呼啦圈。活动中逐步提高了呼啦圈的数量和频

理论解析	率，幼儿需要接力传递。运动游戏的难度提升了，对幼儿的专注力水平要求也更高了，在合作游戏的过程中培养幼儿的专注力水平。 　　游戏是儿童最好的老师，通过充分调动幼儿的多感官体验，注重幼儿的亲身体验，能够引导幼儿形成认真专注、乐于想象和创造等学习品质。 　　二、及时适度的过程性激励，改善专注力评价方式 　　评价是活动中非常重要的环节，对专注力的培养起着关键性作用。无论是幼儿园大班的幼儿还是一年级学生，老师一个肯定的眼神、一句鼓励的语言，都可以让儿童将专注力牢牢集中。教师的评价应该注重过程而不是结果，鼓励幼儿在探索、尝试、实践的过程中，不断提升自己的专注力水平。 　　在鼓励为主的基础上，幼儿教师一改以往笼统的评价语言"你真棒！你做得真不错！"等，将此改变为有针对性的评价方式，让幼儿在评价中找到自我提升的方向，在鼓励中收获自信。例如：当幼儿要在丰富的画面内容中寻找答案，大胆地讲述自己的发现和观点时，对于有独特想法的幼儿，老师的评价语言为："你的想法真不错，还能找到和其他小朋友不一样的地方，大家要向她学习哦！"对于专注力较弱的幼儿，老师的评价语言为："用你的亮眼睛再仔细找一找，相信一定会成功的！"通过有针对性的语言评价，给予幼儿鼓励和提示，从而收获自信和成功。 　　及时适度激励、改善评价方式是培养幼儿专注力的重要手段。教师应该注重细节，发现幼儿的闪光点，给予他们充分的肯定和鼓励，让他们在愉悦的氛围中不断成长，不断提升专注力水平。 　　三、关注家园合力的有效性，构建专注力水平提升方式 　　为了进一步提升幼儿园大班幼儿的专注力水平，充分发挥家庭的作用，通过《"助力幼小科学衔接　提升儿童专注力水平"倡议书》和《"助力幼小科学衔接提升儿童专注力水平"家长小课堂》的双重加持，营造集中注意力的环境，养成良好的生活习惯，运用适宜的干预方式，分配合理的任务时长，培养健康的亲子关系，形成家园联动，培养幼儿的专注力。 　　在家中为孩子创造一个安静、舒适的环境，提供适宜的材料和玩具，鼓励孩子在家中也能保持专注和自律。还可以和孩子一起玩一玩专注力小游戏，从不同维度帮助幼儿提高注意力水平的时长，在这个过程中幼儿的专注力水平提升了，还形成了良好的亲子关系氛围，同时也能在游戏中获得成功的体验。我们相信，在家长和幼儿园老师的共同努力下，幼儿的专注力水平一定能够得到有效的提升，为他们的未来发展奠定坚实的基础。
教育实例	实例一： 　　教师根据幼儿的不同学习方式，设计了视觉专注力、听觉专注力、运动中专注力的活动内容，孩子可以选择不同的游戏内容。 　　活泼好动的琪琪参加了指向视觉专注力的寻宝活动，户外寻宝的主题一下子就吸引了她的注意，她从一开始的漫无目的地东找找西看看，可是什么玩具都没有找到，逐渐改变策略，在地图上勾出找过的地方，开始有规律地找寻玩具，一直坚持到了最后，找到了3个玩具。孩子的专注力持久性发生了明显的变化，在户外的环境下视野开阔，并且孩子们对完成任务挑战还是非常感兴趣的，因此在第一次遇到挫折后，还是能够克服困难，再次尝试，最终获得成功的体验。 　　爱听故事的佳佳小朋友在参加听觉专注力活动的时候，对听到的故事内容非常感兴趣。录音中的内容从易到难，围绕故事情节的推进，让孩子们在听的过程

中圈画出相应故事人物的图片，并且按照故事发展的先后次序进行排队。在过程中需要梳理听到的信息并进行辨别，对孩子来说是一种挑战，也是培养专注力的时机。平时在教学活动中佳佳的专注力并没有那么好，但是在适合她的活动中，专注力水平明显有所提升，看来适宜孩子的学习方式能够更好地提升专注力水平。作为教师要善于分析每个孩子的特点，通过不同的形式激发孩子的专注力。

实例二：

在运动专注活动中，"不落地的呼啦圈"的游戏规则需要孩子们手拉手相互配合，单脚传递呼啦圈，传递更多呼啦圈的队伍获胜。在此过程中，孩子们会持续关注圈什么时候从上一名同伴传到自己，在接住的同时再将其稳定地传给下一个同伴，同时教师会提供大小不同的呼啦圈，激发兴趣，或者加快传递速度，增加挑战。贝贝小朋友在舒尔特方格的专注力测试中处于中等水平，在其他活动中的注意力时长比较短，但是他的运动能力比较好，身体协调性也较强，我通过观察发现他传完一个呼啦圈，马上就等着接下一个呼啦圈，始终保持注意力集中。因此他所在的位置总能很好地完成呼啦圈的传递，帮助队伍获胜。我让贝贝和大家分享成功的秘诀，他非常开心地说："每次都要提前看好呼啦圈什么时候快来了，脚尖要勾起来，就能接到了。"与此同时，在类似的专注力运动游戏（小小快递员、穿越风火轮等）中我让贝贝担任队长，并给予及时的肯定和鼓励，由他带领队员一起完成游戏挑战，在游戏的过程中幼儿的专注力水平得到了提升，自信心也更强了。通过发挥幼儿的优势智能，在运动中培养幼儿的专注力是一种较好的方法。

实例三：

一次自由活动的时候，我惊喜地发现：平时喜欢在班级各个区域走马观花的迪迪小朋友，安静地和同伴一起玩着从家里带来的拼图玩具，玩具既有平面的也有立体的，还有不同的进阶难度。当他成功完成了拼图之后对我说："老师，你快来看我拼得是不是很棒？"我一边点赞一边说："真是拼图小高手，会用先周围再中间的方法拼图。"于是他一边玩一边还和同伴分享拼图的技巧，这才得知迪迪最近和爸爸经常在家一起玩拼图，并对此产生了兴趣。我把孩子在班级里的精彩瞬间通过视频的形式记录下来，同时让贝贝爸爸在班级群里也分享了在家中培养孩子专注力的一些小游戏：翻翻棋对对碰、图片找不同、空间投影等。我们可以利用幼儿园碎片化的时间与家中的专注力游戏对接，鼓励小伙伴一起玩，帮助幼儿之间自主游戏，从而提升专注力水平。

专家点评

专注是儿童成长过程中不可或缺的能力。人的专注力具有极大的可塑性，在儿童发展的关键期，帮助他们形成稳固且不可逆的专注能力，为他们的学习活动创造良好条件，可以为未来的可持续发展奠定坚实基础。"快乐'1+N'活动"的课程设计，基于学前阶段大班幼儿的年龄特点，通过开展多感官的体验活动，多角度提升幼儿专注力水平，帮助幼儿作好入学准备。该课程的学习，可帮助教师树立对幼儿专注力培养的认识，并就如何设计与实施给出了相关建议。课程设计具有很强的实践性，通过学习可帮助教师获得促进幼儿专注力发展的有效策略。具体可归纳为以下几方面。

兴趣提升：幼儿注意力持续时间通常很短，但是对于他感兴趣的事情，却能维持相对较长时间。也就是说，如果我们能抓住幼儿的兴趣点，就等于抓住了他的注意力。在理论解析部分，让教师明确多感官的互动体验提升专注力水平的

教育实例

专家点评	教育观点，并强调通过充分调动幼儿的多感官体验，注重幼儿的亲身体验，有助于形成认真专注、乐于想象和创造等学习品质。 　　游戏体验：游戏能够引起幼儿的极大兴趣，能让幼儿的注意力在一定时间中保持高度的集中。在教育实例中对三个幼儿游戏情境的分析，阐述了如何基于视觉、听觉，以及在不同领域活动中，通过游戏的设计和实施，让幼儿专注力水平得到持续地发展和提升。 　　家园共育：协同家庭，创设良好的家庭氛围，给予幼儿成长中积极情绪体验，保持良好情绪体验，促进他们更好地学习。 <div align="right">（斯菲）</div>

后 记

仰之弥高，钻之弥坚！从 2021 年参与研究到 2024 年成果输出，三年弹指一挥间，我们从困惑、质疑、反思、争辩，到接纳、参与、合作、跟进；从基于调研的实践共同体组建，到学习文献资料、解读破题、创生多主体理想模型；从幼小科学衔接的协同共研，到基于实践经验的机制完善……在走过的每一步里，有精彩，但更多的是围绕问题彼此的观点碰撞与反思；有感动，但又伴随着突破瓶颈的艰难。我们一路搀扶跋涉，携手主动前行，共同经历了从理念到行动的"破"与"立"。

"区域推进幼小科学衔接的机制创新"研究是一个系统工程，由上海市静安区教育局主导，教育学院引领，以园校为本，教师为主，多元互动。集全区之力，从区域、学校、幼小共同体三个层面系统思考和探索基于多主体协同的幼小科学衔接机制的路径和方法。

本书内容基于幼小衔接中的问题研究，经历了"基于调研的机制设计""基于实践经验的机制完善"和"理想模型引领下的机制优化"三个阶段。随着研究的深入，有些机制转化为区域制度，有些机制转化为工作推进阶段举措。经多轮实践验证，最终形成四项常态化机制，保障幼儿园与小学高质量协同共进。

本书采用总分式结构，分为六个章节：第一章交代了研究背景与基础，在现状扫描、文献综述的基础上，提出研究的基本假设和行动建议；第二章介绍了区域幼小衔接实践的整体思考，包含总体思路、顶层架构、组建建构和制度设计；第三章至第六章介绍区域协同推进四个创新机制的具体路径和实施策略。每章既收录该机制的基本内涵和实施现状，也呈现了过程推进的基本内容和模式，又包含翔实的案例分析，彰显幼小科学衔接实践范式形态的多样性和个性化，既有利于读者框架性把握范式的基本规约，又能提供读者灵活性、创新性实施的启示。

本书由分管小学与学前教育的静安区教育局孙忠副局长策划并组织撰写，参与课题研究的高校、静安区教育局行政部门、教研室、科研室、小学和幼儿园共同执笔撰写。各章节执笔如下：第一章，华东师范大学博士研究生张萌、夏婷，以及硕士研究生尤宏淼；第二章，静安区教育学院科研室李志翔、静安区教育局学前教育科吴菁、静安区中华新路幼儿园张雯;第三章,静安区安庆幼儿园温剑青、曹云、纪萍,静安区大宁国际小学西校朱建飞;第四章,静安区万航渡路小学张燕、董怡文;第五章,静安区第一中心小学张莉、徐轩;第六章,静安区教育学院教研室李伟忠、斯菲、洪晔。此外,全书由静安区大宁国际小学西校朱建飞、静安区教育局小教科吴杰、静安区教育局学前教育科吴菁、静安区芷江中路幼儿园新梅园管佳玮共同完成统稿、修改、定稿工作。

本书是上海市静安区开展幼小衔接实践的集体智慧,在研究过程中,研究框架及成果梳理经历多次修改和完善,对付出辛劳的教育局相关科室、教育学院、基层学校相关人员表示感谢!

在本研究推进和书稿的撰写过程中,得到了许多领导和专家的指导。特别感谢华东师范大学黄瑾教授及其博士研究生张萌对本书的理论引领与专业指导,感谢华东师范大学出版社蒋将老师对本书编辑出版所付出的辛勤劳动。

时光见证着我们的变化和成长。我们需要感谢,感谢领导、专家和同行一直以来的关心与支持;我们感到欣慰,欣慰于以幼小科学衔接的机制创新研究为突破,进而开辟了一条撬动区域高质量教育体系的新路径;我们充满期待,期待由今天的研究起步,而窥见区域推进幼小科学衔接机制创新的美好前景。

在"破"和"立"的进程中,我们完成了一次次自我蜕变和自我升华。这份成果并不是完美的,却见证着我们的成长,见证着我们越来越好的样子。

"区域推进幼小科学衔接的机制创新"是一个系统的、复杂的、永恒的命题,是开放性和生成性的实践旅程,还有很多的问题需要创造性解决。改革永远在路上,没有完成时,只有进行时。衷心祝愿在幼小科学衔接研究的道路上同行者更多、收获更多!

编　者

2024 年 12 月